セルフ・キャリアドック実践

PRACTICE THE

SELF
CAREER
DOCK

組織での
効果的なキャリア支援に向けて

高橋　浩
増井　一　［編著］

金子書房

# はじめに

2019年，当時経団連会長であった中西宏明氏とトヨタ自動車社長の豊田章男氏はほぼ同時期に終身雇用の限界を表明しました。組織内での地位・給与の向上がインセンティブであった終身雇用は崩壊寸前であることは明白になったと言えます。その一方で，仕事に人を割り当てる「ジョブ型雇用」が注目されています。今後は，給与や職位・職階の上昇ではなく，働きがいや能力発揮の喜びが仕事のインセンティブへと取って代わることになるでしょう。以前から終身雇用の限界は示唆されてきましたが，コロナ禍になってこの変化が加速したように思われます。

キャリアのパラダイム・シフトの真直中と言っても過言ではない時代変化にあって，個人は，組織に与えられたキャリアに従うのではなく，「働きがい」のあるキャリアを主体的・自律的に構築していく必要が出てきました。そして，組織は「自律的キャリア」を支援したり「働きやすさ」を整備したりすることが収益向上となるような経営戦略を立てる必要が出てきました。このような新しい時代のニーズに直面した個人と組織が，ともに成長・発展する関係を構築する仕組みが「セルフ・キャリアドック[1]」なのです。

本書は，前著『セルフ・キャリアドック入門』の続編にあたります。前著では，前述のようなセルフ・キャリアドックにおける必要な支援の考え方や実施方法について，厚生労働省が定めた標準プロセスに沿って紹介しました。前著はセルフ・キャリアドックの体系的なマニュアルとして本邦

---

[1]　セルフ・キャリアドックとは，企業がその人材育成ビジョン・方針に基づき，キャリアコンサルティング面談と多様なキャリア研修などを組み合わせて，体系的・定期的に従業員の支援を実施し，従業員の主体的なキャリア形成を促進・支援する総合的な取組み，また，そのための企業内の「仕組み」のことです。なお，「セルフ・キャリアドック」および「キャリアドック」は厚生労働省の登録商標です。

i

初の書であり，初学者および実践者にとって十分に意義のあるものであったと自負しています。実際，多くの読者の方々から，企業内キャリアコンサルティングの「バイブル的存在」との言葉を頂戴することができました。読者の皆様に感謝申し上げます。同時に，前著は具体例や具体的アクションを十分に伝えられたとは言えず，この点を求める声もたくさん頂きました。そこで，続編である本書は，この点を補うべく「実践編」として出版するに至りました。各章の概要は次の通りです。

　第1章は，営業職とキャリア支援の両方の経歴をお持ちの天野富夫氏・渡部 篤氏・鹿島邦裕氏・戸田裕子氏が，主に社外キャリアコンサルタントによる「セルフ・キャリアドックの導入プロセスとコツ」について解説します。著者らが営業経験で培ったクライアント企業へのアプローチのノウハウを，セルフ・キャリアドック用にアレンジした「7つのStage」を紹介します。

　第2章は，厚生労働省委託事業セルフ・キャリアドック普及拡大加速化事業において活躍された早川 徹氏が，「セルフ・キャリアドック導入の実践スキル」について解説します。セルフ・キャリアドック導入時に直面する「導入のカベ」やキャリア支援の「導入レベル」と，その対応方法について，そして導入企画書の作成ポイント，導入事例など，著者の経験やノウハウを惜しみなく伝えています。

　第3章は，前著『セルフ・キャリアドック入門』の著者で本書の編著者の一人である増井 一氏が，厚生労働省受託事業における「ガイダンスセミナーの実施方法や運用のポイント」について解説します。ガイダンスセミナーとはキャリアコンサルティング面談に先駆けて実施される説明会です。そのプログラムと企画・立案や実施までの準備事項，留意点について具体的に提示します。

　第4章は，厚生労働省委託事業にて活躍された仁平幸子氏が「キャリアコンサルティング面談の進め方」について解説します。「木を見て，森を

見る」，すなわち，面談において問題を個人に留めず，組織の問題を見定めることの重要性を力説しています。個と組織の活性化に向けたキャリアコンサルティング面談について，その意義や位置づけ，面談で押さえるべきポイントを伝えています。

　第5章は，ジョブ・カード講習のテキスト改訂に携わられた長谷川能扶子氏が「企業におけるジョブ・カードの活用」について解説します。具体的な問いかけや面談の展開方法を逐語記録形式で紹介します。また，キャリアコンサルタントによる面談に加えて，上司や人事によるジョブ・カードを活用した面談についても例示します。

　第6章は，再び増井 一氏が「セルフ・キャリアドックの結果報告の書き方と報告会の進め方」について解説します。結果報告書の記入例や結果報告会の良い例・悪い例も紹介します。結果報告は組織や職場の環境改善を促進しますし，セルフ・キャリアドックを継続実行するうえでも不可欠です。

　第7章は，セルフ・キャリアドック普及拡大加速化事業好事例集（厚生労働省，2019）にも掲載された企業で事務局を務めた中野愛子氏・北澤由香氏・西村 淳氏が，「セルフ・キャリアドック事務局の効果的な活動」を紹介します。経営者とのやり取り，対象者やその上司に向けた通知文など，可能な限り具体的な情報を紹介しています。

　第8章は，筆者がセルフ・キャリアドックを導入・推進するうえで必要と思われる考え方やスキルを学習する「7つのエクササイズ」を紹介します。組織の情報収集，組織の見立て，グループ・ファシリテーション，キャリア形成の点検，個人と環境の相互作用の把握，ジョブ・クラフティング，チーム支援について自学自習することができます。

　最後に巻末付録では，企業内キャリアコンサルティングに有益な参考図書，厚生労働省の関連サイト，自己研鑽の場を紹介しています。知識・情報のアップデートやスキル向上，実践でのツール活用などに活かしていただきたいと思います。

ところで，昨今の新型コロナウイルス感染症の流行は，労働社会だけに限らずライフスタイルにも影響を及ぼしました。オンライン・ミーティングは通勤時間の解消や柔軟な時間活用を実現した一方で，日常的な部下・同僚の状況把握の難しさや意思疎通の低下といった問題を生じさせています。同じ空間に一定時間居合わせる場合に比べて，特定時間のみ遠隔でつながるオンラインの場合は，随時の会話や偶発的な会話は減少しますし，その場での物理的な対応も難しいといえるでしょう。

　セルフ・キャリアドックではどうでしょうか。本書で示すセルフ・キャリアドックの実践方法は，オンラインではなくリアルでの対応を前提として書かれています。現在は，キャリア支援においてもオンラインによる面談や研修が実施され，従来とほぼ遜色ない成果が得られているので，本書が時代遅れで役に立たなくなることはないでしょう。注意すべき点は，オンラインでセルフ・キャリアドックを実施する際に，オンラインの特性をよく理解してリスクを想定することです。必要な対策を講じながら本書を活用していただきたいと思います。

　最後に，本書が，企業内でキャリア形成支援をする人々，および導入先の企業・組織とその成員にとって，さらなる発展と成長のお役に立つことができれば幸いです。

2021年 8 月吉日

ユースキャリア研究所　髙橋　浩

# CONTENTS

# CHAPTER **7**

# セルフ・キャリアドック事務局の効果的な活動

# CHAPTER **8**

# エクササイズ集

# APPENDIX 付　録

# CHAPTER 1
# セルフ・キャリアドック
# 導入プロセスとコツ

天野富夫・渡部　篤・鹿島邦裕・戸田裕子

　セルフ・キャリアドックの導入については，「国が推進しているから」とか，「流行っているから」等という理由で企業への導入を勧めるものではありません。最終的に目指しているのは個人と組織の Win-Win の関係，すなわち，個人が元気になり組織が活性化される状態になることです。

　組織で今起きていること，今後目指していきたいこと，実現に向けての問題・課題は何か等を把握し，セルフ・キャリアドックの導入により，課題解決に繋げられることを経営層も巻き込んで一緒になって推し進めていく必要があります。

　そのためにも，社員のキャリア形成に限定したアプローチだけでなく，クライアント企業[1]の現状・問題・課題等をキャリアコンサルタントが企業と一緒になって考え，キャリア開発に反映されることが求められてきます。

　本章ではそのような活動に繋げていくために，セルフ・キャリアドック導入に向けた有効なアプローチの仕方について解説をしていきます。

---

[1]　本章では，セルフ・キャリアドックの導入先企業のことを「クライアント企業」あるいは「クライアント」と称する。カウンセリングにおける来談者の「クライエント」と区別している。

# 1
## 導入プロセスの全体像

　セルフ・キャリアドックの導入には，社内キャリアコンサルタントと社外キャリアコンサルタントがかかわることになりますが，本章では主として社外の導入キャリアコンサルタント（セルフ・キャリアドック導入を支援するキャリアコンサルタントのこと）が，クライアント企業へ導入支援を行う場合のアプローチから実施結果報告までの行うべきことを，以下の7つのStageに分類・整理しました。

　具体的なアクションはクライアント企業の状況に応じて異なってきますが，基本的な流れとして捉えていただければと思います。


### Stage 1：訪問の事前準備

　まず，クライアント企業を知ることが重要です。そのために，様々なソースから事前に企業概要や経営戦略，人材に関する考え方などの各種静態情報を入手し，初回訪問に向けた情報の整理，資料等を準備します。

### Stage 2：クライアント企業の興味を喚起

　アプローチイメージに基づいてクライアント企業の課題を仮説立案し，検証を進めていきます。フォローを継続して担当者から課題を聞き出しながら，関係性の構築を目指します。

### Stage 3：ニーズ・課題を把握／実施の目的を確認

　クライアント企業の課題を明確にし，対話を通じて相互に共有することで，実施による効果に期待を持っていただきます。その際，解決すべき課題の相互理解に至るまで，必要に応じて訪問またはヒアリングを繰り返す場合があります。

### Stage 4：提案の実施

　セルフ・キャリアドックの導入企画書作成をサポートし，クライアント企業の課題解決につながる提案を行うことで実施検討についての意思表示

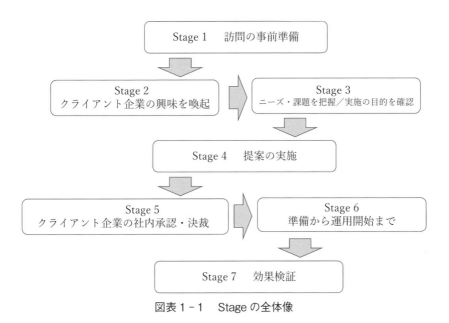

図表 1 - 1　Stage の全体像

をいただきます。

## Stage 5：クライアント企業の社内承認・決裁

　阻害要因を排除し，課題解決策の諸条件が合意されることで正式なオーダーをいただきます。クライアント企業トップへの個別提案や各種プレゼンテーションの機会を経て，社内承認を得ることが少なくありません。

## Stage 6：準備から運用開始まで

　キャリアガイダンス等の内容についての意見交換を行い，セルフ・キャリアドックで必要な項目の実行を支援します。

## Stage 7：効果検証

　実施結果報告会に向けた，内外の関係者との調整，報告書作成のための情報収集と整理，準備を行います。その際，当初解決しようとしていた課題に対しての振り返りや今後の見通しについて言及することが大切です。

　次節以降に Stage ごとの「定義」「ゴール」「活動内容」を整理しましたので，順を追って解説していきます（図表 1 - 1）。

# 導入プロセスの詳細

## (1) Stage 1　訪問の事前準備

---

### 定　義

　クライアント企業を知るため事前に情報を入手し，初回の訪問時に使用する資料を作成する。

### ゴール

　必要な情報／材料を集め，具体的なアプローチイメージを持ち，説明資料が完成している。クライアント企業へのアポイントが取れている。

### 活動内容

　活動最初の Stage として，訪問前の事前準備における活動手順は以下のとおりです。

---

### ①クライアント企業とその業界を知る

A) クライアント企業の静態情報を調べる

　情報ソースとして，ホームページ，IR 情報，会社四季報，業界紙などから下記の情報を入手・整理します。

　企業名，業界，社長の氏名，設立年，資本金，主な事業，主な顧客と提供する商品・サービス，総従業員数（男女／年齢），平均年齢，平均勤続年数，職種の構成，離職率，業績（過去 3 年，売上・営業利益・経常利益・純利益）など。

　あまり細かなことにこだわらずに，大きく網をかけるつもりで取り組み

**組織情報の視点（マッキンゼーの7S）**

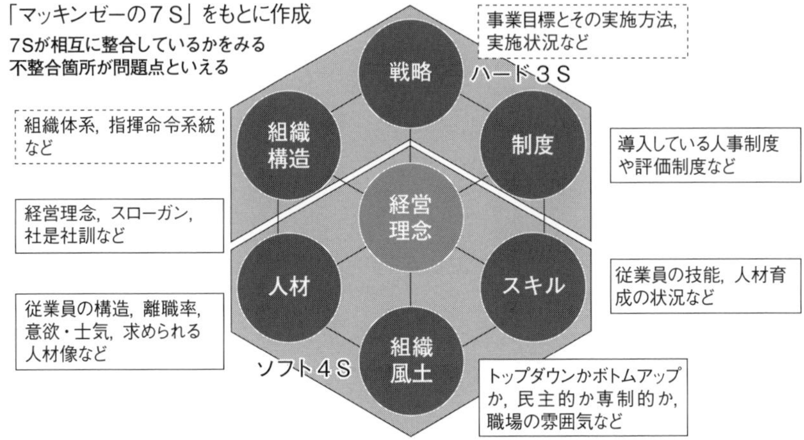

図表1-2　組織情報の視点（マッキンゼーの7S）

Peters & Waterman（1982 大前訳 2003）をもとに高橋 浩が加筆修正

ます。

B）クライアント企業の企業戦略，事業戦略を調べる

　情報を整理する際に推奨するフレームワークとして「マッキンゼーの7S」が参考になります（図表1-2）。もちろん静態情報からだけでは掴めないものもありますが，分かる範囲でよいので，一度考察してみることが重要です。

　7Sは，ハードの3Sとソフトの4Sから構成されています。ハードの3Sとは短期間に変更可能でコントロールしやすいものとして以下があります。

　・組織構造（Structure）…組織体系，指揮命令系統など
　・制度（System）…導入済みの人事制度・評価制度，研修体系など
　・戦略（Strategy）…経営戦略（事業目標とその実施方法），実施状況
　　　　　　　　　　　など
　ソフトの4Sは簡単には変更できずコントロールしにくいものとして以

下があります。

- スキル（Skill）…人材育成の状況，従業員の技能など
- 人材（Staff）…求められる人材，離職率・従業員の構造・状態（意欲・士気，職務満足度）など
- 組織風土（Style）…トップダウン or ボトムアップ，民主的 or 専制的，職場の雰囲気など
- 経営理念（Shared value）…経営理念，スローガン，社是社訓など

あわせて住所・代表連絡先・担当者の所属・氏名・連絡先，担当者の意向なども押さえておきます。

最初から全ての項目を捉えることは難しいので，可能な範囲で構いません。

これ以降の各 Stage でも，何度も上記の視点でクライアント企業の問題について仮説検証を繰り返していきます。その背景や意味を整理することで，セルフ・キャリアドックに取り組む意味を自分なりに理解・納得することに繋がっていきます。

## ②アプローチシナリオを考える

クライアント企業からの最初の依頼内容から組み立てます。

- 業界共通の経営課題・人事課題を想定し，解決の方向性・段取りをおおよそ考えておく
- 他社（類似企業）のセルフ・キャリアドック導入事例を準備（目的・実施内容・効果・成功要因等）し，クライアント企業担当者の意思決定を支援する

依頼内容が曖昧な時は，収集した情報からキャリアコンサルタントが感じた課題に基づいてシナリオをイメージしても構いません。

## ③クライアント企業へのアポイントを取る

- クライアント企業の担当者は会うべき方かどうかを確認
- 訪問目的／来意を語れるようにしておく

・自身の訪問可能な候補日をいくつかピックアップしておく
・電話もしくはメールでのアポイントを実施
・担当者の所属，氏名，連絡先，訪問日時・場所の確認
・先方が役員以上の場合には，事前に秘書担当者を確認し，その方へコンタクトする


　前述のとおり，ここでは，クライアント企業を知ることが重要になります。その企業を知るためには何が必要なのか，そのポイントを押さえてください。

　また，「クライアント（組織）の見立て」という表現はこの先も度々使いますが，企業概要や経営戦略，人事戦略，企業文化などを把握することで，「クライアント企業を正しく見立てる」ことができます。これが，その後の提案内容や進め方に大きく影響をしてくるため，しっかりとした準備が大変重要となります。

## (2)　Stage 2　クライアント企業の興味を喚起

### 定　義
　アプローチイメージに基づいてクライアント企業の問題・課題を検証する。
　フォローを継続して，担当者から課題を聞き出すことができる関係性を構築する。

### ゴール
　課題に焦点を当てた解決の方向性の同意を得る。

### 活動内容
　Stage 2 ではセルフ・キャリアドックの実施における有用性を理解

いただくことを目的に活動します。活動項目は以下のとおりです。

①顧客情報の収集と仮説説明
- ・訪問目的／来意を伝える
- ・クライアント企業の依頼に至るまでの経緯（５Ｗ１Ｈで[2]）を把握
- ・担当者の意向の確認
- ・決定権者とその意向の確認
- ・関係者の意向と関係者間の人間関係／力関係からキーパーソンを推測
- ・あるべき姿の状態と現状の把握を基にしたギャップ（問題）の明確化
- ・想定した課題や解決の方向性について見解を聞く

②情報提供と興味喚起
- ・他社の解決事例を提示
- ・セルフ・キャリアドック導入にあたって考慮すべきクライアント企業の事情を確認
- ・課題解決に向けての方向性や段取りの提示
- ・経営トップへのアプローチ，キーパーソンへのアプローチ
- ・必要時は自身の人脈を活用

③継続検討意思の確認
- ・解決すべき課題をクライアント企業担当者と合意し，継続検討を申し入れる

この Stage で重要なのは，Stage 1 で準備した情報から，複数の問題・課題を仮説立案することです。クライアント企業の問題・課題を仮説立案

---

[2]　５Ｗ１Ｈ：物事を計画的に進める，正確に伝える際に用いられる確認事項。いつ（When），どこで（Where），だれが（Who），なにを（What），なぜ（Why），どのように（How）という６つの要素から構成されている。

し検証するわけですが，企業にとっての問題・課題は1つだけとは限らず，1つの仮説が外れても，他の仮説をぶつけながら，早い段階で，担当者に本音を語っていただけるような関係性の構築を目指すことが大切です。

## (3) Stage 3　ニーズ・課題の把握／実施の目的を確認

---

**定　義**

　クライアント企業の問題・課題を明確にし，対話を通じて相互に共有することで実施による効果の期待を持っていただく。

**ゴール**

　セルフ・キャリアドックの対象者・実施日などを確認して，提案の合意を得る。

**活動内容**

　Stage 3で行う活動は以下のとおりです。

---

### ①検証活動のプロセス

　Stage 2の活動を通して，理想と現状とのギャップ，担当者の意向（抱えている課題，またはニーズ等）を把握できたら，提案に向けての検証活動に入ります。

　検証活動では担当者の意向を中心に，関連すると思われる複数の視点から仮説を立案していきます。特に経営の意向，経営理念，人材育成ビジョン・方針などはセルフ・キャリアドックを進めていくうえでの中核になり，活動をスタートさせるには欠かせないものですし，万が一活動途中で迷いが生じれば立ち返るところでもあります。

　経営理念，人材育成ビジョン・方針など，クライアント企業によっては

明確になっていることもあれば，逆にこの機会に創り上げていこうと考えているクライアント企業もいらっしゃるかもわかりません。経営理念，人材育成ビジョンが既に作成されているケースでも，内容と実態がかけ離れている可能性もあります。

　人材育成ビジョン・方針は経営理念の実現に向けて「期待する人材像」を明らかにするものです。「個人のキャリアビジョンの実現」と「経営理念の実現」それぞれが相互活性化することで，個人としては業務の遂行をとおして，企業としては企業経営をとおして社会的価値の創出に繋がります。双方（経営理念・期待する人材像）が乖離していないかなども検証する必要があります。

　経営の意向を確認する際に，経営者に「何か問題はありますか？」「どのように思いますか？」といきなり切り出しても答えに窮するかもしれません。感じている問題，従業員に対する思い，Stage 2 で作成した担当者（人事）の意向，事前にキャリアコンサルタントが想定していた問題・課題などをオープンな質問で投げかけてみることが効果的です。

　経営トップに確認することが望ましいですが，難しいようでしたら人事部門の責任者などに確認できれば，セルフ・キャリアドックの導入がよりスムーズになる可能性も高まります。

　問題とは「現状とあるべき姿のギャップ」ですので，担当者が感じている問題の裏付けとして，現場の従業員への確認なども望まれます。

　「人材育成ビジョン・方針の明確化」はセルフ・キャリアドックの導入が決定された際に最初の活動として取り組んでいきますので，ここでは完成形を目指すのではなく，現状の把握と目指す姿を確認し，仮説としての問題点を共有することが重要です（図表 1 - 3）。

## ②組織を見立てる

　セルフ・キャリアドック導入の提案に繋げるには，問題を明らかにし，問題が発生する要因を掴む「組織の見立て」が有効です。手順は下記のと

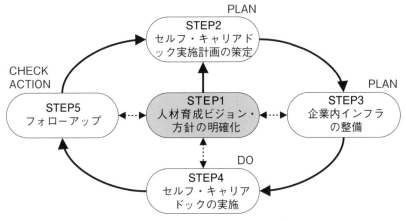

図表1-3　セルフ・キャリアドックのプロセス図

高橋・増井（2019）より

おりです。

A）幅広い情報の収集と可視化

B）問題（情報）の因果関係の可視化

C）問題のメカニズムの明確化


A）幅広い情報の収集と可視化

　対象は，①経営／組織・人事，②従業員，③キャリアコンサタント，④環境要因です。

　経営／組織・人事・従業員に対して，各々の立場から感じていることを収集します。経営，組織に対しては部門・人事に限らず，経営上の問題を含めて収集することで，人材と経営の関連が明らかになりやすく，問題が把握しやすくなります。従業員の立場としては，仕事をしていくうえで問題と感じている点，例えば仕事の進め方，人事制度，職場の環境（人間関係・施設等）などで困った事，不安な事，不満な事などを人事担当者を通して収集します。

　キャリアコンサルタントとしての課題感も重要です。社内キャリアコン

サルタントであれば，企業風土，見聞きしている職場の問題などから阻害要因がどこにあるかを検討します。社外キャリアコンサルタントであれば，収集した情報などからの仮説を立ててみます。その際には前述した「マッキンゼーの7S」が参考になります。

　組織の環境要因は社外と社内の視点から見ていきます。社外環境は業界の動向，クライアント企業の業界での位置づけ，労働市場などのマクロな視点から，社内環境は7Sから経営理念，経営状況，経営戦略／重点実施事項，組織風土，諸制度，社員の意欲などから，問題に繋がっていそうな要因を取り上げてみます。

　情報収集の際にはそれぞれの問題や現象がどうして生じているか，あるいは何に影響を受けているか，または何に影響を及ぼしているかを推測して収集すると次に取り組む因果関係の可視化がしやすくなります（図表1-4）。

B) 問題（情報）の因果関係の可視化

　収集した情報などから情報同士の関係性を見てみます。

　システム思考では「物事は単独では存在することがない」といわれています。素朴なものとしては2つの間の関係で，分離不可能な対になっている関係性です。上があれば下があり，表があれば裏があり，原因があれば結果があります。問題解決では原因⇄結果という因果関係を前提として原因の除去を行います。「○○になる，だから△△になる」という時は「だから」が「→」に相当します。逆に「△△になる，何故かというと○○だから」という時は「何故かというと」が←に該当します。例えば，「給料が安い　だから（→）モチベーションが低下している」「モチベーションが低下している　　何故かというと（←）　給料が安いから」のようになります。各事象を「だから→」で繋ぐときと「何故かというと←」で繋げることによって原因と結果の関連性を認識することができます。

　社内キャリアコンサルタントの方は矢印をつなげながら具体的な施策も同時にイメージできるかもわかりませんが，ここでは施策を考えることは

図表1-4　情報収集の視点

| 1．情報収集 | |
|---|---|
| ■組織・人事にとっての問題 | ■従業員にとっての問題 |
| ■キャリアコンサルタントにとっての問題 | ■環境要因 |

高橋・増井（2019）より

一旦脇において，要因と結果の連鎖について集中して考えることをお勧めします。矢印を書きながら施策に繋げてしまうと，狭い範囲で物事を見ることになり，全体の問題が掴みにくくなります。

　もしも情報が直接つながらないようであれば，その間に別の要因が入ることが考えられますので，想定されることを仮要因として入れておきます。

C）問題のメカニズムの明確化

　問題を俯瞰できれば，どこに手を打つかを検討することになりますが，その際に気を付けなければならないことがあります。矢印（→）が多く出ている要因は波及効果が大きいため対策が必要となりますが，これは問題が単純な時に有効です。つまり，原因が複雑に繋がっているときは1つの

要因だけを排除しても，別の問題が発生し続けることになります。例えば先ほどの例で「給料が安い→モチベーションが低下している」という関係性を見て，「給料を上げればモチベーションが上がる」，だから給料を上げることが必要だ，には繋げにくくなります。給料を上げれば当然固定人件費が上がるので，経営へのインパクトがあります。経営戦略が成功することで利益が増え，結果として給料を上げるという関連で考えることが現実的になります。この関連では根っこになるのは経営戦略の成功ですが，項目としては大きすぎる感もありますので，現実的にどの項目に手を打つかを考えることが必要になってきます。

　1つの関係性だけで手立てを考えるのではなく，要因・結果をつなぎ合わせた因果関係図を作成することで，原因と結果の流れがループすることで悪循環が派生していることが見えてくることもあります。ループという塊（かたまり）を見ることで，特定の要因だけでなく問題がどうして起きているかというメカニズムを見つけ出すことで対策に繋げていくことが重要となります。また，ループは1つだけでなく複数見えてくることもあります。

　全体を俯瞰することで，どのようなループができているのか，手を打っていく優先順位はどうするのか，環境要因が大きすぎるループは対象外とするのか，等を担当者と検討することが必要です。

　優先順位の高いループが定まってきたら，そのループ全体のシステムに手を付けるのか，ループの全体像を踏まえたうえで特定の要因に手を付けるのかによって対策は異なってきますが，いずれにしても目的を見失わないことが肝要です（ループ図については第8章のエクササイズ2で実際に作成してみることにします）。

　課題が明確になり，クライアント企業との合意ができれば，セルフ・キャリアドックの取り組みによってどのような効果が期待できるかの提案（Stage 4）に取り組みます。

Stage 3において重要なことは得られた情報に基づいた仮説の立案です。社外のキャリアコンサルタンの場合は，クライアント企業が日々の活動では当たり前，またはしかたがないと判断し，問題として認識していないことに気づくこともあります。感じたことを恐れずにクライアント企業にぶつけてみることが重要です。

## ⑷　Stage 4　提案の実施

---

**定　義**

　クライアント企業の課題解決につながると理解できる提案を行う。
　セルフ・キャリアドックの導入企画書作成をサポートし，実施検討についての意思表示を得る。

**ゴール**

　担当者と提案内容について合意がなされている。

**活動内容**

　Stage 3でクライアント企業が抱えている問題が明確になり，課題解決の仮説が立てられる状況ができたら，次はセルフ・キャリアドック導入の提案に進みます。
　セルフ・キャリアドック導入には，大企業では人事管掌役員クラス，中堅中小企業／個人企業では経営者の合意が必要になります。
　企業の経営理念実現のため，経営者が掲げた経営方針に沿って策定された経営計画達成に向け，特に人事に関連する人材育成の施策や制度，育成計画の策定プロセスに基づき，抱えている問題をセルフ・キャリアドックの取り組みでどのような効果が期待できるのか，そのための解決策は何かを提案し，最終的にセルフ・キャリアドック導入の合意を得ることになります。

---

①問題・課題の明確化

　アポイントは面談者に直接連絡を取る事が可能な場合は訪問趣旨を明確に伝える事はできますが，多くの場合，特に上層部に行けば行くほど，総務部門や秘書部門など第一関門突破が必要になります。面談の趣旨，セルフ・キャリアドックの説明を明確にかつ端的に伝え理解を得ることが必要です。

　情報収集先として，経営／組織・人事・従業員に対して各々の立場から感じている事，問題・課題等をヒアリングを通して明確にします。幅広い領域にまたがって存在しますから出来る限り多くの部門や人など，多セクション，多階層別に訪問し的確な情報収集が必要になります。

　収集した情報から「人材育成上の課題」を抽出しまとめますが，ヒアリングから見えた課題が顕在化しているのか，あるいは潜在化のものか，的は外れていないか等，情報収集内容がその企業の実際に抱えているものかをセルフ・キャリアドックを提案する前に事前にクライアント企業の担当者に差異はないか確認する必要があります。


　『セルフ・キャリアドック入門』第1章では次のことが書かれています（高橋，2019, pp.9-10）。

　　セルフ・キャリアドックが最終的に目指すことは，個人と組織がWin-Win の関係を構築すること，すなわち，個人が元気になり，組織が活性化される状態にすることです。
　　（中略）
　　個人は自己のキャリアビジョンの実現や働く意味を実感するために内発的に動機づけられ職務遂行をして，社会的な価値を創造し，これがさらなるキャリアビジョンの実現や働く意味の実感として返ってきます。一方，組織は，経営理念の実現や組織の存在意義に向けて経営者がコミットメントを強め，個に応じたマネジメントや支援を実施して従業員による社会的価値の創造を促し，これがさらなる経営理念の実現，組織の存在意義として返ってきます（図表1-5）。

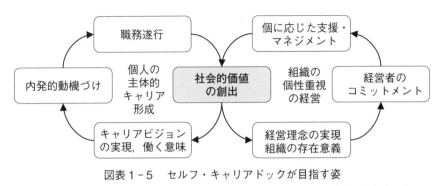

図表 1-5　セルフ・キャリアドックが目指す姿

高橋・増井（2019）より

　このことがひいては，経営理念実現のため，経営者が掲げた経営方針に沿って経営計画が着実に達成され，企業の成長と関わる全てのステークホルダーの満足度を満たす組織になることです。セルフ・キャリアドックはそのための方策になります。

## ②課題改善策の創出

　組織における課題が明確になれば，次は改善策の創出です。Stage 3 の情報収集より収集した情報同士がどのような因果関係になっているか，システム思考のループ図を用い俯瞰して大局的な流れをつかみ，あるべき姿に向け分析をします。ここでは本質的で持続的な改善策を探ることが必要になります（『セルフ・キャリアドック』第 2 章を参照）。

　問題のメカニズムを明確化するために 4 つの視点，「組織・人事にとっての問題，従業員にとっての問題，キャリアコンサルタントにとっての問題，環境要因から見る問題」から組織内に生じている問題のメカニズムを明らかにします。

　何が問題を形成している阻害要因なのか。すなわちループ図において何が悪循環をもたらしているのかを推測します。

　阻害要因は 1 つとは限りません。時にはいくつもの阻害要因が山積しています。全体を俯瞰し悪循環をもたらしている阻害要因を見つけ，何を

持って取り除くかの仮説立案に向けて組織を見立てることになります。この検討は1人ではなく複数人であらゆる方向から綿密に，検討には時間を掛ける必要もあります。

　同時に改善策を実行するときに必要なものとして「企業内インフラの整備」があります。組織経営で必要なリソースとして「ヒト，モノ，カネ，情報」が挙げられますが，セルフ・キャリアドックにおけるインフラは，セルフ・キャリアドック推進責任者やキャリアコンサルタントといった組織的なものや人，規定類の整備もその対象になります。

　本章では，『セルフ・キャリアドック入門』第4章に基づき，①組織インフラ：実施体制と社内規定・制度，②人的インフラ：実施のための人や組織，③情報的インフラ：主体的取り組みへの意識醸成や従業員が共有する意識・情報等，④物理的インフラ：場所・時間・ツール・資料等，⑤経済的インフラ：実施予算とし，提案には課題改善策のみならず企業内インフラの整備も同時に提案の中に盛り込みます。

　改善策としてのテーマは，セルフ・キャリアドックとして「人材育成上の課題」になり4つの支援側面から改善策を検討します（図表1-6）。

　A）個人への直接支援
　B）個人への間接支援
　C）組織への直接支援
　D）組織への間接支援

　さらに「4つの支援側面」の他に人材育成の4つの視点として，「企業人の基本を作る階層別研修」，「人事方針」，「現場で行われるOJT」，「職場を離れて行われるOff-JT」，を加味し検討するとより効果的な改善策を示す事が出来ます。


③提案書作成
　課題が明確になり改善策創出の次は，組織的な改善に向けセルフ・キャリアドック導入提案を実施します。人材育成上の課題が経営課題と関連し

図表1-6　キャリア支援における支援側面

| | 対象従業員 | 組織 |
|---|---|---|
| **直接的** | A）個人への直接支援<br><br>キャリアコンサルタントが対象従業員を直接支援する<br><br>例：キャリアコンサルティング面談，キャリア研修，リファーなど | B）個人への間接支援<br><br>キャリアコンサルタントが職場に接触して職場全体の支援力を高める<br><br>例：ストレスマネジメント訓練，アサーション訓練など |
| **間接的** | C）組織への直接支援<br><br>キャリアコンサルタントが従業員を直接支援せず他者を介して支援する<br><br>例：コンサルテーション，コーディネーション，各種部署との連携など | D）組織への間接支援<br><br>キャリアコンサルタントが職場全体の支援力を高めるための工夫を確立する<br><br>例：組織の構造，制度，規則，規範，風土を作り直すなど |

Lewisら（2003 井上監訳 伊藤・石原訳 2006）のコミュニティ支援モデルをもとに高橋（2019）が修正したものに加筆

ていることを示すことが重要になります。

　セルフ・キャリアドック導入提案は一般論ではなく提案先固有の課題が抽出され，セルフ・キャリアドック導入により人材育成の課題改善を図り，経営課題改善により経営方針の実現に結び付けることです。

　セルフ・キャリアドック導入の改善策を提示するだけではなく，実現するためのインフラ構築，スケジュール，導入効果をはっきり示すことも必要になります。

　提案された当事者が限られた時間の中で的確に判断出来る内容とすることが重要で，そのため提案書作成は1人ではなく複数の人を交え知恵を出し内容を吟味し，ヒアリングから得た課題に対し真の改善策になっているか，セルフ・キャリアドック導入で目的達成が図られるかを十分に検討する必要があります。

　提案書はセルフ・キャリアドック導入の可否を判断する重要な資料にな

ります。そのため判断ポイントを短時間で理解出来る内容と形態にする必要があります。

　作成のポイントは下記のとおりです。

・ストーリーボードで全体構成を俯瞰出来るようにする
・提案要点→理由→例→結論等のフレームワークを活用する
・提案，説明のストーリーを明確にする
・提案書枚数は過度に多くしない，細かい文字で伝えたい事を言葉形式で書面一杯に記載しないようにする
・相手が分かる言葉や分かりやすい内容で特徴を記載し，それがどのような効用があるかを記載する
・具体的なポイントや訴えたいポイントが一目で分かるようにする
・ヒアリングにより得られた情報のデータを基に作成する
・的外れな内容になっていないか確認する
・課題に対し改善策は正しく，実現出来る内容とする
・改善効果は間違っていないか確認する
・他社事例を入れる
・本提案前に推進者に内容合意を得る
・提案先からの質問を想定する


　Stage 4 において重要なことは，クライアント企業の課題に対する改善策を提案としてまとめ，担当者と合意された提案内容により最終決裁者が導入可否の意思決定をスムーズに行うことが出来る環境を作ることです。
　以上を踏まえ Stage 5 に繋げます。

## (5)　Stage 5　クライアント企業の社内承認・決裁

**定　義**
　課題解決策の諸条件が合意され，阻害要因を排除し正式オーダーを

いただく。

## ゴール

　決裁者より申込みの意思表示をいただき，担当者からの必要事項が記入された申込書を受領する。

## 活動内容

　Stage 5 では決裁者より申し込みの意志表示をいただき，担当者から必要事項が記入された申込書を受理します。

　申込書の作成支援のみならず決裁までのサポートをし，決裁に向けた方針とアクション・スケジュールを担当者と決め，確認しながら支援します。

①プレゼンテーション（セルフ・キャリアドック導入意思決定）

　提案書が作成できたら，いよいよプレゼンテーションになります。

　プレゼンテーションはクライアント企業のセルフ・キャリアドック導入の意思決定を目的に行います。意思決定ができる人に対して行うとして，事前の情報収集でセルフ・キャリアドック導入の意思決定ができる人は誰か，プレゼンテーションの場で意思決定ができそうか，あるいは他の役員会等で最終決定されるのか，その会議はいつ開催されるのか，月に何回開催されるか等，事前情報収集時に確認しておく必要があります。

　事前情報入手が十分でない場合，往々にしてプレゼンテーション時にセルフ・キャリアドック導入の意思決定にはさらなる別の関門突破が必要な事が初めて分かることもよくあります。

　提案・プレゼンテーションはセルフ・キャリアドック導入のキーファクターになるため，事前準備，実施当日の進行と終了時のゴールイメージ，実施後のフォローを十分に想定し準備します。

A）プレゼンテーションの事前準備

　事前準備は当日慌てることの無いように余裕を持って行います。参考までに準備のポイントをいくつか挙げておきます。

- どのクラスの人（役職）に対して行うか，誰がセルフ・キャリアドック導入の意思決定が出来るキーパーソンかを確認（経営者，人事部門管掌役員等）
- キーパーソンが参加出来るプレゼンテーション日程の合意
- 同席者はいるか，また参加人数は何人かを確認
- 場所は会議室か，応接室か，プロジェクター使用か紙で説明するのかも必要項目
- プレゼンテーションに必要な機器類（プロジェクター持参の可否，コンセント，ケーブル類の用意）資料の部数等の確認
- 提案側の参加者は誰が参加するのか（責任ある役職者の参加は必要）
- プレゼンテーションの時間配分はどのようにするのかを検討
- 誰がプレゼンテーションするのか決める
- プレゼンテーションのゴールイメージ（導入合意を得る等）をどのようにするのかを事前に提案側で決めておく
- 想定される質問には回答はできるか，裏付けは提示できるかを確認

B）プレゼンテーションの実施

　当日の準備時間も想定し訪問時間には余裕を持つことが必要です。席はクライアント担当者の指示に従うか，指示がない場合は，上座下座をわきまえることが必要です。また，資料配布があれば，事前に各席に用意します。

　留意事項として，

- 挨拶としてプレゼンテーションの目的と終了時の意思決定の依頼を明確に伝える
- セルフ・キャリアドックとは何かを分かりやすく説明
- 部門ヒアリング（期間，方法の明示）から見えてきた問題・課題を説

明

- 課題に対する改善策を分かりやすく説明
- 改善策実施の効果（定量効果，定性効果）を説明
- 他社セルフ・キャリアドック導入事例（課題〜セルフ・キャリアドック導入〜効果）を説明（開示可否で問題ないか検討が必要。同業種の事例があれば尚良い）
- セルフ・キャリアドック導入後の進め方，スケジュールや期間，経営者の役割，推進プロジェクト化，インフラ整備，終了結果報告，フォローアップ等を説明
- 内容を理解いただけたかの確認と質問を受付け

C）プレゼンテーションの実施後

　実施後のクライアント企業に対し，まずは，プレゼンテーションの内容理解，課題と課題解決方法の合意を得ます。合意を得た上でセルフ・キャリアドック導入合意の承認を求めます。

　実施項目として，

- セルフ・キャリアドック導入の提案内容は理解いただいたか，予算上は問題ないかを確認
- 導入合意の承認をいただいた場合，今後の進め方，窓口となる推進担当者の紹介をいただく
- 推進担当者とセルフ・キャリアドック導入契約に向けた手順を確認し遂行する

　プレゼンテーション実施後は，合意の可否に関わらず，後日礼状等にて必ずお礼をします。

D）プレゼンテーションの場所で合意が得られなかった場合

　決裁者が積極的でトップダウン型であれば提案に合意して，すぐに正式導入につながるでしょうが，そんなケースばかりではありません。

　人事部門のキャリアコンサルタントが提案し導入を進めるミドルアップダウン型や，キャリアコンサルタントの有志が導入を進めるボトムアップ

型の企業は阻害要因を排除しなければ進まないケースもあります。

　担当者と役割分担を決め，阻害要因を排除し担当者が決裁に向け，活動しやすいように下記の項目に取り組みます。

　①　阻害要因の排除のプロセス

　a）関係者の確認と情報を整理し把握する

　関係者それぞれの関係性（決裁者と担当者・関係者），関係者のセルフ・キャリアドックへの意向（賛成・反対）と影響力を把握します。

　企業内の人間関係を考える場合，社外のキャリアコンサルタントの方が，客観的にとらえられるので対応策を考えやすいこともあります。

　担当者と一緒に協力者を増やし，どうしたら企業のありたい姿に近づけるのかという課題解決の視点を持つことが大切です。

　b）合意形成をはかる

　賛成派・反対派の意見の整理，相違点・議論のポイントを明確にし，合意形成をはかります。企業を良くしたいというゴールは同じなので，ていねいに相互理解を図ります。

　c）資料を用意する

　決裁者にとっての課題解決・ニーズがセルフ・キャリアドックによって軽減され，企業の短期的長期的課題にどうつながるのかを明確にし，決裁者が判断に必要と思われる資料を用意します。

　たとえば経営者が課題としてとらえているものとして以下のものがあります。

　　・離職率を下げたい

　　・人材を確保したい

　　・人材を育てたい

　　・社員の自立をうながし，生産性を向上させたい

　　・組織力を強化し業績向上をはかりたい　　など

　これらの人材育成の課題の改善に対してセルフ・キャリアドックの導入をした企業事例の資料等を用意します。

②阻害要因排除後のプロセス
・阻害要因の解決により，改めてセルフ・キャリアドック導入合意を
　得る
・導入の最終意思決定機関が別にある場合（役員会　稟議等）最終意
　思決定の時期（日程），稟議ルート，期間，最終決裁者を確認
・改めて導入合意の承認をいただいた場合，今後の進め方，窓口とな
　る推進担当者を紹介いただく
・推進担当者とセルフ・キャリアドック導入契約に向けた手順を確認
　し遂行する
・担当者から必要事項の記入された申込書を受理する

　Stage 5 では，提案内容に合意をいただくためのステップの理解とポイ
ントを紹介しました。Stage 4 までに整理した課題が共有され，セルフ・
キャリアドック導入後に改善されるイメージを持っていただけるようにク
ライアント企業に説明することが大切です。

## (6)　Stage 6　準備から運用開始まで

---

**定　義**
　ガイダンスセミナー等の内容についての意見交換を行い，セルフ・
キャリアドックで必要な項目の実行を支援する。

**ゴール**
　ガイダンスセミナーおよびキャリアコンサルティング面談等のセル
フ・キャリアドックで必要な項目が実行されている。

**活動内容**
　セルフ・キャリアドックをスムーズに導入するために抜け漏れな

---

く，準備をし，実施します。

　ここで大切なことは，セルフ・キャリアドックを実施することが目的ではないことです。企業が考える目的を達成するための手段としてセルフ・キャリアドックが導入されるのです。そのためには，導入目的が達成できたかどうかという効果の把握ができるようにしておくことが大事です。セルフ・キャリアドック導入前後のデータなど効果把握のための準備を担当者と明確にしておくことが必要です。

　また，実施にあたって対象従業員だけでなく上司や同僚にもセルフ・キャリアドック導入の目的について正しく理解されるようにします。キャリアコンサルティング面談が解雇のため，転職を助長するものなどの誤った理解をされないように留意します。

　上記２点について配慮し，実施に向けて具体的なアクション項目を抜け漏れなくおさえて，担当者と情報共有をして，準備・実施に移ります。

　活動項目は以下のとおりです。
　①効果把握のための準備
　②実施スケジュールの立案
　③ガイダンスセミナーとキャリアコンサルティング面談の準備
　④ガイダンスセミナーとキャリアコンサルティング面談の実施

それぞれの活動項目の内容をみていきます。

①効果把握のための準備
　A）効果確認指標を決める
　B）効果確認の方針（効果検証と分析方法）を決める
　C）測定対象者を決める
　D）測定手段（アンケート・ヒアリング，面談シート等）を決める
　E）測定プロセス（誰が・いつ・どこで・どのように行うか）を決める

F）測定ツールの作成／質問項目を決める／実施方法を決める（WEB
入力か，手書きか）
上記すべてを担当者と共に役割分担し確認しながら進めます。

## ②実施スケジュールの立案

A）必要なアクションをリストする

B）いつ，どの順番で実施するか決める

C）そのために必要なリソースを明確にする

立案したスケジュールを担当者と確認し，役割分担し関係部門と連携し
手配を依頼します。感情面にも配慮し，余裕のあるスケジュールを立案す
ることが大切です。

## ③ガイダンスセミナー（セルフ・キャリアドック説明会）とキャリアコン
サルティング面談の準備

A）ガイダンスセミナーの準備

企業によっては，キャリア研修を実施している場合もありますが，キャ
リアという考え方を初めて導入する場合もあります。参加者への理解を求
め，効果的な面談につなげるために，ガイダンスセミナーの実施はとても
重要です。キャリアコンサルタント倫理綱領第7条では説明責任に触れて
います。

第7条には「キャリアコンサルタントは，キャリアコンサルティングを
実施するにあたり，相談者に対してキャリアコンサルティングの目的，範
囲，守秘義務，その他必要な事項について十分な説明を行い，相談者の理
解を得た上で職務を遂行しなければならない。」（キャリアコンサルティン
グ協議会，2016）とあります。対象従業員に対するガイダンスセミナーは
説明責任に相当します。これを担当者に説明し実施の重要性の理解を得ま
す。

「企業側がどんな目的でセルフ・キャリアドックを導入したのか？」「社

員にどうなってほしいのか？」「参加者のメリットは何か？」など分かりやすく説明します。

　キャリアコンサルタントは，キャリアを考えることは大切なことであること，守秘義務があるためキャリアコンサルティング面談は安心安全であること等を理解してもらうよう説明します。ここで丁寧に説明することが，セルフ・キャリアドック導入効果を高めます。

　ガイダンスセミナーは，集合形式で2時間程度実施します。対象人数が多い場合は何回かに分けて実施するなど，業務への影響を少なくするよう工夫して実施します。また，「忙しい時に集められた」というネガティブな意識を持って参加する人を少なくするためにも参加者への通知・日程確保は上司からも優先事項であること，参加者自身のためになることを説明して参加してもらうようにします。

　ガイダンスセミナーは，キャリアコンサルティング面談の準備という意味合いもあるので，面談するキャリアコンサルタントが実施すると参加者に覚えてもらえることと，「初対面の人ではない」ということで親近感を持ってもらえます。

　以下にガイダンスセミナーの構成例を示します（『セルフ・キャリアドック入門』第5章より）。

①セルフ・キャリアドックの概要（50分）
　・セルフ・キャリアドックの目的
　・キャリアの定義とキャリアコンサルティング面談について説明
②ライフラインチャート（人生曲線）の作成（20分）
　・これまでの職業経験を振り返る（必要に応じて職務経歴を書き足しておく）
　・ライフラインチャートの作成方法説明
③グループワーク（20分）
　・5分程度で自分のライフラインチャートの説明
　・説明に対してメンバーから質問

④キャリアコンサルティング面談の準備（30分）

　　・キャリアコンサルティング面談シートの記入について説明

　　・担当するキャリアコンサルタントの自己紹介

　　・面談スケジュールと守秘義務に関する同意書について説明

なお，ガイダンスセミナーの詳細については第3章をご覧ください。

B）キャリアコンサルティング面談の準備

　a）具体的な準備物のチェックリスト

　b）対象者へ通知と日程確保

　　初めての社外のキャリアコンサルタントとの面談なので，当日の不安を軽減するためにも案内文の中に目的や守秘義務などを添えて丁寧に伝えるようにします。

　c）キャリアコンサルティング面談シートの事前記入の依頼

　　短い面談時間を有効に使うために，事前に記入をしていただき当日持参してもらいます。もちろん事前に提出いただくことができれば，提出していただける方がよいでしょうが，対象者に負担をかけないことも大切です。ガイダンスセミナーの場でキャリアコンサルティング面談シートの説明を実施し，記入例を用いてイメージをつかんでいただきましょう（図表1-7，または第6章のジョブ・カード）。


④ガイダンスセミナー・キャリアコンサルティング面談の実施

A）ガイダンスセミナーの実施

　最初に，導入にあたっての経緯など経営者の思いを伝えていただく時間を取ると効果的です。「なぜやるの？」「なぜ今なの？」「なぜ私なの？」などの疑問に答える内容にします。

　それ以外にも様々な疑問が出る可能性があるので，あらゆる場面を想定して，担当者と対応策を考えて準備しておきます。Q&A集を作って関係者と共有しておくといいでしょう。

キャリアコンサルティング面談（記録準備）シートの例

## キャリアコンサルティング面談シート

| 作成日 | 年　　月　　日 | 面談日 | | | 年　　月　　日 |
|---|---|---|---|---|---|
| (ふりがな)<br>お名前 | | 年齢 | | 性別 | 男性　女性 |
| 勤務年数 | 年　　か月 | 所属部署 | | | |
| 資格など | | | | | |

(目　　的) このシートはキャリアコンサルティング面談の前に、相談内容を整理することに役立ちます。
(守秘義務) このシートに記載したことや面談内容が、ご本人の同意なくキャリアコンサルタント以外の者に伝わることはありません。
(運用方法) コピーをとり、キャリアコンサルティング面談の際にこのシートをお持ちください。ご本人が同意した事項に限り、上司・人事に共有されます。

| 1. これまでの職歴と現在の職務の概要 |
|---|
| |

| 2. 上司から期待されていること |
|---|
| |

| 3. 興味関心があること |
|---|
| |

| 4. 得意なこと、苦手なこと |
|---|
| |

| 5. 今後取り組みたいこと |
|---|
| |

| 6. 仕事を通じて達成したい目標 |
|---|
| |

相談したい内容はどのような事ですか？（仕事以外のことがある場合もご自由にご記入ください。）

| |
|---|
| |

図表 1-7　参考：面談シート

厚生労働省（2017）より

B）キャリアコンサルティング面談の実施

　初めてのキャリアコンサルタントによる面談なので，趣旨や守秘義務などの説明と共に，不安な点を確認します。安心安全な場での面談を実施できるように配慮します。

　面談の流れは下記のとおりです（『セルフ・キャリアドック入門』第 6 章より）。

　1）面談プロセスの確認
　2）関係構築
　　・ラポール形成，場面設定，面談実施の合意，対象従業員の観察
　3）キャリア形成プロセスの点検と対応
　　・自己理解・仕事理解の点検
　　・キャリアビジョンの点検
　　・キャリアプランの点検
　　・アクションの点検
　　・阻害要因の点検（意見・要望事項等のヒアリング）
　4）課題の明確化と対応


　Stage 6 ではセルフ・キャリアドック導入をスムーズにするために，準備を整えることが重要です。対象者に安心感を持ってもらうこと，会社として効果把握ができることのために準備を計画的に進めます。

　なお，キャリアコンサルティング面談については，第 4 章および第 5 章をご覧ください。

## (7) Stage 7　効果検証

**定　義**

　結果報告会に向けた内外の関係者との調整，結果報告書作成のための情報収集と整理・事前準備を行う。

**ゴール**

関係者に対する結果報告会が完了している。


**活動内容**

セルフ・キャリアドックの最終段階です。関係者に対する結果報告会を実施します。結果報告会は，経営者の関心の高いものです。経営者の知らない情報や課題解決につながるにはどのようなものがあるのかという要望に応えるような結果報告書の作成が求められます。

以下 3 つに分けて説明します。

①結果報告書の作成

②結果報告会の準備

③結果報告会の開催

## ①結果報告書の作成

A）結果報告書に盛り込む内容のための情報収集

　　a）キャリアコンサルティング面談を担当したキャリアコンサルタントのヒアリングと担当キャリアコンサルタントの個別報告書

　　b）参加者のアンケート（事前・事後）

　　　個人が特定できないよう配慮した表現にします。

B）入手した情報の分析

　　定量的・定性的に分析します。

C）実施結果のまとめ

　導入キャリアコンサルタントの作成する結果報告書には実施した事実だけではなく，以下の項目を入れ分析し最終的に組織への改善提案にまとめます。追加資料が必要な場合には作成します。

　　・目的と課題

　　・施策

　　・結果

・問題・課題

・改善策の提案

## ②結果報告会の準備

　結果報告書の検討会を関係者で開催します。日程に余裕を持って，事前に関係者（セルフ・キャリアドック統括責任者，導入キャリアコンサルタント，面談担当キャリアコンサルタントなど）で結果報告書ドラフトおよび追加資料を検討しブラッシュアップします。

## ③結果報告会の開催

A）担当者と結果報告会の開催日時・場所・参加者を決める

・参加者には決裁者を含める。

・当日の進め方について（Agenda）を含め開催通知を関係者に知らせる。

B）結果報告会の実施

・決裁者の満足度・要望・提案に対する意向を確認する。

・必要に応じ，フォローアップや継続化の計画立案・組織改善の措置等の対応をする。


　Stage 7 はセルフ・キャリアドックの効果・成果を評価し，残された課題，新たな問題点について整理し，今後の活動につなげていく Stage です。

　1つのサイクルが終わったから終了ということではなく，必要に応じて個人や組織に対するフォローアップをしていくことで，個人が元気になり組織が活性化する状態を継続していきます。

　なお，結果報告書の詳細については，第6章をご覧ください。

# まとめ

　これまで説明してきた7つの Stage は企業における営業活動と同様のプロセスです。営業活動では顧客企業の目標と現状のギャップ（問題）を明らかにし，課題解決のための解決策を提案していきます。担当営業の勧めたい商品・サービスがいかに優れているかを前面に押し出すアプローチではなく，顧客が抱えている問題・課題に対して，どのように有効かを訴求し，導入後には結果をフィードバックする営業プロセスが，顧客との信頼関係を密にし，互いに Win-Win の関係性を構築できる近道になります。フィードバックの内容は単に結果だけでなく，新たに抽出された課題に対する対応策等を盛りこむことで，さらなる改善につながります。

　セルフ・キャリアドックは導入することが目的ではありません。本章でも繰り返し述べてきましたが，目的は「個人が元気になり組織が活性化される状態にする」ことです。そのために必要なことは何かをクライアント企業と一緒に考え，実行に移し，フィードバックを通して次の活動に繋げることを目指していきましょう。

# CHAPTER 2
# セルフ・キャリアドック導入の実践スキル

早川　徹

　セルフ・キャリアドックとは従業員のキャリア形成を促進・支援する総合的な仕組みであり，これからの人材育成に必要な仕組みであるということを理解している人は多いと思います。しかしながら，いざ企業内に導入しようとした時に，どのように社内のコンセンサスを得て進めていけば導入することができるのかと悩んでいる人も多いのではないかと思います。本章ではセルフ・キャリアドックの導入に取り組もうとされている方や，すでに検討を始めている導入実施者の方，あるいはその導入を周りから支援する立場の方のために，導入過程で発生する様々な問題・課題とそれを乗り越えるための対処法について私の経験や文献などを交えて紹介をしていきます。

## 1
## 導入のカベ

　私はセルフ・キャリアドック普及拡大加速化事業（2018～2019年）において導入キャリアコンサルタントとして「セルフ・キャリアドック」を企業に紹介し，導入していただくという支援活動を行ってきました。その結果，セルフ・キャリアドックを導入していただいた企業，説明は聞いていただけたが導入に至らなかった企業，また，担当の方がセルフ・キャリアドックの有効性に気づき社内で導入のための提案を行ったが様々な理由により承認されなかった企業といろいろなケースがあります。

セルフ・キャリアドックの導入方法については厚生労働省の『「セルフ・キャリアドック」導入の方針と展開』に標準的プロセスとして掲載されています（図表2-1）。また，本書の姉妹本であります『セルフ・キャリアドック入門』の中でも詳しく解説されています。

しかしながらこの標準的プロセスを実現するところまで行きつけない，つまり標準的プロセスを実施する前の企画段階で経営層にセルフ・キャリアドックそのものを理解してもらえないという"導入のカベ"に遭遇し，導入実施者が導入を断念した企業が多いということが分かりました。組織として導入が決定された後であれば図表2-1の標準的プロセスに沿って進めることができますが，導入前の企画段階ではいろいろな問題がカベとなり簡単には越えられない状況が発生するということが分かったのです。私の経験から，企画段階の提案に際しては，導入のきっかけやその時の企業の状況を考慮して提案しなければ，導入に向けてのカベが高くなりその

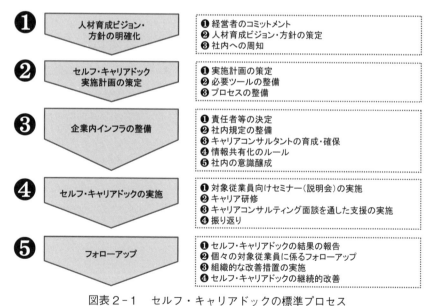

図表2-1　セルフ・キャリアドックの標準プロセス

厚生労働省（2017）より

後の活動が難しくなるということがいえます。状況によっては，セルフ・キャリアドックの良さを知ってもらうための小さな施策から始める企画提案が有効と考えられます。

　このように企業の状況によって導入の入り口が違うため，この部分のプロセスは標準化されていません。そこでこの部分についてどう対応すれば良いのかを私の導入支援活動の経験を踏まえてお伝えすることで，皆さんの導入活動がよりスムーズに運ぶようになることを願っています。それでは，その導入を考えるきっかけにはどのようなケースがあるか見ていきたいと思います。

## ⑴　導入を考え始めるきっかけ

　セルフ・キャリアドックの導入を検討することになる経緯としては，社内にきっかけがあるケースと社外にきっかけがあるケースがあります。

【社内にきっかけがある場合】
●経営層や上司からセルフ・キャリアドックを検討してくれと言われたから（トップダウン形式）
●社内における人材育成においていろいろと問題・課題があり，その解決策をインターネット等で探っていてその存在を知ったから
●社内におけるキャリアコンサルタントとしての自主活動が評価されて社内展開に希望が持てたから

【社外にきっかけがある場合】
●いろいろな勉強会，もしくは養成講座等でこのセルフ・キャリアドックを知って導入してみたいと思ったから（ミドルアップダウン形式）
●厚生労働省等々からの知らせや人材開発に関するいろいろなイベント等で紹介され効果が期待できそうだと思ったから
●社外のキャリアコンサルタントの方などから提案を受けて効果が期待で

きたから（研修会社や社外キャリアコンサルタントからの提案）

などが上がってくるのではないでしょうか。皆さんの場合はどのようなことがきっかけになっているのでしょうか。

　導入のきっかけが社内にある場合は，導入を必要とするエネルギーが社内にあるということで導入活動を支援してくれる人が見つかりやすく，活動を広めていきやすいというメリットがあります。一方社外にきっかけがある場合はまず企業側の導入実施者が導入する目的や効果を理解し，自分事として受け入れ，社内における活動を起こすエネルギーを持つようになるということが必要になります。そこがスタートラインになります。

　いずれにしてもどうやって導入したら良いかを悩み足踏みをしている人が多かったように思います。キャリア形成支援は「個人」に対する効果だけではなく職場の環境や人事・制度，経営層といった「組織」にとっても

| 【対象】 | 【キャリア形成支援による変化】 | 【効果・メリット】 |
|---|---|---|
| 個人 | ●自己理解を深め，自己の強み，弱み，企業や環境との適応状態を再認識することで積極的になる | 自己肯定感向上 |
| 個人 | ●今後のキャリアの方向性と自分の活躍と貢献の可能性が拡大しモチベーションがアップする | 自己効力感向上 |
| 環境・風土 | ●キャリア形成を意識した役割や目標を共有でき，部下育成意識が向上し，コミュニケーションが活性化する | 部下との関係性改善 |
| 環境・風土 | ●個人が，組織からの期待役割を理解した行動をするようになり協働意識が芽ばえ職場が活性化する | 職場の活性化 |
| 人事・制度 | ●従業員や職場の活性化により，チームへの貢献意識が芽ばえ結果としてエンゲージメントの向上に繋がる | 定着率向上 |
| 人事・制度 | ●キャリア形成支援が個々人の志向性と会社の意向とのマッチングを図り適材適所を実現できモチベーションが向上する | パフォーマンス向上 |
| 経営層 | ●従業員や職場が活性化することで活気ある組織となり，パフォーマンスや生産性の向上に結びつく | 業績向上 |
| 経営層 | ●組織の活性化により従業員のエンゲージメントが向上し，向上心と昇進意欲を持つ人材が育ち，成長する組織に変化する | 経営品質向上 |

図表2-2　キャリア形成支援から得られる効果やメリット

早川（2020a）を筆者が一部修正

図表2−2に示すような効果が期待できますので勇気をもって踏み出してください。

## (2) 導入するとは

　セルフ・キャリアドックを導入するということはどういうことかについて少し考えてみましょう。私がセルフ・キャリアドックの導入支援ということで各企業様を回っていた時によく訊かれたのが「何をしたらセルフ・キャリアドックの導入をしていると言えるのか」という質問でした。厚生労働省のホームページを見ても何をすればセルフ・キャリアドックを導入していると言えるのかというようなことは書かれておりませんし，また，セルフ・キャリアドックに関しては "くるみん" や "えるぼし" のような認定制度があるわけでもありません。

　セルフ・キャリアドック自体はキャリア研修，キャリアコンサルティング面談等を軸とする人材育成の仕組みということです。私が思うにはゼロベースからの取り組みの場合はまず導入のきっかけがあり，それを企画しそれを会社として取り組むという決断があり，そこから運用が始まるということになります。ここまで来たら導入段階ということで良いのではないでしょうか。また，キャリアということを意識したキャリアコンサルティング面談やキャリアに関する研修等に取り組んで仕組みづくりを始めていれば，その企業は導入していると言って良いのではないかと思います。完成形だけが "導入していると言える姿" とは限らないと思います。なぜなら完成形には数年かかる場合があり，仕組みの成長と共に完成形もまた変化していくため完成形にはなかなかならないからです。それは，環境が変わっていくために，キャリア形成の在り方も変わっていくからだともいえるでしょう。ただし，就業規則等に明確に記載されていて実行されていればこれは導入していると言って良いと思います。

　しかしながら経営層との合意を得てこの導入段階に至ることができず，導入してみたいがどうやったらいいんだろうと悩まれている方や，企画の

方法が分からないと困っている方，提案してみたけれどもいろいろな質問が来て対応に苦慮している方，優先順位等を理由に決定に至ることができなかった方など問題を抱えている人は非常に多かったのです。これらの"問題"を総称して，セルフ・キャリアドック導入のために乗り越えなければならない"導入のカベ"と呼ぶことにします。次の(3)項ではそのような導入決定までのカベについて考えてみたいと思います。

## (3) 導入決定までのカベ

　皆さんがセルフ・キャリアドックの導入を企画申請したとしても，そのまますんなり"導入決定"とはいかない場合が多いという事を述べてきました。私の経験から，そこには図表2-3に示すようなカベがあったように思います。

　これらのカベの原因としては自分に起因する原因と相手に起因する原因

●セルフ・キャリアドック導入実施者の悩み

『セルフ・キャリアドックの仕組みを導入したいのに・・・』

【経営層の疑問】

- なぜセルフ・キャリアドックを導入しなければならないのか
- 世の中の動向はどうなっているのか
- 退職者が増えてしまうのではないか
- 本当に組織の活性化につながるのか
- 予算をかけるだけの費用対効果はあるのか

キャリア支援担当者

『どうしたらいいの？』

【担当者の迷い】

- 上司や経営層の理解をどうやって得ればよいのか
- セルフ・キャリアドックの効果は示せるのだろうか
- 導入するには具体的にどうやったらよいのかわからない
- 導入計画の立て方が分からない
- 社内にキャリアコンサルタントがいないのにできるのか

図表2-3　セルフ・キャリアドック導入時のカベ

早川（2020b）を筆者が一部修正

が考えられます。

**【自分に起因】**

①説明不足：決定権者である経営層に理解してもらうことを意識した内容の説明になっていない。（相手を意識しない資料になっている）

②準備不足：相手からの質問を想定した事前準備が不足していて，十分に答えることができない。（公的な資料の準備や費用の見積もりなど）

**【相手に起因】**

③安定志向：相手の中に，変化を好まない安定志向が働いた。

④リスクの回避：期待効果よりも変化に対するリスク回避を優先した。

　このようなカベというものは変化，変革といったものに対しては常にあり得ることなのでここであきらめてはいけません。そのカベの原因は何なんだろうか，何をすればそのカベが低くなるのだろうかと考え前に進むことが大事です。それでは，決定に至るまでの過程で遭遇するカベと原因について次の(4)項でもう少し詳しく見てみましょう。

## ⑷　導入決定に至る過程で遭遇するカベの分析

　図表2－3に示したような導入のカベを分析すると，図表2－4「セルフ・キャリアドック導入のカベの分析」に示したような“HOW のカベ”，“否定のカベ”，“抵抗のカベ”，“審判のカベ”というカベに分類することができます。どのカベに遭遇するかはいろいろな要因が複雑に影響するため遭遇するまで分からないのが一般的です。では，それぞれのカベを詳しく見ていきましょう。

**【HOW のカベ】**

　HOW のカベですが，これは導入実施者本人が導入に当たってその目的や効果または運用方法等についてよくわからないというカベです。特に

●どのカベの前にいるのか？

> **HOWのカベ**

当事者意識

問題の顕在化先行
（危機感共有を重視
変革方法の理解不足）

導入方法について
・どうしよう

セルフ・キャリア
導入実施者

> **抵抗のカベ**

ネガティブな反応

現状維持バイアス
（リスク回避優先
安定志向）

先送りの言動
・時期尚早

> **否定のカベ**

拒絶反応

危機感の欠如
（成功経験優先
変化に気付かない）

排除の言動
・必要ない

『どうしたらいいの？』

| | 本人のカベ |
| | 上位層のカベ |

> **審判のカベ**

ポジティブな反応

変革受容の思考
（実施可否の分析
共鳴・共感の意識）

確認の言動
・本当か？

※カベの名称は，カベの状況を象徴させるために便宜的に命名したものである。

図表2-4　セルフ・キャリアドック導入のカベの分析

　トップダウン形式の場合はこのカベに遭遇することになります。具体的な導入方法を検討しないままセルフ・キャリアドックの導入を進めていくといろいろなカベに遭遇し，そこで立ち往生してしまうことになります。

　まずは導入を提案するにあたり，このセルフ・キャリアドックを理解していることが大前提になります。往々にして導入したい，または導入しなければという気持ちが先行し，導入決定後の運用体制や費用や運用効果の確認方法などを考えずに進めていくということがあるのではないでしょうか。そのような場合には，導入を提案した途端にいろいろと質問攻めにあい自信を無くすことになりかねません。また提案も通らないということになります。ここはしっかり押さえていかなければならないところです。進め方についてはこの後の2節で説明します。

## 【否定のカベ】

　否定のカベは現状への固執，提案行為への反発，さらには理解ができないといった，拒絶反応が相手の中に起こったものと考えられます。

　　・キャリア形成支援をなぜしなければならならないのか
　　・すでにキャリア支援対策は充分実施している

などの言動に代表されます。

　これは導入提案に対してまったく聞く耳を持たないという拒絶反応を示すカベで，このレベルを打破しようとしても労多くして益少なく，苦労はするが簡単には成功に結びつかない典型といえます。このケースは今までの成功経験を優先しているとか，キャリア形成に関する社会変化に気付かないということが原因として考えられます。つまりこのカベは往々にして決定権者の危機感の欠如からくる場合が多いと言えます。このように変化に気付かないままにしているといずれ人的資源管理において危機を招くことになりかねませんので，粘り強くしっかりと対策を取っていくことが肝心です。排除の言動としては「必要ない」ということで片付けられてしまいます。非常に厄介なカベですが焦らずに時間をかけて説得するようにしてください。

## 【抵抗のカベ】

　抵抗のカベは自己防衛，安定志向，変化を嫌う，リスク回避などが根底にあると考えられます。

　　・そんなことをやったら退職者が増えてしまうのではないのか
　　・必要なのは分かるが優先順位的には来年度検討することにしよう
　　・予算が無いので今回は見送りとする

などの言動に代表されます。

　これはどちらかというと決定権者のネガティブな反応と捉えてよいと思います。ある程度理解しつつあるのですが，現状維持バイアスが働きリスク回避を優先したり，安定志向が働いたりということで何らかの理由を付

けて導入を先送りするという言動に代表され，来年度再検討という結果になります。

## 【審判のカベ】

　審判のカベは半信半疑の状態で，判断の裏付けとする情報の欲求および確信のための学びの姿勢が根底にあると考えられます。
　　・資料には世の中の動向が示されていないがどうなっているのか
　　・漠然とした効果が書かれているが具体的にはどうなのか
　　・本当に組織の活性化につながるのか
などの言動に代表されます。

　このカベはどちらかというと決定権者のポジティブな反応と捉えることができます。決定権者は必要な施策であれば変革を受容するという姿勢を持っているのですが，現時点では実施可否判断ができないために，詳細な裏付けデータやその効果，さらに具体的な運用について，質問をしたりデータの要求を行っているものと思われます。したがって，確認の言動として，その内容は本当か，効果は確実に見込めるのかなど提案内容に対して前向きな意味での確認や質問を浴びせてきます。これは導入実施者に対する登竜門といえるかもしれません。しっかり応えていくことが大事です。いずれにしろこれらのカベを乗り越えることで導入が実現するということになります。


　これは参考ですが，リーダーシップ論の権威として知られるジョン・P・コッター（2012）によれば，人が変革に抵抗するもっとも一般的な理由には以下の4つがあるということです。
　　・変革は組織にとって意味がないという信念
　　・変革とその狙いについての誤解
　　・大事な何かを失いたくないという気持ち
　　・変革一般に対する受容性の低さ

皆さん，何か似ているように感じませんか。

　ところで，キャリア形成支援は“転職を促すもの”という考えを持っている経営層の方がまだ多くいるのではないかと思います。このような考えはそもそも2001年の職業能力開発基本計画の中でキャリアコンサルタントの役割として期待されていたことに「就業施策の一環としてのキャリアコンサルティング」とうたわれていたことからもあり得ると思います。しかしその後2016年には社会環境やキャリア形成支援の在り方が変わって「企業活力に貢献する施策としてのキャリアコンサルティング」というように変化してきていることに気付かなければならないのです。このような変化に気付かずにいると時代の流れに取り残される危険性が大きくなります。キャリア形成支援は今や転職を促すものではなく“仕事において，人生において，目標を持って活躍の道筋を見つけ出し，生きがいを見つけ出し，活躍すること”を支援することが目的となってます。これを仕組みとして導入を推奨しているのがセルフ・キャリアドックなのです。

　ではこれらのカベに対する対応について考えていきましょう。

## 【否定のカベへの対応】

　否定のカベですが，まったく必要性を理解していない，その危機感を持たないということであると思います。つまり変化にピンと来ていない，変化が見えないゆでガエル状態ということに近いのではないかと思います。したがって，その危機を知らせて気づいてもらうことがポイントになります。

　対応としては，以下のようなことが有効だと考えられます。

・職業能力開発促進法でキャリアコンサルティングの機会の確保が求められているといった法的な事実を説明する
・経営層が常日頃課題と思っているもの，もしくは問題と思っているものに対して，このセルフ・キャリアドックが有効であるということを

公的な資料を活用して示していく
　・経営層に信頼されている近くの人にセルフ・キャリアドックの効果や
　　現状維持の場合のリスクを説明して理解してもらうなど，周りを巻き
　　込んでそこから導入の必要性を広めていく
　・じっくり時間をかけてセルフ・キャリアドックに興味を持ってもらう
　　機会を増やしていく
などです。


## 【抵抗のカベへの対応】

　抵抗のカベですが，これは，分からないから抵抗しているのか，何か困
ることがあるから抵抗しているのかなど，抵抗している原因を突きとめ
て，そこに対してアプローチするということがこの状況を打破するポイン
トになります。

　対応としては，以下のようなことが有効だと考えられます。
　・分からないということに対しては公的な情報を見える化して見せてい
　　くようにする，説明をする。
　・リスクを優先して導入することに抵抗があるといった場合にはそのリ
　　スクを取り除くようにする。それは費用面であるとか，また，退職者
　　が出てしまうという思い込みなのか何なのか，そこを突きとめてそれ
　　に対して対応していくということになります。


## 【審判のカベへの対応】

　審判のカベですが，これはセルフ・キャリアドックというものを理解し
ようとしているが納得できていない，あと一押しというところかもしれま
せん。その時にはやはり判断できる適切な情報を提供することや，ぜひや
らせてほしいという熱意を伝えることがポイントになります。

　対応としては，以下のようなことが有効だと考えられます。
　・信頼できるデータで効果を示していく，もしくは心配ごとであるリス

ク等を排除するような形で効果があるということを示していく

・リスクがほとんどない小さいレベルで導入できるということを積極的に提案していく

・実際にキャリアコンサルティング面談を受けてもらう

　実際にこの方法により理解していただき導入に至ったケースもあります。

　なお，情報提供元としては以下のようなものがありますので参考にしてください。

・厚生労働省：https://www.mhlw.go.jp/index.html

・労働政策研究・研修機構：https://www.jil.go.jp/outline/index.html

・経済産業省：https://www.meti.go.jp/

・キャリアコンサルティング協議会：「キャリアコンサルティング関連情報集」

## 2
# セルフ・キャリアドック導入決定へ向けた対応

　カベの種類と原因，そのカベを乗り越えるためにどんな対応をすればよいかなどについて前項で説明してきましたが，最終的にセルフ・キャリアドックの仕組みを導入するためには，社内における承認が必要となります。そのためには企画書や提案書といった申請用の資料を準備し，決定権者に説明し承認してもらうことが必要となります。そのためのプロセスについて説明します。

【社内承認のためのプロセス】

　一般的な手順としては次のような流れになります。以降，それぞれについて解説していきます。なお，紙幅の都合上「導入企画書の作成」までを重点的に解説します。

●組織における人材育成の現状を再確認

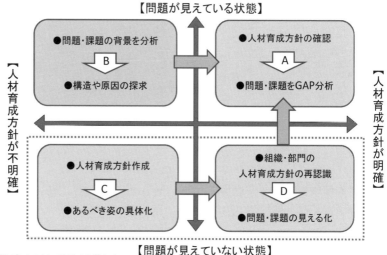

【問題が見えている状態】

＜図内＞
●問題・課題の背景を分析
B
●構造や原因の探求

●人材育成方針の確認
A
●問題・課題をGAP分析

●人材育成方針作成
C
●あるべき姿の具体化

●組織・部門の
人材育成方針の再認識
D
●問題・課題の見える化

【人材育成方針が不明確】　　　　　　　　　【人材育成方針が明確】

【問題が見えていない状態】

⇩：導入プロセスとして実施するポイント
⇨：次に進む方向

図表2-5　　現状理解

早川（2020c）より

現状理解 ⇒ 現状分析 ⇒ 対策の検討 ⇒ 導入企画書の作成 ⇒ 提案・説明

【現状理解】について

　まず図表2-5を参考に自組織の状態を確認してみてください。問題・課題が見えている状態か，組織としての人材育成方針が明確になっているかということです。なぜこの確認が必要かというとキャリア形成を考える時，企業が求める人材像が明確になっていることが重要なポイントになるからです。つまり，組織および従業員が目指すべき人材像が明確になっていなければ進む方向が分からず進めないということになるのです。また，問題・課題が見えていなければ，何をやるかが決められないということになります。

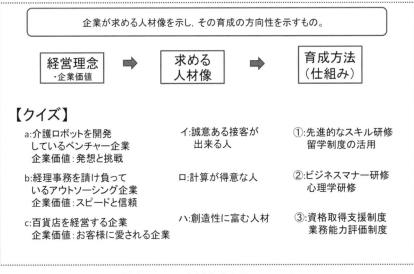

図表2-6　人材育成方針について

早川（2020d）より

　「問題・課題」の顕在化と「人材育成方針」の存在について考えてみましょう。

　人材育成方針がなぜ大事なのかは既に説明しましたが，そこには企業が求める人材像が定義されており人材育成およびキャリア形成の拠り所であり目印になるからです。一般的にはこの方針があることで，従業員がその企業において目指すキャリアが描きやすくなるということなのです。図表2-6に企業における人材像と育成方法の関係を探す簡単なクイズを入れているので解いてみてください。a，b，cの企業が求める人材像はイ，ロ，ハのどれか，さらに育成方法は①，②，③のどれかを線で結んでみてください。

　いかがですか。aのベンチャー企業の価値は「発想と挑戦」ですから求める人材像はハの「創造性に富む人材」です。そのための育成方法は①の「先進的なスキル研修」が適していると考えられます。同様にbのアウト

ソーシング企業は計算が得意な人ということでロ，③となり，cの百貨店はイ，②が適していると考えられます。このように経営理念で示す人材像や人材育成方針がキャリア形成に大きく影響してくるのが分かると思います。通常この人材育成方針は企業ごとにユニークなものになっているはずです。したがって，この人材育成方針に関わる問題・課題もユニークなものになり，他社の物まねでは解決困難であることが容易に分かると思います。つまり，それぞれの企業において個人も組織も活性化していくためには，各企業がそれぞれの組織に合ったユニークなセルフ・キャリアドックの仕組みを構築することが必要だということになります。

ここで皆さんも自組織における人材像を整理してみてください。何か問題・課題に関連することが見つかるのではないでしょうか。

それでは図表2-5のA，B，C，Dそれぞれの状態の時に何をすればよいかを説明していきます。

【A】見えている問題・課題と求める人材像との関係を整理してみましょう。

人材育成方針に沿った人材が育っているか，現在顕在化している人的資源管理上の問題・課題（離職の問題や部下育成の問題など）との関連性はどうかなどを整理してみること。そうすることで，人材育成方針が従業員に伝わっていない，スキル研修に偏っているなどの新たな問題・課題が見えてくると思います。

【B】見えている問題・課題はどのようなことを基準とした場合の問題・課題なのか整理してみましょう。

Aの場合は人材育成方針が問題・課題認識の拠り所（基準）になっていましたが，Bの場合の拠り所は何なのでしょうか。また，その問題・課題は企業の中でどこまで（経営層や現場の従業員など）共有されているのでしょうか。整理をすることで，組織が目指す姿や人材像を明確化すること，さらには社内で共有することの必要性が見えてくるでしょう。このBの領域に位置している企業はAの領域に移行する施策を実行すること

が望まれます。

【C】この領域の企業は特に問題・課題が無いということで一見良さそうに思いますが，企業を取り巻く環境の変化や企業が目指すビジョンを再度確認してみましょう。

もしかしたら変化に気づいていない"ゆでガエル"状態になっているかもしれません。注意が必要です。ビジョンに照らし合わせて3年後，5年後を想定して問題や課題が本当に無いのかということを関係者同士で考えてみることも必要です。少なくても企業が目指す，求める人材像は必要だと思います。このCの領域に位置している企業はDの人材育成方針が明確な領域を目指すことが必要です。

【D】この領域に位置している場合は，企業が求める人材像を確認してみましょう。

従業員は求める人材に育っているでしょうか。また数年先の人的資源管理や人材構成（年代別人員構成や適正な管理体制）に問題は無いのでしょうか。潜在していた問題・課題が見えてくる場合があると思います。このDの領域に位置している場合は人材育成方針が明確で問題・課題が見えるようなAの領域を目指してください。

　組織の状態が見えてきたら次に，経営層が抱える問題意識，組織が抱える問題・課題，人事部門が抱える問題・課題，さらに人的資源管理における問題・課題，そして実際に起こっている現象をしっかり把握することが大事です。さらにこれらの情報・状況を網羅的な視点で整理することが大変重要となります。

ここで，存在する問題・課題をしっかり見える化して"組織の課題・問題"として経営層と共有しておくことが肝心です。そうしないと次のステップへは進めないことになります。しっかり現状を整理しましょう。整理のポイントとしてはそれぞれの問題・課題が事実に紐づいていることです。事実に裏付けされない思い込みや先入観では経営層に現状を理解して

もらえません。その上でそれぞれの問題・課題の拠り所（基準点）を整理することが必要です。

　立場によって抱える問題・課題は違ってきます。大きく違っているように思えるときは、その問題・課題の違いはなぜ生じているのか、その拠り所（基準点）を組織視点に遡ってみることで共通点が見えてきます。これがポイントで、「木を見て、森も見る」ことになります。

## 【現状分析】について

　現状理解で整理した情報から見えてきた問題・課題・現象についてその背景を分析することが必要となります。

　例えば、経営層の問題意識として「**次世代のリーダが育っていない**」ということがあり、人事部門の問題意識としては「**部下育成が不十分**」、さらに職場の問題意識は「**若手の離職**」というようにそれぞれ違うように思えるケースを考えてみましょう。セルフ・キャリアドックの導入実施者が人事部門の場合、セルフ・キャリアドックの導入理由として「部下育成が不十分」であることを理由に上司の仕事理解やキャリア意識の醸成ということを導入目的に提案しがちですが、この目的では経営層には響きません。なぜなら、経営層は「次世代リーダの育成」に課題感を持っているからです。

　拠り所が違っているように感じるときは、より上位の組織視点の拠り所を考えるようにすると組織の問題・課題に繋がってきます。この例の場合は、それぞれの問題・課題は上位の拠り所を探っていくと、数年先にこの組織を担っていく人材を育てることが急務であることにつながっていきます。若手が離職したらつぎのリーダになる人材が不足することになります。そうならないためには部下育成ができるように支援が必要になり、そのような人材が育つことにより次世代のリーダが育つというようにつながっていきます。よって、セルフ・キャリアドックを導入する目的としては、「部下を育成できるリーダ人材の開発」となり経営層の問題・課題へ

の対応も考慮した目的の設定が可能になり，導入に対する賛同が得られやすくなります。

　分析のポイントとしては，現状理解で示した問題・課題に紐づいている原因であることが挙げられます。そこには経営層の問題・課題意識を含めた分析と組織視点での原因が含まれるように注意しましょう。

　ただし，この段階ではいろいろな要因が想定され真の原因の見極めができない場合がります。その場合は原点である“個”の支援を目的とするキャリアコンサルティング面談を行い，そこから真の原因を見つけ出すといったことが必要な対策になります。これもセルフ・キャリアドックの導入の目的になります。

　ここまでが組織・職場の状況の分析の見える化になります。

## 【対策の検討】について

　顕在化した問題・課題に対する原因を見極め，その対策を考えることになりますが，セルフ・キャリアドックの場合，従業員一人ひとりが主体性を発揮しキャリア開発を実践することを尊重しており，キャリア研修とキャリアコンサルティング面談が基本となります。その際に重要なのが，どのような目的で，だれを対象にいつ行うのか，またその実施効果をどのように測っていくかになります。さらに個人に寄り添って“組織として支援できるような対策”も検討していくことが個人を元気に，組織を活性化していくためには必要になります。これらの対策はこれで終わりということではなく，継続して良くしていくために次年度の対策に活かして繋げていくことが大事です。実施した対策についてしっかり結果・効果を整理し，その対策が決定権者に“なるほど”と**納得**してもらえる内容になっている事がここでのポイントになります。

## 【導入企画書の作成】について

　導入企画書は，今まで述べてきた現状理解，現状分析，対策の検討結果

の集大成としてまとめたものになります。この導入企画書には，最終的に決定権者の承認が得られるように，遭遇するカベを低くするための工夫が必要となります。また，なぜ導入を提案しているかということを示す問題・課題そして目的が書かれている必要があります。その内容は説明する相手と共有できる内容であることが絶対条件になります。独りよがりな思い込みや自分勝手な思いでは相手に理解してもらうことはできません。また，そこで提案されている対策に関しては体制，予算，時期などが実施可能なもので，決定権者がそれならばやれると思うような範囲になければなりません。さらに大事なことは，この提案をした本人が個人，組織にこうなってほしいという思いと自分が責任を持ってやりきるといった信念を伝えることです。

　ではこの導入企画書に盛り込む項目についてみてみましょう。まず提案の目的ですが，これは分かりやすく相手が共感できる内容になっていなければなりません。そのためには問題・課題意識の共有が必要となります。さらにその提案に至った背景や理由といったものが必要になります。これらは事実に基づき組織の持つ問題意識に通じる内容であることが大事です。次にこの問題・課題に対して原因をどのように捉えているか，その原因に有効な対策は何なのか，その結果，どのようなことが達成できるのかということを示すことが必要です。さらに実施することを考えた場合の体制，スケジュール，費用などもしっかり記載しておくことが必要です。注意事項としては，決定権者から見た場合に実施項目を選択できるような形で提案することがポイントになります。そうすることで予算や体制等について幅ができ，実現の可能性が広がります。

　次ページに必要な記載項目を示し，図表2-7に作成の際のポイントを示します。

## ●導入企画書作成の際のポイント

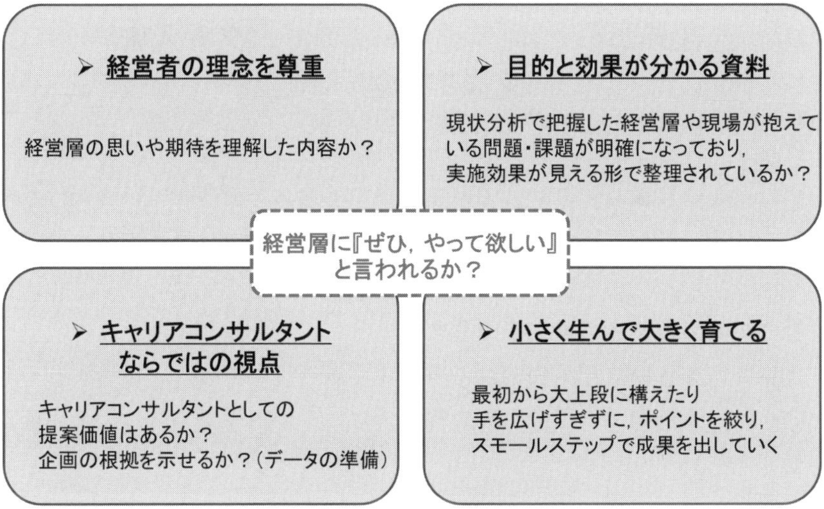

> ➤ **経営者の理念を尊重**
>
> 経営層の思いや期待を理解した内容か？

> ➤ **目的と効果が分かる資料**
>
> 現状分析で把握した経営層や現場が抱えて
> いる問題・課題が明確になっており，
> 実施効果が見える形で整理されているか？

経営層に『ぜひ，やって欲しい』
と言われるか？

> ➤ **キャリアコンサルタント**
>   **ならではの視点**
>
> キャリアコンサルタントとしての
> 提案価値はあるか？
> 企画の根拠を示せるか？（データの準備）

> ➤ **小さく生んで大きく育てる**
>
> 最初から大上段に構えたり
> 手を広げすぎずに，ポイントを絞り，
> スモールステップで成果を出していく

図表2-7　導入企画書作成

早川（2020c）を筆者が一部修正

## ──導入企画書記載項目──

・タイトル（テーマ）……提案の主旨が伝わる分かり易いタイトルであること

・目的……説明相手の問題・課題の解決を意識した目的であること

・本企画の背景……事実に紐づいた企画の背景や理由であること

・実施概要……施策と実施方法がイメージできること

・実施の狙い……実施による期待効果や効果測定方法などが具体的であること

・体制，スケジュール，予算など……決定権者にとって規模的な選択ができるように考慮されていること

# 3

## 社外からセルフ・キャリアドック導入を 支援するケース

　セルフ・キャリアドックの導入を社外から支援する場合のプロセスについては第1章に詳しく書かれていますのでそちらを参照していただければと思います。外部（社外）から支援する際のポイントは以下の3点です。

### ①社内の導入実施者の役割を理解する

　本章で書いている社内における導入実施者の役割や導入実施者が抱える問題・課題を理解して，その導入実施者に対しての支援を行うことに軸足を置くこと。

　本章の最後に【意識すべき支援ポイント】を載せておきます。

### ②業界や企業情報は目的を意識して収集・整理する

　ここでの注意すべき点は，情報収集に執着しすぎて，ネット等の情報をうのみにしてしまうことです。企業のホームページに載っている情報は良いですが，その他の裏付けのない情報は採用しないことをお奨めします。気を付けたいのは網羅的な情報は必要なのですが，だからといってただ情報をたくさん集めればよいということではなく，"目的に適した情報"を選択して活用することを心掛けるということです。

### ③アプローチ

　企業に対して企画の提案をする場合は，その企業におけるキャリア形成支援の施策導入レベルを見極めて，目的，目指す効果，提案者としての役割の範囲を明確にして適切な提案をすることが大事です。過度の期待を持たせたり，逆にドゥアブル（Doable）的に入り込みすぎることがないように注意しましょう。支援を行う対象企業のキャリア形成支援施策の導入レベルによって提案する支援内容が変わってきます（図表2-8，図表2-9を参照）。

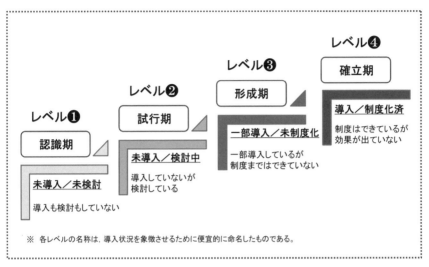

図表2-8 キャリア形成支援施策導入レベル

早川（2020e）より

| | キャリア支援の仕組み 導入状態 | 提案パターン | 取り組みポイント |
|---|---|---|---|
| 認識期 | 未導入／未検討 | 新規導入企画策定支援 | ・キャリア支援の効果を伝える<br>・導入の流れを伝える<br>・**支援内容を伝える**<br>・人的資源管理の問題・課題を引き出す |
| 試行期 | 未導入／検討中・済 | 実行計画立案～運用に関する提案<br>・実行計画策定支援<br>・運用計画策定支援<br>・運用業務提案 | ・検討きっかけの確認<br>・**検討内容・結果を聴く**<br>・顧客要件を確認<br>・**専門家として精査**<br>・実行可能になるための支援を提案 |
| 形成期 | 一部導入／未制度化 | 実行計画立案～改善計画提案<br>・実行計画更新支援<br>・運用計画更新支援<br>・結果分析業務支援<br>・改善計画策定支援<br>・制度化策定支援 | ・**実施に至った背景と現在の状況を確認**<br>・問題・課題を聴く<br>・**専門家として精査**<br>・**実行計画更新支援を提案**<br>・制度化策定支援を提案 |
| 確立期 | 導入／制度化済 | ・結果分析業務支援<br>・改善計画策定支援 | ・実施状況の確認<br>・分析結果の確認<br>・実施効果確認<br>・**品質目標の設定**<br>・**品質・効果向上支援を提案** |

※ 実行計画書：導入企画書，実施計画書，導入提案書などと同意義。当事者として実行する計画という意味で使用している。
※ 導入状態の名称は，導入状況を象徴させるために便宜的に命名したものである。

図表2-9 導入レベル別 提案時のポイント

早川（2020e）を筆者が一部修正

【レベル1の場合】

　企業の問題・課題を顕在化しセルフ・キャリアドックが有効な施策であることをいかに伝えるかがポイントになります。

【レベル2の場合】

　導入実施者の検討状況をしっかり受け止め，専門家として，実現可能な方策の提案とその具体的な運用について支援することがポイントになります。導入実施者との信頼関係構築が大事です。

【レベル3の場合】

　一部導入している施策について，その導入に至った背景や導入後の周りの評価などを導入実施者としっかり共有し，新たな問題・課題への取り組みや今後の目標に向けての支援をすることがポイントになります。

【レベル4の場合】

　専門家として導入結果の検証を支援し，より品質の高い，好循環で自走できる組織を目指して改善提案の支援していくことがポイントになります。

# 4
## 導入事例紹介

　本章の冒頭で述べたように，セルフ・キャリアドックの導入に関する様々なケースを見てきました。本節では，その事例を解説しながら紹介します。成功例，失敗例を含め4事例あります。ぜひ参考にしてください。

①人事部所属のキャリアコンサルタント資格取得者が導入に成功した例

　このような例は最も多いかと思います。

　人事部に所属し採用を担当していた人が，自分が採用した人の中に3年も経たないうちに会社を辞めていく人が出ているという現実に出会い，人事として退職に際しての面談を行っている中で，もう少し早くに気付いて

相談に乗ってあげられればこうはならなかったのに…という残念な思いを抱いたということでした。そこで新入社員にもう少し寄り添っていければとの思いでキャリアコンサルタントの資格を取得し，その後上司に相談して，新人に対して人事部門としてのキャリアコンサルティング面談が可能になったとのことでした。その翌年は，退職者もなかったことから，人事面でのいろいろな問題・課題に対して，セルフ・キャリアドックが有効な対策になるのではとのことになり部門で推進することになったということです。

　このケースの場合は，キャリアコンサルティング面談の振り返りと効果のまとめを行い，さらにそこから見えてきた問題に対する原因の見極めと対策立案の支援を行い部門企画として申請し，無事にキャリア研修とキャリアコンサルティング面談をセットで実施する仕組みができました。

　この例の成功要因は以下の点にあります。

・本人がキャリアコンサルタントの資格を取得しスキル保有の裏付けのもとに企画書を作成し，上司にキャリアコンサルティング面談の有効性を説き，まずはやらせてほしいと積極的に訴え上司を巻き込んだこと。

・若手の離職問題が顕在化していたこと。部門として問題の共有ができていたため上司の同意が得られやすかったこと。

・新入社員が退職に追い込まれるという思いに寄り添い退職を未然に防ぐという効果が部門内で認められたこと。

などが挙げられます。


②キャリコンサルタントの資格を取ったばかりの人が陥りがちな失敗

　キャリアコンサルタントの資格を取り，ぜひそのスキルを活かしたいと考える人は少なくありません。資格取得の際に学んだキャリアコンサルタントのスキルを職場で活かせるようにセルフ・キャリアドックを導入したいとの思いで提案したが採用されなかった例です。

このケースでは，資格取得者がキャリアコンサルタント養成講座等で学んだことだけをもとに，一般的な効果を示して職場でのセルフ・キャリアドックの導入を提案したため，直面する組織の問題・課題に応えられなかったことが敗因となります。つまり，組織または人事部門が抱える問題・課題に対する掘り下げが浅くまた効果説明が不十分で，原因の見極めもせずに一般論としてセルフ・キャリアドックを提案したため説得力に欠け，抵抗のカベに遭遇し導入を断念しなければならなかったのです。

　ここでのポイントは以下です。

・問題・課題に関しては自部門，自組織の問題・課題に落とし込みを行いしっかり情報，状況の整理を行い，仮説でも良いので原因の見極めを必ず行うこと。

・自分の役割をキャリアコンサルティング面談部分に限定せずに，対策については一般論で済ませたり他人任せにしたりしないで関係者を巻き込んで進めていくこと。

　セルフ・キャリアドックの導入については全体の仕組みとして考えていくことが大事です。もし，全体の仕組みについて自信がないようであればだれか分かる人に相談して一緒に検討を進めるようにすることが大事です。先の成功事例のように，どの程度なら実施させてもらえるのかを見極め，周りを巻き込みながら少しずつ実績を重ねていくことが大事です。仕組みの構築には数年かかるとの思いでスモールステップから取り組まれて成果に結びつけている企業が多いようです。

## ③最初から大石を投じて見送りとなった例

　私が導入キャリアコンサルタントとして最初のころ，セルフ・キャリアドックの導入を提案する目的でとある企業を訪問し，人事部門の方にセルフ・キャリアドックの特徴や効果，導入方法等を説明したことがありました。担当の方はセルフ・キャリアドックの導入に強い関心を持たれ，どのように導入したらよいかとの質問を受けました。私はガイドラインにある

標準的プロセスを説明しました。ご担当の方はぜひ社内で検討するように
していきたいとの話でその場は終わりました。後日，社内検討結果を聞き
に訪問した際に導入は見送りになったとの報告を受けました。その理由は
経営会議でセルフ・キャリアドックの説明をして目的と効果は理解された
が，導入方法について標準的プロセスを説明したところ，経営者から「導
入するのはそう簡単にできるものでは無さそうだ。今からでは無理があ
る」との判断が下され導入は先送りになった，ということでした。審判の
カベの事例といえます。

　ここでのポイントは以下です。

・自社での現状を確認して現状に合った導入方法や導入規模を考えるこ
　と。つまり導入の基盤はできているのかそれともまったく白紙の状態
　なのか，経営層に問題意識があるのかないのかを確認して，提案する
　内容を変えていくことが必要になります。

　導入状態がレベル１，２の場合は，小さく生んで大きく育てるといった
方法で導入を進めることを推奨します。

　一方ある程度下地ができていて経営層の理解も深まっているという場合
については，標準的プロセスに沿って進めていき制度化することを計画し
てもよいと思います。

④すでに導入を試みているが成果が出ないといった例

　セルフ・キャリアドックそのものは個人も組織も活性化できる非常に良
い仕組みであると確信しています。しかしながら企業を訪問した時に経営
層から「うちはセルフ・キャリアドック（もしくはキャリア支援）を導入
しているけどもそれほど良くはならない」，また「良いとは思わない」と
いうことを言われたケースがありました。

　良い仕組みなのに，なぜこのように捉えられたのか，どこに成果・効果
が出ない原因があるのか，いろいろと話を聞いていくうちにその答えは
「仏作って魂入れず」だということが分かりました。つまり，キャリア形

成に関しては制度を入れただけでは，期待する効果を創出することはできないということです。

　ここで，上司と部下のコミュニケーション活性化の手段として1ON1（上司と部下が1対1で定期的に行う面談のこと）という仕組みを導入していた企業のケースを紹介します。

　この企業では1ON1を3年前から実施しているが全然成果が出ない，あまり意味がないという結果になっていました。そこで，一般的には良いと言われている1ON1の取り組みの成果が出ないのはどうしてだろう，ということで1ON1を実施しているマネージャおよび受けている社員の方へのキャリアコンサルティング面談を実施させていただくことを提案しました。これはすでにキャリア支援施策を一部導入しているが効果が出ていない企業へのアプローチの例になります。

　面談の結果分かったことは1ON1開始当初は社員の方の評価が高かったということです。マネージャの方もそういった社員の評価を得て達成感を感じておられたようです。ところが2年目，3年目と続けるにしたがって社員の方は前回のことが何も反映されてこないし，話を聞いてくれるだけでは意味がないという気持ちになったということです。マネージャの方は話を聞くけれど何もしてやれない，どう答えていいか分からないという悩みを持っていることが見えてきました。しかしながら経営層にとっては実施率100％であったためしっかりやっているという思いがあったようです。

　この現象は1ON1の導入目的をはっきりさせず，制度を"導入すること"，"実施すること"だけを成果として経営層が見ていたということになります。本来1ON1は手段であって目的はその効果にあるはずです。その効果を見える形で測定して，仕組みを継続して効果を出し続ける工夫が不足していたのが原因です。その目的を達成するためにどうあるべきか，また継続するためにどうすべきかという準備をせずにやったせいであることがこの事実から言えると思います。現状分析でも述べたようにキャリア

コンサルティング面談を実施することにより真の問題・課題が見えてくるようになります。

　ではこのケースではどのような準備が必要なのかというと，1ON1を実施するマネージャのこころ構えと支援の在り方（マインドセットと対応スキル）の醸成，そして1ON1を実施した後のフォローアップと効果測定だと言えます。このフォローが行われていない，要するに面談を行うことだけが目的（OUTPUT目的）になっていて，やって終わりという形になっていたということです。つまり本来あるべき，結果をどうフォローしてどうフィードバックするかという重要なポイントが計画段階から明示されていなかったために効果測定に気付くのが遅れてしまったのです。要は1ON1という制度を良くしていくためには，このフィードバックをすることによる改善のプロセスを回していかないとだめだということです。この会社では1ON1を行うことがまずINPUTの目標になっていて，行ったということがOUTPUTの成果，結果になっていたということです。

　皆さんはもうお分かりかと思いますが，そこにはOUTCOM（効果）を評価することが抜けていたのです。INPUT目標OUTPUT目標は100点でもOUTCOMはまったく放置されていたということです。"仏作って魂入れず"といいましたが，実施に当たってはそのOUTCOMを求めるその仕組み仕掛けマインドさらに継続的な効果を出し続ける仕組み，そこが大事だということです。もし効果がないとすればそれはやり方に問題があるというようなことで振り返ってみることが大事なのです。もしも既に導入されている企業であればそこの効果，成果，OUTCOM，やり方に着目してみていただきたい。かならずやそこに何らかのヒントがあると思います。PDCAサイクルを回しながら好循環サイクルを形成していくことがこのセルフ・キャリアドックが持つ本来の効果を生み出す秘訣であると言えます。

# 5

## 最後に

　セルフ・キャリアドックを含む企業領域のキャリア形成に携わるキャリアコンサルタントの役割として大事なことを図表2-10に示します。

　目指すところは"個人のキャリア自律"と"組織の活性化"を支援することです。


**【企業領域に関わるキャリアコンサルタントの役割】**（図表2-10）

●「個」と共に「組織」も意識

　キャリアコンサルタントとして"個人"を支援するように"組織"に対してしても同じように向き合うということ。

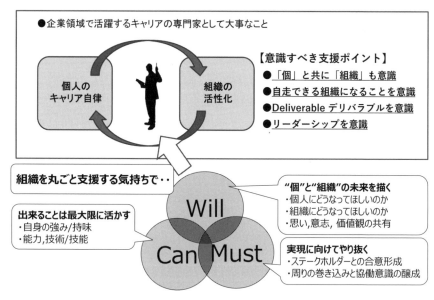

図表2-10　企業領域に関わるキャリアコンサルタントの役割

●自走できる組織になることを意識

　最初は指導することがあるかもしれないが，最終的には組織が自走できるような支援を意識するということ。これは，エドガー・H・シャイン博士が提唱するプロセスコンサルテーションに通じる考えです。

●デリバラブル（Deliverable）を意識する

　組織が自走できるようになるためにどんな支援ができるのか，どんなことをもたらすことができるのかを意識するということ。つまり相手に対して役立つ，提供するということです。ちなみに対置される言葉はドゥアブル（Doable）で，自分でできることとなります。

●リーダーシップを意識

　セルフ・キャリアドックを含むキャリア支援を導入する原動力（エネルギー）にはリーダーシップが不可欠です。このリーダーシップが不足すると成功する確率は低くなります。これは，ハーバード大学ビジネススクール名誉教授のジョン・P・コッター（2012）が追求してきた，人と組織を動かす能力「リーダーシップ論」に通じる考えです。周りを巻き込んで組織を変えていきたいという人は，このジョン・P・コッターが組織変革におけるリーダシップを分かりやすく寓話で論じた本『カモメになったペンギン』（2007年／ダイヤモンド社）をぜひ読んでみてください。セルフ・キャリアドック導入のカベに遭遇している人にとっては大変勇気づけられると思います。

●できることは最大限活かす

　当事者意識を持って個々人が保有する強みや能力，資格といったものを最大限生かすことが大事です。そのマインドセットとしては，「組織を丸ごと支援するといった気持ち」で取り組んでいくことです。

　例えば，社会保険労務士や中小企業診断士などの資格があれば労務管理

等の面での関わりや介入が可能になります。また，組織活性の手段として公募制を実施する際には応募者のマッチングなどで役割を果たすことができます。

● "個" と "組織" の未来を描く

　支援する立場から，相手にどうなってほしいのかという気持ちを持って接することが大事であり，その思いや価値観などをステークホルダーと共有することが大事です。これが無いと一枚岩で組織一丸となって個と組織の未来を築くことは難しいと言えます。

●実現に向けてやり抜く

　導入の実現には準備と覚悟が必要であると述べてきました。描いた未来に向けてリーダーシップを発揮してやり抜くことが大事です。そのためにはステークホルダーとの合意は欠かせず，無理を通せば途中で頓挫することになります。周りを巻き込みながら進めていくことが大事です。

　今後益々キャリア形成が人材育成の重要な課題となり，企業領域におけるキャリアコンサルタントの役割も広がりと深まりを増していきます。セルフ・キャリアドックの導入を積極的に推進して明るい未来を築いていってほしいと思います。

# CHAPTER 3

# ガイダンスセミナーの実施
~ガイダンスセミナーの目的と運営のポイント~

増井　一

## 1．上司によるキャリア面談

　『セルフ・キャリアドック入門』第5章の「8．キャリア開発研修の内容と事例」（P.139）で，面談の対象となる従業員向けのガイダンスセミナー（事前研修）の概要を解説しています。厚生労働省のセルフ・キャリアドック委託事業では，ガイダンスセミナーと呼んでいます。また，上司と部下でのキャリア面談を実施している会社が多く，職場での上司と部下のキャリアに関する面談と混同されないよう，キャリアコンサルタントとの面談をキャリアコンサルティング面談としています。本章でもキャリアコンサルタントとの面談をキャリアコンサルティング面談とします。

　上司と部下でキャリアに関する話し合いの機会を持つことは，部下が自身の仕事を振り返り，将来について改めて考える機会となります。部下の目標達成やキャリア開発をサポートする最も身近な支援者が，職場の上司です。部下の動機付けや目標達成に対するコミットメントを強化する，仕事を通して実現したいことや将来なりたい姿を描き，その実現に一歩一歩近づくことを支援する（キャリア開発）ことは，上司の重要な役割です。そのためには，部下の話を共感的な態度で傾聴するコーチングの姿勢も必要となりますが，多くの会社で期待できる状況にはありません。管理職の部下との面談力を強化したいと考えている会社が多いのも現状です。セルフ・キャリアドックを実施することで，管理職がキャリアコンサルティング面談を体験し，部下育成力の強化とキャリア形成を支援する機能を強化することが期待できます。

## 2．ガイダンスセミナーの目的

　セルフ・キャリアドックで対象にする社員は，キャリアに関する問題を抱えている社員が自らの意思でキャリア相談室等に訪れるのではありません。実施組織である人事部等（以下，実施組織）から指名された社員に対して，キャリアコンサルティング面談を行います。キャリアに関する取り組みをあまり実施していない会社では，「いったい何をするのだろう」，「どうして自分が指名されたのだろう」といった不安を感じる社員が多くいます。中高年社員の場合には，「リストラの話かもしれない」といった声も聞こえるほどです。また，キャリアコンサルタントの存在を知らない社員や初めて面談する社員がほとんどなのです。

　セルフ・キャリアドックの標準的プロセス（図表3-1）で，対象従業員向けセミナー（説明会）の実施，キャリア研修をあげています。キャリアコンサルティング面談の対象となる社員に対して，その目的を事前に説明して理解してもらうことがセミナーの主たる目的です。キャリア研修を開催した後，キャリアコンサルティング面談を実施したい会社では，キャリア研修のプログラムにセミナーを組み込むことが効果的です。

　これまでキャリアについて考える機会がなかった社員やキャリアコンサルタントと面談をしたことがない社員に，キャリアを考える必要性を考えてもらい，キャリアコンサルティング面談に対する様々な不安を払拭してもらいます。すでに，キャリア研修を実施するなどキャリア支援に関する取り組みを行っている会社でも，個人面談に対して不安を抱かないよう，セルフ・キャリアドックの目的やキャリアコンサルタントの守秘義務についてなどを説明する必要があります。また，セミナーを開催することで，キャリアコンサルティング面談の効果を高めることにつながるのです。

## 3．ガイダンスセミナーの運営者

　ガイダンスセミナーやキャリア研修を実施するとき，実施組織の担当者や会社に在籍するキャリアコンサルタント（以下，社内キャリアコンサル

<table>
<tr><td>**1** 人材育成ビジョン・方針の明確化</td><td>(1) 経営者のコミットメント<br>(2) 人材育成ビジョン・方針の策定<br>(3) 社内への周知</td></tr>
<tr><td>**2** セルフ・キャリアドック実施計画の策定</td><td>(1) 実施計画の策定<br>(2) 必要なツールの整備<br>(3) プロセスの整備</td></tr>
<tr><td>**3** 企業内インフラの整備</td><td>(1) 責任者等の決定<br>(2) 社内規定の整備<br>(3) キャリアコンサルタントの育成・確保<br>(4) 情報共有化のルール<br>(5) 社内の意識醸成</td></tr>
<tr><td>**4** セルフ・キャリアドックの実施</td><td>(1) 対象従業員向けセミナー（説明会）の実施<br>(2) キャリア研修<br>(3) キャリアコンサルティング面談を通した支援の実施<br>(4) 振り返り</td></tr>
<tr><td>**5** フォローアップ</td><td>(1) セルフ・キャリアドックの結果の報告<br>(2) 個々の対象従業員に係るフォローアップ<br>(3) 組織的な改善処置の実施<br>(4) セルフ・キャリアドックの継続的改善</td></tr>
</table>

図表3-1　セルフ・キャリアドックの標準的プロセス

厚生労働省（2017a）より

タント）が講師またはファシリテートを担う場合と，社外の研修講師やキャリアコンサルタント（以下，社外キャリアコンサルタント）などが行う場合があります。どちらの場合でも，セルフ・キャリアドックの実施にあたり，ガイダンスセミナーやキャリア研修の重要性を理解して，面談対象者がキャリアコンサルティング面談にあたり不安を感じることがなく，

キャリアを考える貴重な機会と期待してもらえるにしていただきたいと思います。

　本章では，ガイダンスセミナーを企画する段階からどのような準備が必要か，ガイダンスセミナーの開催とファシリテートするとき，キャリアコンサルティング面談を実施するまでの間に留意しておくことを解説します。実際に行ったガイダンスセミナーのプログラムや配布資料などを紹介します。

---

１．ガイダンスセミナーの企画・立案
　⑴キャリア支援方針の周知（会社からのメッセージ）
　⑵セミナーの目的
　⑶対象者の選定
２．事前に準備すること
　⑴全体スケジュールの決定
　⑵ガイダンスセミナーの開催案内の送付
　⑶ガイダンスセミナーの開催
　⑷キャリアコンサルティング面談の実施
３．セミナーの運営
　⑴プログラム
　⑵配布資料と説明のポイント
　⑶ファシリテートの留意点
４．まとめ

---

# 1
## ガイダンスセミナーの企画・立案

　社内で研修を行うとき，開催部署は事前に対象者やその上司に対して研修の目的，日時，事前課題などを通知して，研修に向けての準備や出席への配慮をしてもらいます。しかし，セルフ・キャリアドックのように事前に対象者を集めて目的を説明したり，その準備をしてもらうガイダンスセミナーを開催することはありません。職務遂行に必要な知識やスキルなどに関する研修（組織視点の研修）では，受講する社員や上司は研修案内を読めば，研修の目的やその内容を比較的容易に理解できるからです。これまで同じ研修を受講した先輩や同僚から研修内容について聞くこともできますので，受講する社員が不安を感じることはありません。しかしながら，筆者がセルフ・キャリアドックのガイダンスセミナーを実施してみると，メール等で通知した研修案内だけで受講する社員が研修の目的や事前課題などを理解できると考えるのは，開催側の一方的な思い込みだったことに気づきました。研修を開催する実施組織のスタッフにとっては初めての経験かもしれません。セルフ・キャリアドックでは，どうして事前のガイダンスセミナーが必要なのかを理解してもらうことが大切です。

　セルフ・キャリアドックでは，対象者が「何をするのだろう」，「どうして自分が対象なのだろう」以外にも，「キャリアコンサルタントって何をする人なのだろう」，「キャリアコンサルタントと話したことが，人事に報告されるのだろうか」といった様々な疑問や不安を抱きます。上司あるいは社員でないキャリアコンサルタントと面談することに不安を感じるのは容易に推察できます。また，「この面談はリストラのためだろうか」といった疑心暗鬼になる社員もいます。セルフ・キャリアドックがこれまで実施してきた「組織視点」の研修とは異なり，キャリアコンサルティング面談を行う「個人視点」での取り組みであることが，不安を生む要因になっているのです。

## (1) キャリア支援方針の周知（会社からのメッセージ）

　セルフ・キャリアドックを実施するにあたり，経営層から社員のキャリア支援に関する方針を発信してもらうことがとても重要になります。経営層からのメッセージとしては，「会社を取り巻く経営環境や世の中における雇用関係が変化するなかで，社内におけるキャリアの意味は変化している」こと，「業績の悪化にともない採用者の抑制や早期退職募集などの人的資源の見直し，組織のスリム化（フラット化）による組織構造の変革が必要になっている」こと，「終身雇用を維持することが困難で，年功序列に替わる成果主義的な人事制度が導入され，社員一人ひとりに高い専門性とアウトプットが求められるようになった」こと，「キャリア開発のあり方も多様な能力・スキルや経験を持つ人材の育成を目的とし，キャリア自律支援へと変化してきている」ことなどを必要に応じて盛り込んでもらいます。社員にとって，キャリアを考える主体は個々人にあることを伝える必要もあります。このような変化を踏まえて，「会社が用意するキャリア形成を支援する施策だけではなく，自らの価値観やエンプロイアビリティを高めようとする強い意志を持って，自分らしいキャリアを描いていくことが求められる」ことを社員に伝えてもらいます。

　一方，会社のキャリア形成を支援する責任として，「社員一人ひとりが顕在化していない能力を発揮できるようにする。自らの価値観・キャリア観で仕事を選択できるようにする。社内価値だけでなく，社外価値も高まるような職業人生を歩ませる。といった，自律型人材の育成を推し進めていく」ことが求められていることを伝えます。また，社員への期待として，「実現したいことを見出し，将来の姿を描くことで自ら考え，その実現に受けて行動を起こす」ことや「日々の仕事において自ら考え，取り組むことで能力開発を行う」ことも伝えなければなりません。セルフ・キャリアドックは，社員個々人の自律的なキャリア形成と会社のキャリア形成支援が両輪となり，会社が存続発展するために必須である組織の活性化と

生産性向上を実現できるものであることに触れてもらいます。

## (2)　ガイダンスセミナーの目的

　ガイダンスセミナーには目的が2つあります。1つは，これまでキャリアについて考える機会がなかった社員に対して，「キャリアとは何か」，「キャリアを考えることの必要性」，「セルフ・キャリアドックとは何か」などについて理解してもらうことです。社員個々人が「キャリア」という言葉でイメージするものは様々です。キャリアとは何かを説明することで，セルフ・キャリアドックやキャリアに関する共通認識を持つことができます。私たちを取り巻く社外・社内環境が大きく変化していくなかで，キャリアを考える必要性はますます高まっています。中高年社員だけでなく，若年の社員でも将来に対する不安を感じている社員は増えています。今後の人生を充実したものにするため，今後のキャリア形成を考えることが重要であることを理解してもらいます。

　もう1つの目的は，これまでの職業人生を振り返ってもらうことで，キャリアコンサルティング面談の準備を行うことです。セルフ・キャリアドックでのキャリアコンサルティング面談は，原則として1回のみで終了します。学生や求職者との面談では，複数回にわたって面談することが多いのですが，在職中の社員のキャリアコンサルティング面談は，今後のキャリアを考えるために様々な気づきを得ることが主たる目的です。忙しい日々の仕事に追われ，立ち止まって今後のキャリアについて考える機会を持てなかった社員が，1回のキャリアコンサルティング面談を通してキャリア形成の具体的なプランであるキャリアプランを作成するまではできません。今後のキャリアを主体的に考え，設計できる（キャリアデザイン）ためには，これまで仕事を通して取得した知識やスキル，行動特性（強みや弱み），仕事に対する価値観，周囲に期待されていることなどに考えを巡らし，自己理解を深めることが必要です。自己理解が深まったところで，今後の目標やありたい姿を実現するためにどのようなキャリアを築

くべきなのかというプロセスやアクションを明確にしていくことができます。転職経験があるなど，これまでにキャリアを考える機会があった社員や，具体的にキャリアプランを検討したいと考える社員には，引き続き面談を重ねることは問題ありません。セルフ・キャリアドックを継続して実施していくことで，キャリアを考える必要性を認識する社員は着実に増えていきます。社内に相談しやすい風土が徐々に醸成されていくなかで，セルフ・キャリアドックでキャリアコンサルティング面談を受けた社員が，自発的に相談窓口を訪れる機会が増加することが期待できます。

　キャリアコンサルタントと面談をした経験がない社員の感じる最大の不安は，「面談で話したことが人事に報告されるかもしれない」ことです。医師や弁護士と同じように，キャリアコンサルタントには守秘義務があることを説明しておく必要があります。キャリアコンサルタントは，キャリアコンサルティング面談のなかで知り得た個人的な情報を人事等の他者には漏らすことがないことをしっかりと理解してもらいます。ただし，複数の社員が抱える問題が組織のマネジメントなどに起因して発生している場合や人事制度やその運営について生じている場合は，実施組織に報告することを説明しておくことが大切です。複数の社員が抱えている問題を解決するためには，会社がその現状を認知しなければなりません。組織に起因する問題や会社の制度等に関連した問題を個人が特定されないように，会社に報告することを事前に説明しておきます。キャリアコンサルティング面談は，安心で安全なものであることを理解してもらうことが，セルフ・キャリアドックの効果を高めるためには必須です。

　『セルフ・キャリアドック入門』第6章の「3．キャリアコンサルティング面談の準備」（P.161）で，キャリアコンサルティング面談の準備を解説しています。面談の目的，時間，守秘義務，情報共有のルール，内容・方法，期待される効果，面談記録・録音等の許可とその取り扱いなどを説明して，面談対象者の合意を得る「インフォームドコンセント」が必要です。

## (3)　対象者の選定

　委託事業で支援した会社のなかには，目標管理の面談と同様に全社員を対象にしたキャリアコンサルティング面談の実施が必要と考えておられる会社がありました。上司と部下のキャリア面談を目標管理の面談時にあわせて実施していることが一因かもしれません。そのため社外キャリアコンサルタントにガイダンスセミナーやキャリアコンサルティング面談を依頼すると，多額の費用が必要になると考えている会社もありました。これは講師料やキャリアコンサルタントの面談費用が明確になっていないことも要因です。社外キャリアコンサルタントがセルフ・キャリアドックの導入を薦めるときには，早い段階で委託業務の内訳を説明し，委託料の大枠を提示することで，費用面での会社の不安を払拭することが大切です。

　キャリアを考える機会を提供するには，「入社3年目」，「育児休職から復職時」，「管理職への昇格時」，「40歳，50歳になったとき」などのように，対象社員を取り巻く環境が大きく変化してくるとき，あるいは今後，変わることが予測されるときに実施することが効果的です。半年または1年毎に実施する上司と部下のキャリア面談で，「なにを話してよいか分からない」といった声を管理職から聞きます。会社や職場を取り巻く環境が大きく変わっていない場合には，主に2～3年といった短期的なキャリア形成や能力開発について話し合うなどの工夫が必要です。

　セルフ・キャリアドックを初めて実施するときは，「だれを対象者にしたらよいか」という相談があります。その際には，経営課題にもなっている，人に関する課題のある対象者を選定するように伝えます。会社ではその課題を解決するため，すでに様々な取り組みをしています。それでもなお，解決できない対象者層に実施してもらいます。経営層の関心が高い課題の解決に対して，セルフ・キャリアドックが効果的であることを示すことで今後の社内での展開を拡大できることや，限定した対象者からスタートすることでより効果的な実施方法を学びながら知見を得られるからで

す。セルフ・キャリアドックの導入を検討している会社には，初めての経験なので対象者を限定したスモールスタートをし，スモールサクセスを積み重ねながら社内に浸透させていくことをお薦めしています。

# 2
# 事前に準備すること

　セルフ・キャリアドックは通常の研修とは異なり，ガイダンスセミナーの開催からキャリアコンサルティング面談と結果報告会が終了するまで，2〜3ヵ月にわたる長期間の取り組みとなります。社外の研修会社が研修を行う場合は終了後に，研修会社の担当者が実施組織の担当者に結果報告書を説明します。セルフ・キャリアドックでは，結果報告書の作成と面談したキャリアコンサルタントが，人事担当の役員や実施組織の部長等に対して，結果報告書を説明し意見交換を行います。1時間程度の会議形式での結果報告会を行うことが大切です。

　結果報告書に関係する部署や関係者とキャリアコンサルティング面談の対象となる社員は多数になります。そのため，事前の周到な準備が必要となります。セミナーの企画からキャリアコンサルティング面談を実施するまでの手順が図表3-2です。全体スケジュールを決定した後，案内文の作成やガイダンスセミナー会場や面談する部屋の手配，キャリアコンサルタントとの事前の打ち合わせ等々，実施担当者はしっかり準備します。

## (1)　全体スケジュールの決定

　ガイダンスセミナーから結果報告会までセルフ・キャリアドックの全体スケジュールを決定するため，次の事項を検討します。

### A：ガイダンスセミナーおよびキャリアコンサルティング面談の日程
　会社の行事や業務の繁忙期，目標管理の面談時期や他の研修開催日など

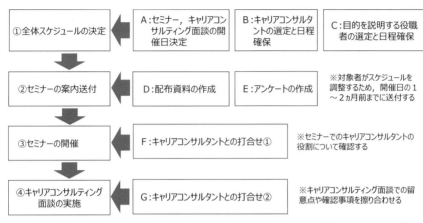

図表3-2　セミナーの企画からキャリアコンサルティング面談実施までの手順

厚生労働省（2020a）より

を考慮して，面談対象者と所属する組織に出来る限り負担が少ない日程を探します。関係部門の部門長や教育担当者等と相談して，日程調整を行う必要があります。キャリアコンサルティング面談を行う会議室の予約を行い，実施結果を報告する結果報告書の作成期間などを考慮して，開催日の日程を検討しておくことが必要となります。

## B：キャリアコンサルタントの選定と日程確保

　キャリアコンサルティング面談を行う日時を決定後，担当するキャリアコンサルタントを選定し，スケジュールを確保してもらいます。面談を行うキャリアコンサルタントの選定は，面談効果に影響しますので慎重に行います。面談対象者の年齢や性別，職位等を考慮して，同様の面談経験が豊富なキャリアコンサルタントを選びます。例えば，中高年社員のキャリアコンサルティング面談の場合は，若いキャリアコンサルタントより対象者と年齢が近いキャリアコンサルタントを選定します。また，管理職の場合は，マネジメントの職務経験があるキャリアコンサルタントを選びます。キャリアコンサルタントとの面談経験がない社員は，自分より若年の

キャリアコンサルタントや管理職の経験がないキャリアコンサルタントに対して，感情的な抵抗感を持つ場合があるからです。これは，キャリアコンサルタントに問題があるわけではなく，面談対象者サイドの問題なのですが，1回・1時間のキャリアコンサルティング面談をより効果的なものにするため，そのような配慮も必要となります。また，選定したキャリアコンサルタントに日程を確保してもらうためには，できる限り早期に日程を通知する必要があります。キャリアコンサルティング面談日程とキャリアコンサルタント選定は，なるべく早期に検討します。

### C：目的を説明する役職者の選定と日程確保

セミナーの冒頭で，面談対象者に対して会社としてのセルフ・キャリアドックの目的を伝えることがとても重要です。会社のキャリア形成支援に対する方針，セルフ・キャリアドックの目的，対象者を選定した理由を説明します。そのうえで，「今回のキャリアコンサルティング面談を今後のキャリアを考える機会として有効に活用してもらいたい」と期待を伝えます。会社としてのキャリア支援やセルフ・キャリアドックの目的が対象者に理解されることが，キャリアコンサルティング面談の効果を高めます。

委託事業で支援した会社の多くで，会社としてのメッセージを伝える重要性を考慮し，人事部門の担当役員や人事部長など社内的に影響力がある役職者が説明されました。役職者にガイダンスセミナーの冒頭での挨拶をできる限り早く依頼し，スケジュールを確保してもらいます。実施担当者は，面談対象者に伝えてほしいメッセージを書面にとりまとめ，役職者に依頼できるよう準備しておきます。

## (2) ガイダンスセミナーの開催案内の送付

開催案内文を面談対象者に分かりやすいものにするため，面談対象者の目線で「ガイダンスセミナーの目的・対象者の選定・キャリアコンサルティング面談では何を話すのか」などが容易に理解できる文章であること

が大切です。「この研修は何のために行うのか」を明確に説明し，事前に準備する課題がある場合は，その作成に要する時間が十分に取れるよう配慮するため，セミナー開催日の1〜2ヵ月前までに通知します。また，「事前課題をやってこなかった場合には，どのような不都合があるのか」なども明記しておきます。ガイダンスセミナーの開催案内では，キャリアコンサルティング面談について理解してもらうことが大切ですが，セミナーのなかでも面談の目的やキャリアコンサルタントの守秘義務について繰り返し説明して，キャリアコンサルティング面談の日時と場所を案内します。

　ガイダンスセミナーの開催案内は，対象者とその上司にも送付します。対象者の上司に送付するのは，通常の研修でも必要なことですが，上司にセミナーの目的を理解してもらい，対象者のスケジュールの調整などを配慮してもらうためです。上司がセミナーの目的や内容を理解していないと，面談対象者に「こんなに忙しいときに研修があるのか」とネガティブな発言をしてしまうことがあります。一方，上司がガイダンスセミナーの目的やキャリア形成の必要性に理解があると「今後のキャリアを考えることは大切だから，事前準備をしっかりやって臨んでほしい」というように動機づけをしてくれます。参加しやすい職場環境にすることは，ガイダンスセミナーに臨む対象者の意識や取り組み姿勢に大きな影響を与えます。なお，面談を担当するキャリアコンサルタントに対しても，セミナー案内を送付することを忘れないでください。

　医療現場で治療にあたる医師が患者への治療方針等を文章で説明する「インフォームドコンセント」が徹底されていますが，開催を案内する文章で通知することは大切です。本書の第7章「セルフ・キャリアドック事務局の効果的な活動」のPP.215-216に株式会社インテージでの面談対象者の上司と本人に対する案内文が紹介されていますので，参考にしてください。

　対象者が全国の事業所に勤務する場合には，オンラインでガイダンスセ

ミナーおよびキャリアコンサルティング面談を実施することができます。新型コロナウイルス感染症の対策で在宅勤務を実施している会社や感染リスクをできる限り軽減したい会社では，ガイダンスセミナーとキャリアコンサルティング面談をオンラインで実施する会社も増えてきました。集合研修を中断している会社でも，オンラインであれば，ガイダンスセミナーやキャリアコンサルティング面談を実施できる場合もあります。面談対象者が集合して行う対面形式のセミナーでは，グループワークなどを通じて他の社員から様々な気づきを得やすいメリットがあります。しかし，オンラインでの開催でもグループごとのディスカッションや発表の機会を設けるなど，プログラムの進行を工夫することで補うことは可能です。対象者の健康管理の面に加えて，業務遂行に対する負担軽減や交通費等の開催費用の削減の面からも，オンラインでの開催は効果的な方法だといえます。

## D：配布資料の作成

　ガイダンスセミナーやキャリアコンサルティング面談で使用するシート（以下，面談シート）などは，開催の案内と一緒に対象者に送付するため，早めに作成しておきます。なお，セミナーで使用している資料については，(3)セミナーの開催で紹介します。

　委託事業では，「ジョブ・カード活用ガイド」の使用を推奨しています。本書第5章の「企業におけるジョブ・カードの活用」でも，キャリアコンサルティング面談における活用事例を紹介しています。ジョブ・カードは，キャリアを考えるツールとしてとても優れたものですが，求職者や学生なども使用できるようにするため在職中の社員に不要なシートもあります。在職中の社員に対するキャリアコンサルティング面談では，「職務経歴書シート（様式2）」と「職業能力証明（免許・資格）シート（様式3-1）」および「キャリア・プランシート（様式1-1，1-2第3面）」を使用します。職務経歴書，職業能力証明，キャリア・プランシートなどを事前課題にする場合，面談対象者に過度の負担をかけないことが大切で

す。すべてを記入しなければいけないと考える真面目な社員ほど負担を感じます。記入できるところだけで構わないことを伝えます。

　キャリアに関する取り組みを行っている会社では，社員の入社後の職務経歴，取得した免許・資格，受講した社内外の研修などをデータベースとして閲覧できるようにしている場合もあります。同様のシートが作成されていて，あらためて作成の必要がない場合は，キャリアコンサルティング面談に印刷して持参してもらいます。事前に会社の現状を確認することで，新たに作成が必要なシートを特定します。社外キャリアコンサルタントは，クライアント企業がキャリアに関して作成しているシートについて把握して，社員の記載状況についても確認してください。

　ジョブ・カードから会社に適した面談シート（ジョブ・カード準拠様式）等を作成するのも良い方法です。ジョブ・カード活用ガイドには，自己理解を深めてもらうための「ジョブ・カードへの準備」が掲載されています。①これまでの人生（職業人生）を振り返る，②興味関心のある分野を探す，③大事にしたい価値観を理解する，④「強み」と「弱み」を知る，です。面談シートにキャリアコンサルティング面談前に実施してほしいものを入れておくことで，面談の効果を高めることができます。私が準拠様式として作成したシートは，「キャリア開発シート」（図表3-3（1/2，2/2））という名称で使用しています。

　事前課題として職業経験の棚卸しを行い，キャリア研修のなかで働く上でのこだわり（大事にしたい価値観）や自分の「強み」，「弱み」を探索します。キャリアコンサルティング面談にも持参して，キャリアビジョンを考えてもらうことで，今後取り組むことを明確にします。キャリア研修とキャリアコンサルティング面談をセットにして行う場合にはとても適していると考えます。会社の取り組み状況やセルフ・キャリアドックの進め方に即した，ジョブ・カードあるいはジョブ・カード準拠様式の面談シートを作成して使用してください。

# キャリア開発シート

作成日： 　年　月　日

| ふりがな | |
|---|---|
| 氏名 | 生年月日 |

今後のキャリアを考えるためのシートです。これまでの職業人生を振り返り記入してください。
キャリア開発シートは、キャリアコンサルタントとの面談でも使用します。

◆ 職業経験等から得られた知識・能力・スキル等　※職務内容も記入してください

| 職務経歴（年月～年月）<br>会社・団体名 | 職責・役割 | 職務内容で学んだこと、<br>得られた知識・能力・スキル等 |
|---|---|---|
| | | |

◆ 取得資格　※取得した免許・資格・資格の名称を記入してください

| 免許・資格の認定機関 | 免許・資格の名称 | 免許・資格の内容等 |
|---|---|---|
| | | |

◆ 能力開発・自己啓発のために学んだこと　※受講して学んだこと、得られたものを記入してください

| 実施期間（年月～年月）<br>受講機関（年月～年月） | 講習・セミナー名・団体名 | 内容（学んだこと、得られたもの）<br>（項目ごとに、幅を引いて記入しましょう） |
|---|---|---|
| | | |

◆ 職業経験の中での自分に影響を与え、印象に強く残っている経験やエピソード
これまでの経験・エピソードを関連付けして、できるだけ具体的に記入してください。

| 順位 | 時期・年齢 | 経験・エピソード |
|---|---|---|
| | | |

◆ 働く上でのこだわり（大事にしたい価値観）　※該当するものを複数選択してください。
・自分の仕事を生かしたい（大事にしたい価値観）を選択し、該当する番号左の空欄に○をつけてください。

| | |
|---|---|
| 1 | 専門性を生かしたい |
| 2 | 仕事の中で専門家として能力を発揮したい |
| 3 | 経営に関わる仕事をしたい |
| 4 | 管理者、経営者として働きたい |
| 5 | 自分のやり方や自分のペースで仕事をしたい |
| 6 | 組織で働くよりも独立した価値観を得たい |
| 7 | 安定している組織で働き、確実な報酬を得たい |
| 8 | 中小企業よりも大企業で仕事をしたい |
| 9 | 新たな組織の起業や、組織の再建等の仕事がしたい |
| 10 | 開発や発明等の創造性のある仕事をしたい |
| 11 | 世の中をよくするための仕事をしたい |
| 12 | 医療や福祉等の人や社会に貢献できる仕事をしたい |
| 13 | 誰もが尻込みする困難な仕事等にチャレンジしたい |
| 14 | 安定より挑戦を求める仕事がしたい |
| 15 | 仕事だけでなくプライベートを大事にしたい |
| 16 | 育児や介護休暇が取りやすい組織で働きたい |

・自分のこだわり（大事にしたい価値観）に関する感想を記入してください。

◆ 自分の「強み」と「弱み」
・非常に自信があるものは◎、ある程度自信があるものに○、あまり自信がないのに△、自信がないのに×を左の空欄につけてください。

| | |
|---|---|
| 1 | 決められたスピーディーに対応する |
| 2 | 顧客には丁寧・親切に対応できる |
| 3 | 手を抜かず真面目に対応する |
| 4 | 異なる価値観を持つ人に職業的な配慮ができる |
| 5 | 自分の仕事の中身を守り、論理的な問題を起こさせない |
| 6 | 必要な情報を集める |
| 7 | 相手に整理した上で、考えや意見を出す |
| 8 | 具体的な総合的な回答を得ることで表現できる |
| 9 | 事実と要望を混同せず、できる限り客観的な状況判断を行う |
| 10 | コスト意識を持って仕事に取組む |
| 11 | プレゼンテーションの準備をしっかりする |
| 12 | 周りの人に配慮し、コミュニケーションを図ろうとする |
| 13 | あまり接触していない、やっかいな課題に対処する |
| 14 | 気持ちの良い受け答えやマナーの良い対応をする |
| 15 | ビジネスの動向に関心を示す |
| 16 | 組織の命令系統、ルールに従う |
| 17 | 目標を決め、課題を明らかにした上で事の順番を立てる |
| 18 | 自分の仕事の流れを把握する |
| 19 | 仕事にミスがないかチェックする |
| 20 | 業務にとって最低限必要な知識・技能を持つ |
| 21 | 相手にやさしいこと、私の時間を上手に調整する |
| 22 | 相手にやってほしいことを明確に指示、要求する |
| 23 | 自分ができることを指導したり、教育する |
| 24 | 指示を受けて協力し合うことや協議、協力の姿勢を示す |
| 25 | 自分の言いたいことや情報を正確に伝える |
| 26 | 自分の強み、弱み、限界を理解している |
| 27 | 不満な状況にあっても、気持ちを切り替えて前向きに勉強する |
| 28 | 指示されたことを適切に処理する |
| 29 | 自分の伝えたいことを的確な言葉や態度で伝える |
| 30 | いざというときには自分の能力を発揮する気も示す |

・自分の強みと弱みに関する感想を記入してください。

図表 3-3（1/2）　キャリアコンサルティング面談シート例

出典：中央職業能力開発協会［CADS］の「スキル・マップ」
厚生労働省（2017b）をもとに筆者が加筆修正

◆ キャリアビジョンを考える
・今後の仕事や働き方、獲得したいスキルなどの目標を、できれば時期（5年後、10年後など）とともに記入してください。

| 時期 | 仕事の内容及び達成したい目標 |
|---|---|
|  |  |
|  |  |
|  |  |
|  |  |

◆ これから取り組むこと等（今行っている自己啓発を含む）
・今後いつ何をすべきか具体的に記入してください。

| 時期（何歳頃） | 実施すべきこと |
|---|---|
|  |  |
|  |  |
|  |  |
|  |  |

◆ 環境変化を考える
自分を取り巻く環境や環境を取り巻く環境を次の4つの観点から、現在起きている変化と今後予想される変化について考えてください。

| | 現在起きている変化 | 今後予想される変化 |
|---|---|---|
| 社会・経済の変化 |  |  |
| 自社・業界の変化 |  |  |
| 仕事・職場の変化 |  |  |
| 個人・家族の変化 |  |  |

図表 3-3 （2/2） キャリアコンサルティング面談シート例

厚生労働省 (2017b) をもとに筆者が加筆修正

E：アンケートの作成

　研修では終了時に受講生にアンケートの記入をしてもらいます。アンケートの目的は，受講生の受け止め方（仕事に活かせる内容だった，新しい発見があったなど）や理解度（どの点を理解できた，どの点は理解できなかったなど）などを把握して，次年度の研修の改善に活かすことです。回答方法は記名または無記名で行いますが，記名で行う場合には建設的な提案，無記名で行う場合には辛口で率直な意見を出してもらうことが期待できます。

　対面でのキャリアコンサルティング面談では，面談終了時にアンケート用紙を渡して記入してもらいますが，オンライン面談では配布資料と同時に配布し，記入にあたっての留意事項を面談終了時に説明します。委託事業でのキャリアコンサルティング面談では無記名で回答してもらいますが，守秘義務が遵守されることを説明しているため，実施部門に送付することに不安や違和感を持つ社員がいます。実施組織を経由することで，誰が回答しているか分かってしまうことに不安感や負担感を持たれないよう，キャリアコンサルタントにメール等で直接送付してもらうなど，本音を書いてもらうための様々な配慮と工夫が必要です。実施組織の担当者には，面談終了後に面談のなかで気づいたことやキャリアコンサルタントと話した感想など，様々な機会を捉えて社員の本音を聴きだす努力をしてもらいます。

　質問項目や評価段階を図表3−4の「面談後のアンケートの質問と回答例」で示します。アンケートの質問項目は，キャリアコンサルティング面談に対する満足度，キャリアコンサルタントの応対に対する評価，キャリアコンサルティング面談の有益性，今後も機会があればキャリアコンサルタントと面談をしたいかなどです。評価段階は，5段階または3段階として選択しやすくします。

　それぞれの回答ごとに自由記述欄を設けています。通常の研修後のアンケートでも同様の傾向がありますが，会社が行うアンケートに厳しい評価

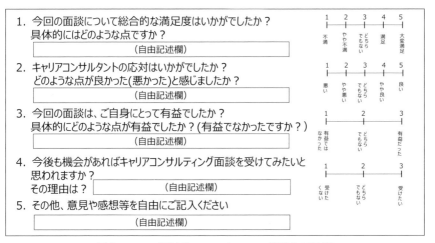

図表3-4　面談後のアンケートの質問と回答例

厚生労働省（2018a）より

をつける社員は少ないものです。しかしながら，自由記述欄には素直な感想や理解しづらい点，改善にための厳しい意見などを書いてくれます。受講生からの研修内容に関する評価点ではなく，自由記述欄に書かれた感想や意見に今後の改善につなげるヒントがあるのです。

　キャリアコンサルタントの面前で記入することを嫌がる社員もいます。キャリアコンサルタントが席を外して，室外に出るなどの配慮も必要です。記入に必要な時間は5分程度なので，面談の終了時刻の5分前ぐらいまでに面談を終了して記入してもらいます。

## (3)　ガイダンスセミナーの開催

　ガイダンスセミナーを開催する1～2週間前には，研修日時や事前課題のリマインダーのメールを対象者と上司に送付します。日々の忙しい仕事に追われている社員にセミナーの開催日時や事前課題の記入などを再確認してもらいます。キャリアコンサルティング面談の1週間前頃までに，ガイダンスセミナーを開催することが望ましいといえます。セミナーを踏ま

85

えて，面談対象者が面談時に持参する面談シートに追記する時間を確保することが必要です。しかし，セミナーからキャリアコンサルティング面談までが離れすぎてしまうと，セミナーでの気づきが薄れてしまうことにもなることを留意してください。

## Ｆ：キャリアコンサルタントとの打ち合わせ①

キャリアコンサルティング面談を行うキャリアコンサルタントに，キャリア支援の方針や取り組んでいる施策，セルフ・キャリアドックを実施する目的を説明します。また，キャリアコンサルティング面談での留意点や確認事項を打ち合わせ，ガイダンスセミナーの出席者や進行スケジュールについても説明して，それぞれが担う役割を確認します。

キャリアコンサルタントと面談をしたことがない社員は，キャリアコンサルティング面談の際にとても緊張しています。キャリアコンサルタントとは初対面だからです。面談対象者の不安を軽減するための工夫が必要です。ガイダンスセミナーでは，キャリアコンサルティング面談の準備のため，これまでの職業人生を振り返ってもらいます。委託事業では，セミナーのなかでライフラインチャートを作成して，グループワークで自分のライフラインチャートを説明してもらいます。キャリアコンサルティング面談を行うキャリアコンサルタントは，ライフラインチャートの作成のサポートやグループでの発表を聴いて，質疑応答に参加するなど，「この人がキャリアコンサルタントだ」と認識してもらうことができます。キャリアコンサルタントとしても，質疑応答の様子を観察することで，面談対象者に関する様々な情報を得ることができます。

キャリアコンサルティング面談の日程を説明するときに，キャリアコンサルタントは自己紹介をします。自分が面談するキャリアコンサルタントを認識できることで，面談対象者の緊張を和らげることができます。

## ⑷　キャリアコンサルティング面談の実施

　キャリアコンサルタントが1日に面談できる対象者は4〜5名です。複数のキャリアコンサルタントを確保することで，面談日数は短縮することができます。

### G：キャリアコンサルタントとの打ち合わせ②

　人材育成の課題だけでなく，人材に関する様々な課題などキャリアコンサルティング面談で確認してほしいことも伝えておきます。キャリアコンサルタントはキャリアコンサルティング面談のなかで，その情報に留意して面談することができます。組織やキャリア形成に関する課題をキャリアコンサルタントと共有していれば，それらの課題に関する情報をキャリアコンサルティング面談のなかで効率的に収集することができます。キャリアコンサルティング面談は，通常1回・1時間程度なので，事前にキャリアコンサルタントに実施組織が持っている，組織やキャリア形成に関する課題などをキャリアコンサルタントに説明しておくことで，キャリアコンサルタントは，それらの課題に対してアンテナを高くして面談を行うことができ，現状をより把握することができます。もちろん，実施組織の課題認識が正しいことを前提とした面談にならないよう留意する必要があります。キャリアコンサルティング面談では，実施組織が認識している課題を確認する場合もありますが，まったく違う課題を発見する場合もあります。個人相談における面談とセルフ・キャリアドックでの面談の違いは，組織や人事制度に起因して生じている問題をキャッチできる組織視点を持つことです。

# 3

## セミナーの運営

セミナーの目的は本章1節の(2)で説明したとおり，対象者にキャリアを考える必要性とセルフ・キャリアドックの目的を説明して，キャリアコンサルタントには守秘義務があり，キャリアコンサルティング面談は安心，安全な場であることを理解してもらうことです。そして，職業人生を振り返る機会を設けるなど，キャリアコンサルティング面談への準備をしてもらうことです。そのためのプログラムの構成，配布する資料，準備するシートおよびファシリテートする際の留意点について解説します。

## (1) プログラム

委託事業では，約2時間でガイダンスセミナーを開催しています。セミナーのプログラム例を図表3-5に示します。所要時間が分かりやすいよう開始時刻を14時にしています。キャリア研修を行っている会社では，研修の最後のプログラムとして開催することもあります。キャリア研修で

---

### プログラム例

1．14:00〜14:15　　人事部長の挨拶
2．14:15〜14:50　　セミナーの目的
　　　　　　　　　　セルフ・キャリアドックとは・・・
　　　　　　　　　　キャリアの基本とキャリアコンサルティング面談
3．14:50〜15:00　　（休憩）
4．15:00〜15:20　　ライフラインチャートの作成
5．15:20〜15:50　　グループワーク
6．15:50〜16:00　　キャリアコンサルティング面談の案内

---

図表3-5　ガイダンスセミナーのプログラム例

は，職業経験の振り返りや働くうえで大事にしたい価値観，強み・弱みなど自己理解を深めます。セルフ・キャリアドックに関する説明と面談日時，シートの記入方法など実務的な説明のみを行いますので，20〜30分程度で実施できます。

## (2) 配布資料と説明のポイント

セミナーで配布する資料を作成する際のポイントと留意点などについて解説します。会社ごとのキャリア形成を支援する取り組み状況や社員のキャリアに対する意識の相違などを踏まえて，配布資料例の修正や新たなシートの追加をしてください。

### A. セルフ・キャリアドックの概要
#### (ア) キャリア開発の必要性

会社のメッセージを受けて，セミナーの目的がセルフ・キャリアドックの目的を理解し，キャリアコンサルティング面談に向けて準備することであることを説明します。そして，私たちを取り巻く社会がダイナミックに変化するなかで，社会，組織・企業，個人のニーズからキャリアを考える必要性が高まっていることを図表3-6で説明します。管理職層を対象とするセミナーでは，セルフ・キャリアドックの実施が求められている社会的な背景について，図表3-7を使用して説明するのも効果的です。私たちが置かれている社会的な背景を踏まえて，部下のキャリア形成の支援がなぜ必要なのかについて理解と納得を得ることが大切です。

#### (イ) キャリア開発の責任

2016年に改正された職業能力開発促進法では，ダイナミックに変化し続ける社会のなかで，社員は自律的にキャリア開発を行うことを求められ，会社は社員の自律的なキャリア開発を支援する責任があることが明確になりました。法的に要請されているキャリア開発の責任を図表3-8で説明して，自律的なキャリアの開発と選択が社員の責任であることを理解して

１．社会的なニーズ

　　労働人口の減少・人材確保など

２．組織・企業のニーズ

　　人材の確保・育成・定着
　　モチベーションの向上
　　組織力の向上など

３．個人のニーズ

　　安定した雇用の確保
　　（エンプロイアビリティーの向上）
　　人生100年時代の人生設計

図表３－６　キャリアを考える必要性

厚生労働省（2018b）より

➤日本経済全体として，生産性を向上して「稼ぐ力を」を強化しなければならない

　①生産年齢人口の減少　⇨　働き手の確保

　　・65歳定年の義務化，70歳まで就業機会の確保　※年金開始年齢の引き下げ
　　・女性・外国人労働者の活用

　②国際競争力・技術革新力の低下　⇨　人材力の強化

　　・生産性の向上
　　・社員のスキルアップ，モチベーションの維持

　③事業構造の変化　⇨　経済社会環境の変化に対応

　　・失業なき労働移動の実現（雇用維持型から労働移動支援型へ）
　　・ジョブ型雇用の拡大

図表３－７　社会的な課題

厚生労働省（2020b）より

もらいます。自分のキャリア形成を会社に委ねることでは，個人も会社生き残れない時代になっており，社員一人ひとりがキャリア自律（自分の生き方，働き方は自分で考える）することが求められていることを図表

> ➤ 社員一人ひとりの成長は，会社・事業の成長の基礎である

> ➤ 自律的なキャリア開発と選択は，社員の責任である

> ➤ 社員の自律的なキャリア開発を支援するのは，会社の責任である

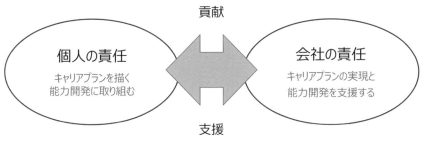

図表3-8　キャリア開発の責任

厚生労働省（2020b）より

3-9で説明します。

(ウ)　セルフ・キャリアドックの目的

　セルフ・キャリアドックを実施する目的は，「個人を元気にする」こと，「組織を活性化する」ことで，社員と会社がWin-Winとなる機会を提供することを図表3-10で説明します。

　会社はキャリアを考える機会を提供するために，キャリア研修やキャリアコンサルティング面談の実施だけでなく，職場における上司と部下のキャリア面談やキャリア形成の支援をサポートする様々な人事施策を行います。社員はキャリアデザインを行って，キャリアプランの作成とさらなる能力開発への取り組みなどを行います。年代層ごとには共通したキャリア課題があることや，継続したキャリアコンサルティングを行うことが大切なことを図表3-11で説明します。社員個々人のキャリアコンサルティング面談だけでなく，これらのキャリア形成を支援する仕組み全体がセルフ・キャリアドックであることを理解してもらいます。

会社にキャリア形成を委ねるだけでは、会社も個人も生き残れない時代になった
　　⇨　社員個々人が自分の生き方は自分で考えなければならない

（従来）　　　　　　　　　　　　　　　　　　　　　　　　　（現在）

・欧米や国内を中心とした市場
・労働力は男性・正社員が中心
・これまで培った知識・スキル・経験が活かせる
・社内で他部署を経験したゼネラリストが求められる
・入社時から会社が継続して能力開発を支援
・年齢や学歴で将来のキャリアがある程度予測できる
・仕事人生＝60歳定年までの会社人生

・先進国，国内は成長が鈍化。グローバル化がさらに進展
・労働力の多様化が進展
・変化が激しく，知識・スキル・経験がすぐに陳腐化する
・社外で通用する高い専門性を持つスペシャリストが求められる
・能力開発は個人に委ねられる
・成果・能力でキャリアに大きな開きが出る
・仕事人生＝生涯現役，独立・開業・ボランティアなど多様な働き方

図表 3 - 9　キャリア自律の必要性

厚生労働省（2020b）より

セルフ・キャリアドックとは，労働者のキャリア形成における「気づき」を支援するため，年齢・就業年数・役職等の節目において，定期的にキャリアコンサルティングを受ける機会を設定する仕組みのこと

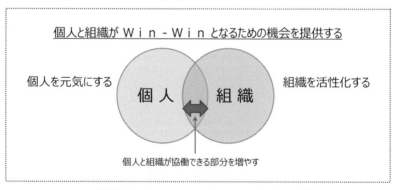

図表 3 -10　セルフ・キャリアドックの目的

厚生労働省（2018a）より

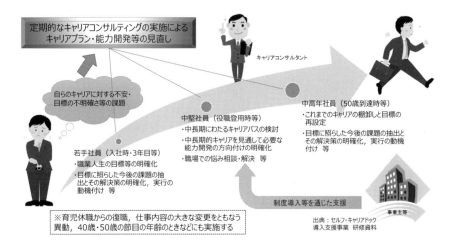

**図表3-11　キャリアを考える機会の提供**

厚生労働省（2018b）をもとに筆者が加筆修正

㈓　キャリアに関する基本的理解とキャリアコンサルティング面談

　「キャリアとは何か」，「キャリアを考えることの必要性」，「キャリアコンサルタントとの面談では何を探索するのか」，「キャリアコンサルティング面談の目的とキャリアコンサルタントの守秘義務」などを図表3-12～16で説明します。キャリアコンサルティング面談で話したことが会社に報告されるかもしれないと危惧する社員は多いので，キャリアコンサルタントの守秘義務については，キャリアコンサルティング面談の案内をする際にも繰り返し説明するようにしています。キャリアコンサルティング面談の場が，安心で安全な場であることを理解されるよう環境を整備することが最も大切だといえます。

### B.　セミナーで行うワーク

　キャリア支援の取り組み状況や面談対象者のキャリア意識を踏まえて，キャリアコンサルティング面談の準備のため実施するワークを選定します。私がワークに使用しているシートを紹介します。

①ライフラインチャート（人生曲線）

　キャリア形成に関する取り組みをあまり行っていない会社では，これまでの職業人生を短時間で振り返るために，ライフラインチャートを作成することが効果的です。ライフラインチャートの作成方法と留意点，記入例などを図表3-17〜19で説明した後に，個人作業でライフラインチャートを作成します。15分で作成するよう伝えますが，大多数が作成を終えていることを確認したら休憩を取って再開までに書き上げるよう伝えます。

　面談対象者が集合した対面でセミナーを行う場合は，4〜5名のグループでワークを行います。グループワークの進め方を図表3-20のとおり，発表者以外の人が積極的に質問するようファシリテートしてください。オンラインでもグループワークが可能な場合もあります。グループワークができない場合には，数名に発表してもらい全体で質疑応答することで同等の効果を期待できます。

　これまでキャリアを考えてこなかった社員やキャリアを考える機会がな

➤ キャリアの語源は、車の轍（わだち）＝通った車が道に残した車輪の跡

様々な出会いや
経験を積み重ねながら
歩んできた足跡と
これから進んでいく道のり

キャリアとは

ひとつひとつの点や

結果ではなく

継続的なプロセス

（過程）

図表3-12　キャリアの基本的な理解

厚生労働省（2018b）より

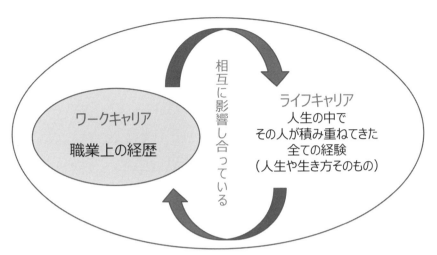

人生と仕事の両輪の視点で主体的に考え、選択していくことが大切

図表 3-13　ワークキャリアとライフキャリア

厚生労働省（2018b）より

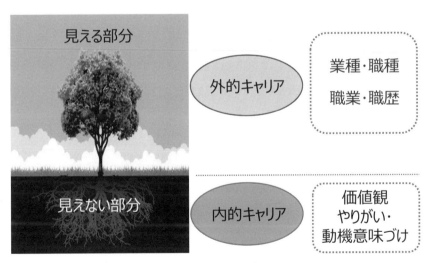

図表 3-14　外的キャリアと内的キャリア

厚生労働省（2018b）より

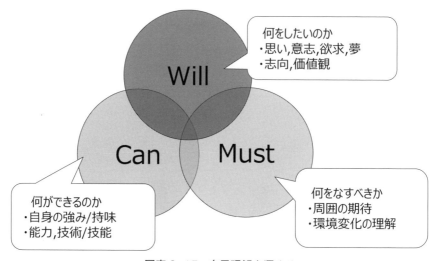

図表 3-15　自己理解を深める

厚生労働省（2018b）より

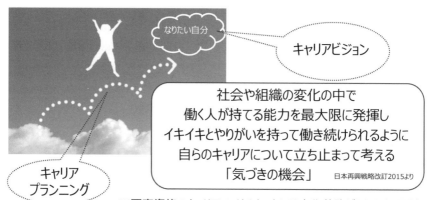

※国家資格のキャリアコンサルタントには守秘義務があります。面談でお聞きした内容を面談者の同意なく会社に伝えることはありません

図表 3-16　キャリアコンサルタントとの面談

厚生労働省（2018b）をもとに筆者が一部修正

## ライフラインチャートの作成

ライフラインチャートは，時間を横軸，仕事や生活の充実度を縦軸にして，社会人になってからの充実度の変化を振り返るグラフです

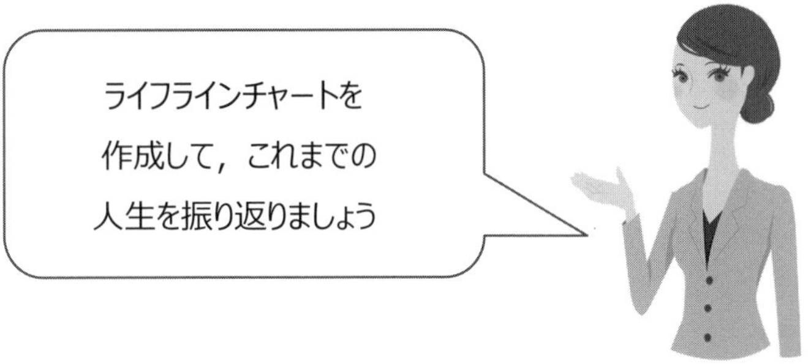

ライフラインチャートを
作成して，これまでの
人生を振り返りましょう

図表3-17　ライフラインチャートの作成

厚生労働省（2018b）より

※ライフラインチャートは面談時にご持参してください

➤ 過去の良かったことや悪かったこと、ターニングポイントなどを振り返りながら自分の足跡を知り，結果的に現在の自分を理解することができます

➤ 充実度の山や谷は，社会・会社内での評価でなく，主観的な「自分のものさし」でどれだけ充実していたか判断します

➤ どんな人でもラインが上がったり下がったりします。山では「なぜ，この時期に充実感を得られたのだろう？」，谷では「なぜ、この時期を乗り越えられたのだろう？」，「充実度があがる時に共通することはなにか？」等を理解することで，自分の価値観や変化をつかむことができます

図表3-18　ライフラインチャート作成の留意点

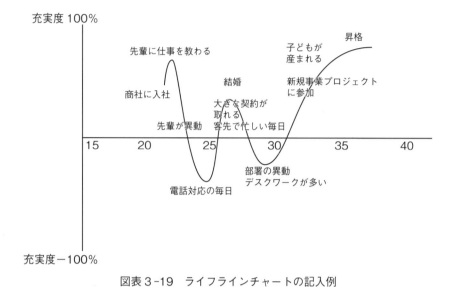

図表 3-19　ライフラインチャートの記入例

厚生労働省（2018b）より

➢ ライフラインチャートを使って，社会人になってからの充実度について，他のメンバーに話してください

- 5分程度でお話しください。なお，お話しできる範囲で結構です
- 発表者以外の方は，以下のような質問をしてください
  ・なぜ，この時期に充実感を得られたのですか？
  ・なぜ，この時期を乗り越えられたのですか？
  ・充実度があがる時には，共通することはありますか？

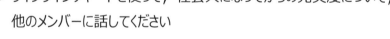

図表 3-20　ライフラインチャートを使ったワーク

厚生労働省（2018b）より

かった社員が，これまでの職業経験を振り返るなかで，様々な出来事を想い出すことができます。ライフラインチャートを作成することで，キャリアコンサルティング面談の準備をすることができます。入社3年未満といった職務経験の短い社員に作成してもらう場合は，学生時代まで振り返って作成するなどの配慮が必要となります。また，通年採用で入社した社員には，現在在籍する会社だけでなく社会人になってからの職業経験を振り返ることを説明します。

　作成する前に，社会や会社内での評価でなく，主観的なものさしで充実度を決定することなど，記入に際しての留意点を説明します。先に印象の強いイベントを書き出して，曲線でつなげていきます。

　仕事への充実度とプライベートでの充実度は異なり，一本の線では書けない場合はどのように書けばよいかという質問があります。そのような場合は，仕事とプライベートを総合的にみて充実度を判定せず，別々の線で書いてもらうよう回答します。対面で行う場合は対象者が作成している間，ファシリテーターや面談を行うキャリアコンサルタントが席を巡回します。作成を支援できるだけでなく，面談対象者に関する様々な情報を収集できます。

　全員が作成できたら，グループごとに1人5分程度でライフラインチャートを発表します。話したくないことまで話す必要はないことを事前に伝えておくことが大切です。発表者以外の人は発表を聴きながら，なぜなのか疑問に思う点やもっと聞いてみたい点を発表者に積極的に質問します。私がファシリテーションしたセミナーでは，すべての会社でこのワークは盛り上がり時間が足りないぐらいでした。会社の仲間に自分の職業人生を聴いてもらえるのは嬉しいことで心地良いことなのです。オンラインでのグループワークでも順次，グループに参加して発表を聞いていきます。また，メンバーの知らなかった一面を知る機会になることで，ガイダンスセミナー後の職場におけるコミュニケーションが充実したことをお聞きすることもあります。

②自己理解を促す行動特徴把握シート

　面談対象者が共通のキャリア課題を持つ，58歳の中高年社員を対象とし
たセミナーでは，「自己理解～行動・特徴把握シート」（図表3 -21の①②）
を使用しました。厚生労働省の「平成29年度 労働者等のキャリア形成に
おける課題に応じたキャリアコンサルティング技法の開発に関する調査・
研究事業」を厚生労働省のHP[1]で検索すると，若者・女性・中高年を対
象に面接に使用できるシートをダウンロードすることができます。

　「職場にいてほしい中高年社員」と「職場にいてほしくない中高年社員」
を書き出して，グループワークで各人が書き出した中高年社員像を発表し
ます。「職場にいてほしい中高年」と「職場にいてほしくない中高年」の
パーソナリティ，スキル，他者からの評価，環境などから，できる限り具
体的に態度や行動を書き出します。その後，両者の態度や行動の違いを考
えます。グループワークでは，自分が考えていなかった態度や行動を聞く
ことで，職場にいてほしい中高年の社員といてほしくない中高年の社員の
姿をより明確にすることができます。

　その後，「職場にいてほしい中高年社員」と「職場にいてほしくない中
高年社員」から自分に合致しているものを探索します。他人事としてとら
えた働き方を自分に置き換えてみるのです。自分ができている点を確認す
るとき，中高年の社員では自己肯定感や自己評価が低下している人が多
く，自身を過小評価する傾向があることに留意します。自分ができていな
い点を確認するとき，社員にとって自分自身をみつめる苦しい作業になり
ます。何がどのようにできていないのかを，具体的に整理できるように支
援します。中高年の社員に求められる姿を確認して，キャリアコンサル
ティング面談を行うことが，今後の働き方や目指したい姿を考えるうえで
効果的です。

　自己理解～行動・特徴把握シートは，中高年に限らずロールモデルとな

---

[1]　https://www.mhlw.go.jp

## 自己理解～行動・特徴把握シート
### ワーク1

あなたが役職定年や定年後も職場にいてほしいと思うような中高年者と，逆に職場にいてほしく

ないと思うような中高年者をイメージし，どのような態度・行動の特徴があるか挙げてください。

| 職場にいてほしい中高年社員 | 職場にいてほしくない中高年社員 |
|---|---|
|  |  |

| 両者の態度・行動の違いを書き出してみましょう |
|---|
|  |

## 自己理解～行動・特徴把握シート
### ワーク2

ワーク1を自分に置き換えてみます。「職場にいてほしい」と周りから思われている

と考える，自分について書き出して下さい。

図表3-21①　自己理解～行動・特徴把握シート（中高年社員）

厚生労働省（2017b）より

101

## 自己理解～行動・特徴把握シート
### ワーク3

ワーク1を自分に置き換えてみます。「職場にいてほしくない」と周りから思われていると考える，自分を書き出してみましょう。

**図表3-21②　自己理解～行動・特徴把握シート（中高年社員）**

厚生労働省（2017b）より

る人物の行動・特徴を把握することにも活用できます。

③環境変化を考える

　会社を取り巻く事業環境が大きく変化することが予測され，仕事自体の変革が求められてくる会社では，社会や経済，業界および自社，仕事と職場，プライベートなどの変化を想定することで，自分を取り巻く今後の環境変化を考えるワークを行います。事前課題で環境変化を考えるシートの「現在起きている変化」と「今後予想される変化」についてシート（図表3-22）に記入してもらいます。環境変化を考えるシートは，「自己理解～行動・特徴把握シート」と同様に厚生労働省の委託事業で作成したものです。現在起きている変化を書き出すのは比較的容易ですが，今後予想される変化を想定するのは難しいことです。野村総合研究所が作成し，毎年更

## 環境変化を考えるシート

自分を取り巻く環境において、次の4つの観点から、現在起きている変化、今後予想される変化を考えてみましょう。

| | 現在起きている変化 | 今後予想される変化 |
|---|---|---|
| 社会、経済 | | |
| 自社、業界 | | |
| 仕事、職場 | | |
| 個人、家族 | | |

図表3-22　環境変化を考えるシート

厚生労働省（2017b）より

新している「NRI未来年表」を活用します。NRI未来年表は，今後予定されている出来事を「政治・社会」「経済・産業」「国際」の軸で整理し，野村総研が書籍やセミナーなどで発表している様々な予測を掲載している年表です。将来の社会の大きな動きが一覧でき，野村総合研究所のHPから無料でダウンロードすることができます[2]。

　セミナーでは，環境変化にどのように捉えて，対応していくかを説明（図表3-23）した後に，グループワークを行います。メンバーが想定した変化を聞くことにより，新たな気づきを得ることや視野を広げることができます。環境変化を認識することで，今後のライフプランやキャリアプランを考える気づきを得ることができます。

④カードソート

　カードから働くなかで大切にしていることや譲れないものを選んでいくことで，漠然として考えていたものを言語化することができます。面談対

---

[2]　https://www.nri.com/jp/knowledge/publication/cc/nenpyo/lst/2021/2021/2021

環境変化を考えるシート　※事前に記入していただきました

➢ 野村総合研究所が毎年発表している,「ＮＲＩ未来年表」を参考にしてください
➢ 自分にとって影響が大きい環境変化がどのような影響を及ぼすかを考えてください
　社会, 経済／自社・業界／仕事, 職場／個人・家族

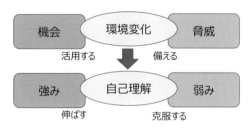

➢ 同じ環境変化でも, 人によって強み
　を活かせるものは機会になり, 対処
　できない弱みは脅威になる
➢ 好きなこと, やりたいことをやるため
　に, 計画的に準備する必要がある
➢ 弱みを克服するのはとても困難だ
　が, 強みを伸ばすことで弱みをカバー
　することができる

図表 3 -23　環境変化を考える

厚生労働省（2020b）より

象者が仕事経験の浅い若年層の場合は, これまでの仕事を振り返る期間が短いため, カードを使ったワークを行うことがあります。若年層以外でも自己理解を深めるための手法として効果的といえます。キャリアコンサルタントの養成講座では, 大切にしている価値観を探索するカードの使い方を学習しています。

　個人作業で自分にとって最も重要なカードを10枚選択して書き出します。図表 3 -24のシートにある「なぜ, これらのカードを選んだのでしょうか?」,「選んだカードのエピソードは?」,「カードから見えてきた自分の持ち味, 強みは?」などを図表 3 -25のシートに書き出します。グループワークでは, 各人が選んだカードとエピソードを発表した後, メンバーが共通して選んだものや異なっているものなどを確認します。ワークを通して感じたことや気づいたことを話し合います。

## C. キャリアコンサルティング面談シートの記入

　キャリアコンサルティング面談に持参するキャリアコンサルティング面談シートの記入方法を説明します。職務経歴, 取得資格, 受講した研修な

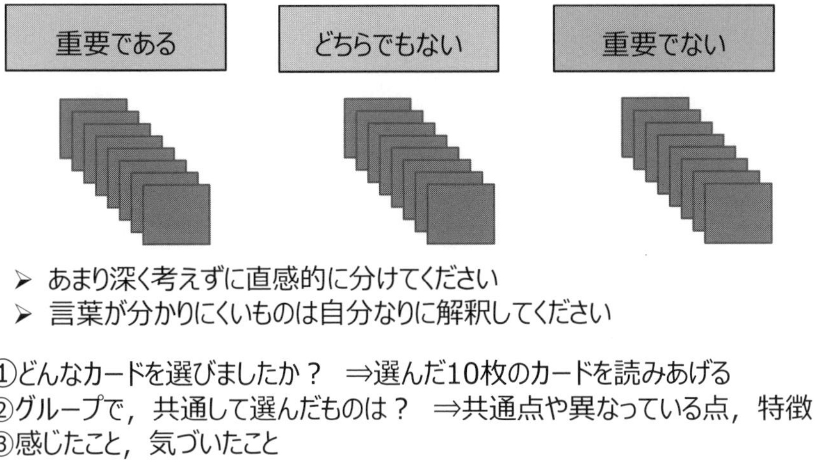

| 重要である | どちらでもない | 重要でない |
|---|---|---|

➤ あまり深く考えずに直感的に分けてください
➤ 言葉が分かりにくいものは自分なりに解釈してください

①どんなカードを選びましたか？　⇒選んだ10枚のカードを読みあげる
②グループで，共通して選んだものは？　⇒共通点や異なっている点，特徴
③感じたこと，気づいたこと

図表3-24　カードを使った価値観の探索

「私が大切にしていること」

| | |
|---|---|
| ① | |
| ② | |
| ③ | |
| ④ | |
| ⑤ | |
| ⑥ | |
| ⑦ | |
| ⑧ | |
| ⑨ | |
| ⑩ | |

なぜ，これらのカードを選んだのでしょうか？
選んだカードには何か共通点がありますか？


選んだカードに関するエピソード（出来事）は？
（例：このような出来事があったので，こうした価値観を持つようになった）
（例：このような価値観を持っているので，実際の仕事や生活でこのようなことをやっている）など


選んだカードからみえてきた，自分の強みや持ち味は？


図表3-25　仕事で大切にしていること

どの情報をデータベース化している会社では，印刷して持参するように伝えます。これまで作成したことがない社員にとっては，社会人になってからの記憶をたどりながら作成しますので，時間がかかる負担の多い作業です。中高年の社員では20〜30年間の仕事経験を振り返ることが必要となりますが，日々の忙しい仕事のなかで，これまでの職業人生を振り返る機会はなかったので良い機会となります。職業人生の振り返りは，これから行うキャリアコンサルティング面談の準備を始めることになります。対象者に過度の負担をかけないよう，セミナーから面談までの日数を確保することや，セミナーのなかで記入する時間をとるなどの配慮をすることが大切です。面談当日に，ほとんど記入できていない面談シートを持参する人も多くいます。キャリアコンサルタントは書けていないことよりも，対象者がキャリアを振り返れない状況にあることを認知して，面談を開始することが大切です。

## D. キャリアコンサルティング面談の案内

　セミナーの最後に，キャリアコンサルティング面談の日時を案内して，持参するシートの確認を行います。キャリアコンサルティング面談の予約調整は，実施組織の担当者が面談対象者のスケジュールを確認して，都合の良い日時を面談対象者が選択できるようにします。また，面談終了後にアンケートを実施することを説明して，アンケートの記入について協力を依頼しておきます。予約するときはどこに連絡するのか，予約した後に仕事の予定が入り日時を変更する場合にはどうするかなどを丁寧に説明します。面談する部屋は，キャリアコンサルタントとの1対1の面談であることを踏まえて，対象者が安心で安全な場だと感じてもらえる会議室などの個室にします。オンライン面談の場合，事前に通信環境を確認しておくことも必要です。社外キャリアコンサルタントがオンラインで面談するときも，キャリアコンサルタントの自宅ではなく，会社の通信環境で面談できる会社内の会議室等を使用することをお薦めします。

●面談日‥‥‥ ○月○日（○）～○日（○）
●時 間‥‥‥ ＡＭ：10:00～11:00、11:15～12:15
　　　　　　　　ＰＭ：13:00～14:00、14:15～15:15、15:30～16:30

●キャリアコンサルタント‥‥‥ ○○○○ 、 △△△△
●持ち物‥‥ ①キャリアコンサルティング面談シート
　　　　　　　②本日作成したライフラインチャート
　　　　　　　③筆記用具

　　　　　　※ご都合の良い日時を選択してお申し込みください
　　　　　　　面談会場は別途、ご案内します

図表3-26　キャリア面談の案内

　セミナーの最後に，面談するキャリアコンサルタントの全員を紹介します。上司以外の初対面のキャリアコンサルタントと面談することは心理的に負担です。面談対象者は，どんなキャリアコンサルタントが面談するのか不安なのです。社外キャリアコンサルタントならば，もっと緊張感が高いはずです。キャリアコンサルタントが自己紹介をする機会を設けることで，面談対象者に安心感が生まれます。キャリアコンサルタントが職務経歴や趣味などを積極的に自己開示することで，面談対象者に安心感を与え，キャリアコンサルティング面談の準備ができます。

## (3)　ファシリテートの留意点

　セミナーの目的の1つは，キャリアコンサルティング面談に向けての準備をしてもらうことです。キャリアに関する説明をして，キャリアコンサルティング面談で話す内容を紹介しても，面談対象者はなかなか実感を持てません。キャリアコンサルタントと初めて面談する場合，キャリアコンサルティングの持つ意義を理解できるのは面談が終了してからです。セミ

ナーをファシリテートするとき，面談対象者の様子や反応をしっかり確認しながら行います。セミナーでは理解できないことも，キャリアコンサルティング面談後に振り返ることで，理解してもらえる情報の提供が大事です。

　セミナー後半のライフラインチャートなどを作成して，これまでのキキャリアや仕事を振り返る場面では，個人ごとの作成状況を観察しながら積極的に話しかけていきます。どう書いて良いか分からないのだけれど質問できない人もいます。キャリアコンサルタントから充実度の高い時期について聞かれてみると，その当時の状況を鮮明に思い出す人もいます。隣の社員と会話しながら作成できる雰囲気づくりをしてみてください。面談するキャリアコンサルタントにとっては，社員同士の会話などから社風を感じることができますし，面談者の情報を収集する機会になります。通常の研修の講師と受講者という関係ではなく，フランクに話すことができるよう働きかけます。ライフラインチャートの発表では，聞いていた社員から多くの質問があり「ワイワイ」「ガヤガヤ」と盛り上がります。自分のキャリアを話すこと，そして他の社員が興味を持って聞いてくれることは，とても嬉しいからなのだと思います。「とても楽しかった」と感じてもらえるセミナーになるようファシリテートしてください。

# 4
## まとめ

　最近，研修を実施した後，フォローアップのための研修や個人面談を実施する会社が増えています。研修の中で課題を考えて解決するためのアクションプランを作成します。職場にもどり3～6ヵ月間実践した後にフォローアップ研修や個人面談で行い，「出来たこと」，「出来なかったこと」を振り返り，コンサルタントと今後のアクションプランを検討するのです。

　セルフ・キャリアドックでは，個人ごとのキャリアコンサルティング面談を行う前にガイダンスセミナーを実施することが効果を高めます。キャリアコンサルタントの守秘義務を説明し，キャリアコンサルティング面談が安心で安全な場であることが理解されることが必要だからです。

　しかし，キャリアプランの作成支援やキャリア目標を達成する方策の検討などを行うためには，キャリアコンサルティング面談を実施した後をフォローアップする面談が必要となります。セミナーからキャリアコンサルティング面談，そしてフォローアップするキャリアコンサルティング面談までを行える体制を社内で整備していくことが求められます。

働く環境が大きく変化している中，キャリアコンサルティング面談の内容は複雑＆多様化してきており，キャリアコンサルタントは，そのための対応力をさらに進化＆深化させていかなければなりません。さらに，セルフ・キャリアドックにおいては，その目指すところの「個と組織の活性化」に向けて，組織をも意識した支援が求められているのです。

　本章では，これらを踏まえて，セルフ・キャリアドックにおけるキャリアコンサルティング面談の進め方として，様々な事例を交えながら実践のノウハウや支援ポイントを解説していきます。皆さんが活動している企業組織や，そこで働いている人たちを思い浮かべながら，現場での実践に活かしていただければと思います。

## 1

## キャリアコンサルティング面談とは

### (1)　キャリアコンサルティング面談の位置づけと役割

　厚生労働省の示す「キャリアコンサルティング実施のために必要な能力体系」（新能力要件2020年4月施行）には，キャリアコンサルティングの役割が下記のように示されています。

> 　キャリアコンサルティングは，職業を中心にしながらも個人の生き

甲斐，働き甲斐まで含めたキャリア形成を支援すること，また，個人が自らキャリアマネジメントにより自立・自律できるように支援すること，さらには，個人と組織との共生の関係をつくる上で重要なものであること等，その役割，意義について十分に理解していること。

また，キャリアコンサルティングは，個人に対する相談支援だけでなく，キャリア形成やキャリアコンサルティングに関する教育・普及活動，組織（企業）・環境への働きかけ等も含むものであることを十分に理解していること。

キャリアコンサルティング実施のために必要な能力体系（2020年4月）
Ⅰ　キャリアコンサルティングの社会的意義
二　キャリアコンサルティングの役割の理解

まさに，「個人と組織との共生の関係をつくる」ために，キャリアコンサルティング面談を通して双方の調整をしていくことがセルフ・キャリアドックにおけるキャリアコンサルタントの役割であると言えます。そして，双方の調整には，個人の支援に留まらず，周囲との関係性や働く環境との相互作用，さらには組織全体を見立てていくことが重要となるのです。

このように，キャリアコンサルティング面談は，セルフ・キャリアドックが目指すところの「個と組織の活性化」に向けて基軸となる支援施策であり，重要な位置づけとなっています。

しかしながら，個人に対する相談支援に留まり，組織への働きかけが見られないケースも多く見受けられるのが現状です。その背景として以下のようなことが考えられます。

・個人の面談以外はキャリアコンサルタントの仕事ではないと思っている。
・守秘義務を遵守しようとするあまり報告や改善提案に躊躇している。
・これまで組織視点や組織に働きかける機会がなかった。

キャリアコンサルタントの皆さんは個人に対する相談支援を専門的に学んでこられたのですから当然のことなのですが，一方，せっかく複数の面

談を実施して「個と組織の活性化」につながる組織課題や改善へのヒントがあるにも関わらず，これまでのキャリアコンサルタントとしてのアンテナではキャッチできず，残念なことに「面談やりっぱなし」ということが起こっているのです。あるいは，アンテナでキャッチしていても関連性や相互作用を見立てられず，点の支援に留まってしまっているのかもしれません。

## 2
## キャリアコンサルティング面談の重要ポイント

それでは，セルフ・キャリアドックが目指すところの「個と組織の活性化」に寄与するキャリアコンサルティング面談を実施するためには何があったらよいのでしょうか。

その重要ポイントは，「木を見て，森を見る」視点であると考えます。

### (1) 「木を見て，森を見る」視点

セルフ・キャリアドックにおいてキャリアコンサルティング面談を実施する際は，従業員との１対１の面談を通して個人を支援すると同時に，職場環境や組織を見る視点を持つことが必要，かつ重要です。

図表４-１をイメージしながら事例を考えてみましょう。

【事例】営業職／入社３年目のフォロー面談

●Aさん／営業職
・もともと企画部門を希望して入社したのに，営業に配属された。
・営業は向いていない。新規の受注ができず，落ち込む。
・残業が多くて，毎日，クタクタ。家に帰っても寝るだけ。キツイ。
・上司とは性格が合わず，うまくいっていない。

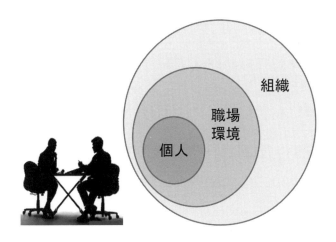

個人の面談を通して，職場環境や組織を見る視点を持つ

図表 4 - 1 「木を見て，森を見る」視点

仁平（2019）を筆者が一部修正

・転職するなら今のうちかなと思うけど，迷っている。

●Bさん／営業職
・もっと仕事を任せてほしいのにサポート的な仕事ばかりでつまらない。
・頑張っているのに評価が低く，モチベーションが下がる。
・同期の仲間に比べて，自分は全然成長していないと思う。
・上司やメンバーとうまくいっていない。できれば異動したい。
・得意な英語も活かせていないし，これからのこと，考えたい。

●Cさん／営業職
・上を目指すというより，楽しく仕事したい。

・部署の雰囲気があまりよくない。外に出ていた方が気がラクでいい。

・プライベートを大事にしたいけど，残業が多くてストレスが溜まる。

・大学でマーケティングを学んだので，本当はそっちをやりたい。

・OJTリーダーになってから自分自身も成長したように思う。

3名の面談から職場環境や組織を見てみましょう（図表4-2）。

①面談で聴き取った事実

　➡個々のどのような状況が見えてきましたか。

②個人の問題

　➡個々の状況からどのようなキャリア形成上の問題が考えられますか。

③職場環境や組織の問題

　➡その問題は個人だけの問題でしょうか。

　　そこに，職場環境や組織全体としての問題や課題は見えませんか。

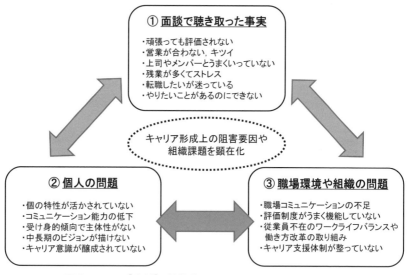

図表4-2　【事例】営業職／入社3年目のフォロー面談

仁平（2020a）を筆者が一部修正

114

　セルフ・キャリアドックに関わるキャリアコンサルタントには，個人の面談から職場環境や組織全体の課題を見極め，組織の活性化につながる次の打ち手を見つけ，上層部に助言・提案していくという大きな役割があります。つまり，個人のキャリアコンサルティング面談を通して組織課題を見立てていく視点が必要なのです。そのベースとなるのが，「木を見て，森を見る視点」ということになります。

　いかがでしょうか。「木を見て，森を見る」視点，イメージできましたか。1本ずつの木々を見ながら，森全体の状態も見えるようになると，あちこちが繋がっていたり，関係性が見えてきたり，相互作用を見立てることができるようになり，面白くなってきます。森全体の動きが見えるようになるからです。

　従業員一人ひとりの働く意欲や成長へのエネルギーが種となり，エネルギーに満ち溢れた豊かな土壌ができ，その土壌から互いに貢献しあう関係が生まれ，「個と組織の活性化」という好循環サイクルにつながっていくことをセルフ・キャリアドックに関わる皆さんは忘れないでいただきたいと思います。

　ここで，支援する立場による「木を見て，森を見る」留意点を押さえておきます。社内の人材育成部門等で支援している，あるいは社外のキャリアコンサルタントとして支援しているなど，皆さんの立場は様々だと思いますが，立場による視点のクセのようなものが出てくる傾向がありますので留意しましょう。

## 【社内／社外の立場による留意点】
● 「社内」で人事等の管理部門業務に就いている方たちの視点

　どちらかというと森の整備に一生懸命で，すぐに制度構築などのソリューションに急ぐ傾向が少なからず見受けられます。それは業務上の役割でもあるのですが，従業員不在の制度構築にならないよう，今一度，「木を見て，森を見て，また木を見る」視点を意識してみましょう。

● 「社外」キャリアコンサルタントの第三者視点

　社外のキャリアコンサルタントは，外部からその組織を冷静に見るからこそ，社内の人たちには見えにくい潜在的な部分が見えるということもあります。もしかしたら社内にいる人たちには問題として見えているのに，目をそらし，蓋をしているということもあるかもしれません。その問題がある状況が当たり前の景色になっていて麻痺している可能性もあります。そのため，企業側の担当者は，外部の第三者としての視点での助言を期待しています。ここが，わざわざ社外のキャリアコンサルタントを活用するメリットでもありますので，社外だからといって躊躇せず，キャリアコンサルティング面談を通して組織という森を見ていきましょう。

　また，つい，ネガティブ要素（問題）ばかりに着目しがちになりますが，従業員の皆さんや組織のポジティブ要素（良いところ）にも着目することも大切です。ポジネガ両方の視点を持って森全体を見ていくことを意識しましょう。


　ここまで，まずはセルフ・キャリアドックにおけるキャリアコンサルティング面談の重要ポイントとなる視点を押さえてきました。ここからは，導入企画で承認を得た施策としてのキャリアコンサルティング面談の運用実施に入ります。

# 3
# キャリアコンサルティング面談の運用実施ポイント

　キャリアコンサルティング面談を実施する際は，面談という「点」だけではなく，前後のプロセスを含めた運用実施の全体を視野に入れながら実施していきましょう。運用実施のプロセスは図表4-3のようになります。
　ここでは，キャリアコンサルティング面談を運用実施する全体プロセスを追いながら，重点ポイントを解説していきます。

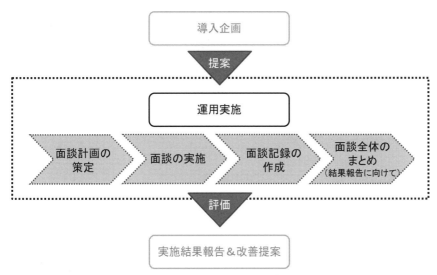

図表4-3　運用実施の全体プロセス

## ⑴　面談計画の策定

　はじめに面談計画を策定します。面談計画は，導入企画で提案して承認が得られたキャリアコンサルティング面談を，具体的に運用実施ができるレベルまで落とし込んだものです。

　面談計画もないまま面談実施というケースも見受けられますが，セルフ・キャリアドックという仕組みの中での施策運用になりますので，計画策定は必要です。

　図表4-4の面談計画に必要な項目を参考に，スムーズな運用ができるよう，しっかり準備をして関係者間で共有しておきましょう。特に，複数名のキャリアコンサルタントで実施する場合は，チームとして共通認識を持つことが大切です。

　次に，面談計画を策定する際，図表4-4の策定項目の中で特に意識しておきたい項目を解説します。

図表 4 - 4 面談計画の策定項目（例）

| | |
|---|---|
| ●面談テーマ | 導入企画で承認された面談テーマ（分かりやすいテーマにする） |
| ●対象者・対象人数 | 面談テーマに沿った対象者＆対象人数を決定する |
| ●目的・目指す効果 | 導入企画で承認された目的や目指す効果を再確認する |
| ●日程・時間・場所・環境 | 日程・時間・場所の確保，対面／オンライン，オンライン環境の確認など |
| ●案内周知（募集）方法 | 社内に案内周知する方法（メール・社内の共有サイト・勧奨など） |
| ●案内ポイント | 面談への興味関心につながるような案内文のキャッチコピーなど |
| ●ガイダンスセミナー | 面談前のガイダンスセミナーは実施する／しないスケジュールなど |
| ●ツール | 面談シート・ジョブカード・同意書・アンケートなど，必要なツールを準備する |
| ●効果測定方法 | どのような方法で効果を測るのか（アセスメントやアンケートなど） |
| ●報告 | 報告先・報告のタイミング・報告の方法（メール・文書・報告会など） |
| ●連携部署 | 情報共有の範囲やリファー先を確認する |
| ●運用責任者・連絡先 | 運用実施の責任者と連絡先を明示し，混乱が起きないようにする |
| ●スケジュール | 他の支援策や研修等とのダブリ，業務の繁忙期などを避ける |

●目的・目指す効果

　面談計画の中でも，「目的・目指す効果」については，導入計画で承認された内容を再確認し，明示しておくことが重要です。何を目的に，その先の何を目指すための面談なのか。そして，なによりも目的や目指す効果

を明確にしておかなければ、効果を測ることはできないということになります。当然、上層部は実施効果を期待していますし、その報告を求められます。しかし、大上段に構える必要はありません。はじめはスモールステップでもよいのです。一気にすべての問題を解決することを目指すのではなく、実施結果をしっかり検証評価し、そこから改善につなげていくことが重要です。その PDCA を回しながら「個と組織の活性化」の好循環を目指していくことがセルフ・キャリアドックの大目的であることを忘れないようにしましょう。

　また、キャリアコンサルティング面談を実施する目的が「ヒアリングして情報を集める」になっているケースがよく見受けられます。もちろん、情報不足によって現状分析ができず、より多くの情報を収集するためにヒアリングを実施することもあるでしょう。しかし、ヒアリングは「聞く」というスタンスで聞く側が聞きたいことを聞いて情報を得ていきますから、時に誘導的な質問になりかねません。対象従業員から話を聴き、その人を分かろうとする関わりをしながら、本質的な問題を捉えていくキャリアコンサルティング面談の「聴く」というスタンスとは違います。はじめから情報収集だけを目的としたヒアリングとは分けて考えた方がよいでしょう。目的に沿ってキャリアコンサルティング面談を実施した結果、様々な情報が得られるということになります。

　※ヒアリングは、面談の実施後、効果を測るために、対象従業員の周辺関係者から意識や行動変容等の情報を収集するために行うこともあります。


●効果測定方法
　キャリアコンサルティング面談を含むキャリア形成支援の効果というのは、例えば、経営層が期待するところの「生産性が何パーセント上がった。業績がアップした。」など、組織の業績に直結する効果としてすぐに表れるものとは限りません。キャリアコンサルティング面談を実施したこ

とによって従業員の意識の変化や行動変容が生まれ，それが周囲との関わりや働く環境，あるいは他のキャリア形成支援策とも作用し，結果として組織目標の達成につながっているケースも多く見られます。このような，いわば間接的な効果である場合においても，面談の目的に応じて効果測定指標を決めておくことが必要といえます。

　例えば，測定指標として，以下のようなものが考えられます。

・離職率
・ハラスメントの発生件数
・従業員意識調査（エンゲージメント・ES・モラール・キャリア風土など）
・社内公募制度やFA制度への応募状況
・能力開発の機会への自主的な参加件数（オープン参加の研修など）
・自発的なキャリア相談の件数，キャリアプランの作成状況　など

　これに限りませんが，大切なのは継続的に変化の推移を見ていくことです。


　また，効果測定のために「アンケート」を実施するケースが非常に多く見られますが，その際にも目的を持って実施することが大切です。例えば，アンケートの目的には以下のようなものが考えられます。

・面談に対する満足度を測る
・面談前と面談後の意識や行動の変化を測る
・今後の運用のための情報を得る（ニーズ，利用のしやすさ，対応など）

　目的によって質問項目や回答方式（数値，YES／NO，フリーなど）が違ってきますので，十分な準備が必要です。安易にアンケートを実施するのは従業員の負担になりかねませんので留意しましょう。

●案内周知（募集）方法／案内ポイント

　セルフ・キャリアドックでは，非自発的な来談が多くなります（非自発的な来談の対応については，このあと(2)面談の実施①で解説します）。

　そのため，対象となっている従業員に対して，キャリアコンサルティング面談に関心を持っていただくような案内や周知の方法を考えることが大切です。例えば，従業員の皆さんが知りたいのは次のようなことではないでしょうか。

　　・キャリアコンサルティング面談って何？

　　・何のために面談するのだろう？

　　・なぜ自分が対象者なのだろう？

　　・上司の面談と何が違うのだろう？

　　・どういう人が面談してくれるのだろう？

　　・自分が面談を受けることによって，どんなメリットがあるのだろう？

　対象となっている従業員の皆さんが「なぜ自分なのか」，「何を聞かれるのか」など，疑心暗鬼になってしまっては面談の効果につながりません。対象従業員が感じているであろう「来談のハードル」を下げ，前向きな姿勢で来談していただけるように工夫をしましょう。そのためには，いきなり面談実施ではなく，対象従業員に向けて面談前にガイダンスセミナーを実施することも有効です（詳細は本書第3章を参照してください）。

　また，対象従業員に案内周知するだけではなく，職場の上長に理解や協力を促すことも重要です。例えば，せっかく本人が面談で気づきを得てキャリア自律の意識が芽生えてきているのに，上長の理解がないために，また元に戻ってしまったということが実際にありがちなのです。

## (2)　面談の実施

　次に，面談計画に沿ってキャリアコンサルティング面談を実施します。

　これまでもお伝えしてきましたが，セルフ・キャリアドックにおけるキャリアコンサルティング面談は，導入企画において組織の現状を分析

し，人材育成上の課題や組織課題に応じて，目的を明確にした上で実施していきます。

　基本的な面談プロセス（面談の流れ）については，『セルフ・キャリアドック入門』の「第6章　セルフ・キャリアドックの実施2」（p.165）で詳しく解説されていますので，ここでは，セルフ・キャリアドックにおけるキャリアコンサルティング面談に多い「非自発的な来談者」と，大変需要が多くなってきている「オンラインによるキャリアコンサルティング面談」を取り上げ，その対応ポイントをまとめておきます。

### ①非自発的な来談者の場合

　セルフ・キャリアドックにおけるキャリアコンサルティング面談は，「キャリアの健康診断」的な位置づけとして定期的に実施する場合や，人材育成上の課題や組織課題に応じた面談のテーマや目的を明確にして運用実施するため，対象従業員や人数が限定・特定されることになります。そのため，本人は相談事などないのに，「行ってこいと言われたから来ました。」という，いわゆる明確な主訴がない非自発的な来談が多くなります。中には，やらされ感満載，拒否的な姿勢の従業員もいて，対応に苦慮していらっしゃる方も多いのではないでしょうか。

### ●対応ポイント

　従業員は明確な主訴がなく来談しますから，面談のテーマや目的を念頭に置いて進めていきます。テーマや目的によっては，補助ツールとしてジョブ・カードやそれぞれの企業独自のキャリアシートなどを事前に準備していただき，面談の中で共有しながら進めてもよいでしょう。

　しかし，組織課題に沿った面談だとしても，実は悩んでいることがあって，それがキャリア形成上の阻害要因として考えられるのであれば，そちらを優先的に支援しなければなりません。例えば，「職場の人間関係で悩んでいて，ストレスで眠れない」と訴えているのに，「キャリアビジョン

122

を描きましょう」とキャリア開発の支援をしても，本人にとっては苦痛でしかないのです。

　また，拒否的な姿勢の従業員がいたとしても，慌てずに目の前の対象従業員に丁寧に関わり，その人を分かろうとしながら進めていくことです。拒否的な姿勢の背景には，何か本質的な問題が潜んでいるのかもしれません。

　※労働者の属性別（若者，女性，中高年，罹患者，就職氷河期世代）のキャリアコンサルティング技法について，厚生労働省のサイトに動画やツール資料等がアップされていますので，参考にしてください[1,2]。

## ②オンラインによる面談の場合

　これまで，当たり前のようにリアルな対面で実施していたキャリアコンサルティング面談ですが，社会情勢や環境変化の中で急速にオンライン化が進み，オンラインによるキャリアコンサルティング面談の需要が高まってきています。オンライン面談といっても，面談内でやることはリアルな対面と変わりありませんが，オンラインならではのメリットやデメリットを理解した上で，対象従業員に安心してお話していただけるよう，配慮や工夫をすることが大切です。「リアルな対面の面談時以上に，安心の場づくりを心掛けること」が大切なポイントといえます。そのためには以下の2点が前提となります。

### ●オンラインの環境整備とトラブル発生時の対応

　オンラインの接続状態やテクニカルな部分に関して，何が起こるか分からないのがオンラインですので，事前にオンラインならではの特性を理解

---

[1]　厚生労働省　https://www.mhlw.go.jp/stf/seisakunitsuite/bunya/koyou_roudou/jinzaikai-hatsu/career_consulting_gihou.html（若者，女性，中高年）

[2]　厚生労働省　https://www.mhlw.go.jp/stf/seisakunitsuite/bunya/koyou_roudou/jinzaikai-hatsu/career_consulting_gihou_00004.html（治療と職業生活の両立，就職氷河期世代）

しておきましょう。そして「接続できない」「画面が固まってしまった」「声が途切れて聞き取りにくい」などのトラブルがあった場合の対応や連絡方法など，面談計画を策定する際に決めておくことが重要です。

　また，職場フロア内で誰かが後ろを通るようなオープンスペースなどから接続する方がいらっしゃるのですが，やはり周りに人がいない一人になれる場所の確保は必須です。事前に周知徹底するようにしましょう。

●より丁寧な基本姿勢と関係構築

　オンラインに不慣れな方もいらっしゃいます。ただでさえ初めて話をする人との画面越しの面談は緊張するものです。リアルな対面のように場の雰囲気や空気感のようなものが掴みづらいこともありますので，キャリアコンサルタントしての基本的な姿勢や対象従業員との関係構築について，より丁寧な関わりをすることを心掛けましょう。

　※厚生労働省委託事業キャリア形成サポートセンターのサイトに「オンラインによるキャリアコンサルティングの効果的な実施について」動画や資料がアップされていますので，参考にしてください[3]。

## (3)　面談記録の作成

　面談が終了したら面談記録を残しておきます。面談記録は施策の実施結果報告や改善提案等の根拠となる大切な記録となります。また，継続して支援を行う場合に，対応の経緯や対象従業員の変化を見ていく上で必要な資料となりますので，面倒だと思っても記録を残す習慣をつけましょう。

　面談実施後の実施結果報告は，面談から顕在化した人材育成上の課題や組織課題を含め，さらに組織が活性化するための提案や助言も含まれますから，「木を見て，森を見る」視点も意識しながら記録すると，結果報告書を作成する際，整理しやすくなります。

---

[3]　キャリア形式サポートセンター　https://carisapo.mhlw.go.jp/onlinecc/

①面談記録作成のポイントと記載内容

　面談記録は，実施結果報告や改善提案の根拠にもなりますので，図表
4-5の3つのポイントを押さえておきましょう。面談記録に記載する具
体的な内容は，図表4-6のようになります。このあとの【事例】に面談
記録を例示していますので，参考にしてください。

　なお，キャリアコンサルタントには守秘義務がありますから，面談記録
はあくまでも面談を実施したキャリアコンサルタント個人の範囲内での記
録となります。会社側に報告・提出するものでも，他のキャリアコンサル
タントと共有するものでもありません。ただし，企業独自のキャリアシー
トのような個別記録や情報データを関係者間で共有する場合は，支援チー
ム内で守秘義務を負うことになります。その際は，必要最低限の情報共有
にとどめておき，対象従業員にはあらかじめ了解を得ておかなければなり
ません。いずれにしても，情報の管理を徹底することは言うまでもありま
せん。

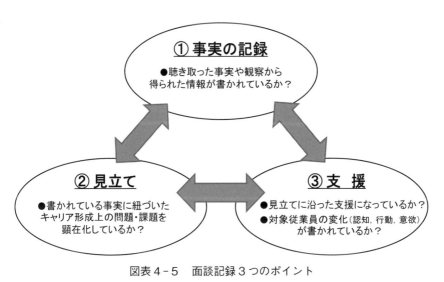

**① 事実の記録**
●聴き取った事実や観察から
得られた情報が書かれているか？

**② 見立て**
●書かれている事実に紐づいた
キャリア形成上の問題・課題を
顕在化しているか？

**③ 支援**
●見立てに沿った支援になっているか？
●対象従業員の変化(認知，行動，意欲)
が書かれているか？

図表4-5　面談記録3つのポイント

仁平（2020b）より

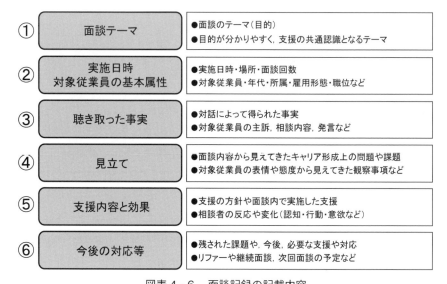

| ① | 面談テーマ | ●面談のテーマ（目的）<br>●目的が分かりやすく，支援の共通認識となるテーマ |
| --- | --- | --- |
| ② | 実施日時<br>対象従業員の基本属性 | ●実施日時・場所・面談回数<br>●対象従業員・年代・所属・雇用形態・職位など |
| ③ | 聴き取った事実 | ●対話によって得られた事実<br>●対象従業員の主訴，相談内容，発言など |
| ④ | 見立て | ●面談内容から見えてきたキャリア形成上の問題や課題<br>●対象従業員の表情や態度から見えてきた観察事項など |
| ⑤ | 支援内容と効果 | ●支援の方針や面談内で実施した支援<br>●相談者の反応や変化（認知・行動・意欲など） |
| ⑥ | 今後の対応等 | ●残された課題や，今後，必要な支援や対応<br>●リファーや継続面談，次回面談の予定など |

図表 4 - 6 　面談記録の記載内容

仁平（2020b）を筆者が一部修正

## ⑷　面談全体のまとめ（結果報告に向けて）

　対象従業員全員の面談が終了したら，実施結果報告に向けて面談全体を整理してまとめておきましょう。ここでのまとめは，実施結果報告や改善提案に反映される重要な情報となります。面談実施後の実施結果報告には面談から顕在化した人材育成上の課題や組織課題を含め，さらに個と組織が活性化するための提案や助言も含まれますから，整理する際には「木を見て，森を見る」視点を意識してみましょう。

### ①面談内容の傾向

　面談を実施した対象従業員全員の面談記録から，聴き取った事実や情報を整理し，面談内容の全体傾向をまとめます。ネガティブな傾向だけではなく，ポジティブな傾向についても着目しましょう。報告を受ける側に

とってはネガティブな問題ばかりをほじくり出されるのは嫌なものです。ポジティブな傾向も報告し，「さらにその良いところを活かすには」の支援も忘れないようにしましょう。

## ②問題や課題の見立て

　ここで，「面談から組織を見立てる」ことに触れておきます。本章の冒頭で解説した「木を見て，森を見る」視点を思い出してみてください。

　例えば，「離職率が高く，若手が定着しない」という企業で，20代の従業員を対象に面談を実施したと想定します。対象従業員全員の面談で聴き取った事実や情報を図表4-7のように整理してみました。

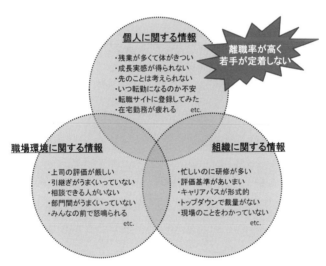

図表4-7　面談で聴き取った情報の整理

例えば…

・【個　　　人に関する情報】➡「残業が多くて体がきつい」

・【職場環境に関する情報】➡「相談できる人がいない」

・【組　　　織に関する情報】➡「現場のことをわかっていない」

これらの状況には何か関連性がありそうです。さらに…

・【個　　人に関する情報】➡「成長実感が得られない」

・【職場環境に関する情報】➡「上司の評価が厳しい」

・【組　　織に関する情報】➡「評価基準があいまい」

ということも影響し，その結果，離職に至ってしまうということも考えられるのではないでしょうか。

　この会社の「離職率が高く，若手が定着しない」という現状の本質的な問題が見えてきそうです。これが「面談から組織を見立てる」ということになります。


③面談効果の把握

　面談を実施した効果を把握しておくことも重要です。

　　・対象従業員にどのような効果や変化が見られたのか

　　・目的に対して達成度や進捗具合はどうなのか

　　・残っている問題はあるのか

　　・今後，改善していくことがあれば，それは何か

　面談の実施から問題や課題を捉えるだけではなく，効果や変化も把握しておきましょう。


　ここまで，キャリアコンサルティング面談の運用実施のポイントについて解説してきました。ここからは，面談事例をもとに具体的な対応や考え方を解説していきます。


# 4
## 事　例

　ここでは，3つのキャリアコンサルティング面談事例を取り上げ，それぞれの企業概要と面談記録をもとに解説していきます。本章の冒頭で述べ

たキャリアコンサルタントの能力要件，そしてセルフ・キャリアドックにおけるキャリアコンサルタントの役割を踏まえて，「個人と組織の共生の関係をつくるために双方の調整をする」を軸にした解説となっています。

　なお，事例となっている企業概要と面談記録の内容は，架空のものです。

## 【事例 A】 シニア層の活躍推進（図表 4-8）

### ●企業概要（セルフ・キャリアドック導入の背景）

　製造業として中堅クラスの企業。20代〜30代前半の離職率が高く，50歳以上の従業員が全体の約2割を占めていている。これまでは経験の高い層による安定した組織運営ができていたが，次世代リーダーが育っていないという現状もあり，将来的に弊害が生じることが予想される。そのため，組織としては若手の定着とシニア層の活躍推進が大きな課題となっている。特に今後の定年延長を見据えて，シニア層の活用に着手しなければならない。現在，役職定年は55歳。再雇用制度あり。

### ●支援ポイント

　今回，実施した面談のテーマは，「シニア層の活躍推進」です。会社は定年延長を見据えて，もっとシニア層を活用したい，シニア層に活躍してほしいと考えています。しかし，役職定年になったAさんは自分の中にある意欲を抑制して目標を失い，沸々と不完全燃焼しているように思われます。面談では，Aさん自身が「もっと頑張りたい自分」を認知し，モチベーションとなる目標ややりがいを見出す支援を行いました。その結果，Aさんは自分のリソースを活かそうと新たなWillを見つけています。

　セルフ・キャリアドックにおけるキャリアコンサルティング面談の支援は，ここで終わりではありません。「個と組織の共生関係をつくるための双方の調整」に向けて，面談を通して組織も見立てていきましょう。

| 面談テーマ | シニア層の活躍推進 | | | | |
|---|---|---|---|---|---|
| 面談実施日時 | ●● 年 ● 月 ● 日（ ● ） | | | ● 時 ● 分 ～ ● 時 ● 分 | |
| 面談場所 | ●●●●● | | | | |
| 来談者 | Aさん | 性別 | 男性 | 年齢 | 56 歳 |
| 所属部署 | 技術開発部 | 雇用形態 | 正社員 | 職位 | マネージャー |
| 面談内容<br>(聴き取った事実) | ・技術職として中途入社し，28 年目。技術，営業，開発を経験。<br>・あまり大きな異動がない組織なので，技術～営業～開発を渡り歩いた自分は珍しいと思う。営業の内示が出た時は辞めようかと思ったが，いい経験をさせてもらったと今では感謝している。<br>・昨年，55 歳で役職定年になり，給料も減り，マネージャーとは名ばかりで部下がいなくなった。予想はしていたが，かなりモチベーションが下がっている。<br>・これまで自分なりに会社への貢献はしてきたつもりだが，もう最前線で頑張らなくても良いので，気が楽になったものの，やはり寂しい思いもある。<br>・かつての部下たちは変わりなく接してくれているが，もう上司ではないので余計な口出しはできない。若手マネージャーとの考え方のギャップもあり，それが歯がゆい。<br>・このまま定年を迎えるのだろうか。 | | | | |
| 今回の見立て<br>(本人・環境の問題) | ・これまで積み上げてきたものが失われていく喪失感の中にいても，「まだ役に立ちたい，頑張りたい」という思いや意欲は失われていないのではないか。<br>・その意欲を自ら抑制してしまっているため，あるいは抑制しなければいけないという思い込みから，モチベーションとなる目標ややりがいが見出せなくなっているように思われる。<br>・キャリアステージの移行期における支援と共に，シニア層の活躍の場や機会を増やしていくことが組織の課題であると考えられる。 | | | | |
| 今回の支援<br>(面談内での支援) | ・今の自分をどう思うか，どんな自分でありたいか，自分と向き合っていただき，これまでの仕事を振り返りながら，モチベーションとなる目標ややりがいを見出す支援を行った。<br>・モチベーションの低下や寂しさは，もっと頑張りたいという気持ちの表れであることに気づき，「自分が持っているリソースを若手の育成に活かしたい。若手の相談相手になってあげられないか。」と新たなWill を自ら見つけた。 | | | | |
| 備考<br>(今後の支援等) | | | | | |

図表4-8　事例A／キャリアコンサルティング面談記録

それでは，Aさんの面談から組織課題を見立てていきます。

Aさんが見つけた新たなWillがWillのままで終わらないように，Willが新たなMustにつながるように，会社はAさんのような意欲のあるシニア層が活躍できる場や機会を創出していく必要があるのではないでしょうか。もちろん，Aさん自身が主体的に行動していくことも大切ですが，個人に「頑張ってくださいね」と活動を促すばかりでなく，組織としてシニア層が活躍できる体制や仕組み，仕掛けを考え，その意欲に応えるような支援をしていくことが活躍を推進するということだと考えます。

さらに，企業概要を見ると，この企業は「若手の定着」も課題となっています。この会社の未来を担う若い世代が元気に働き続けられるように，Aさんが見つけた新たなWill「自分が持っているリソースを若手の育成に活かしたい，若手の相談相手になってあげられないか」が活かせるかもしれません。シニア層の新たな役割創造です。このように，組織全体を見渡すと，ひとつの支援が他の支援と線でつながっていくのが見えてきます。

今回の事例は1社につき1事例を解説していますが，実際にはひとつのテーマで複数名以上の面談を実施しますので，対象従業員全員の面談が終了したら，全体の傾向を捉えていくことになります。

## 【事例B】若年層の定着支援（図表4-9）

### ●企業概要（セルフ・キャリアドック導入の背景）

広告代理店としては比較的小さい企業。企業価値としてはソリューションにこだわり，商品パッケージだけではなく商品拡販ためのイベントビジネスにも力を入れているため業績は安定していたが，最近，イベントのオンライン化が進み，伸び悩み傾向にある。また，リーダークラスのベテラン社員が大手に転職するなど人材確保にも課題が出てきている。会社としては2年前より若手の採用に力を入れてきているが，現場の上司たちはプ

レーイングマネージャーのため部下育成に時間をかけられない。会社としては働き方改革，若手の定着支援に取り組んでいる最中である。

## ●支援ポイント

　今回，実施した面談のテーマは，「若年層の定着支援」です。会社は人材確保に課題が出てきていることもあり，働き方改革に取り組み，若い世代の定着を支援しているところです。しかし，Bさんが今の職場で働いていくことに不安や迷いが生じているのは，「働き方」だけではなく，「働く環境」も大きな要因になっており，Bさんは安心して働ける居場所を探しているように思われます。

　来談時，疲れた様子で目を合わせないBさんには，この面談は安全の場であることを伝え，今の自分と向き合えるように自己理解を深める支援を行いました。自分を他者に分かってもらおうと内省しながら話したことで，気持ちが整理できたようです。

　今回の面談は，ここで時間がきて終了しています。Bさんの場合はメンタル不調も心配されるところですが，面談終了時に「キャリアのことも，ちゃんと考えたい」という前向きな発言が出たこともあり，追加面談で様子を見ていきます。また，Bさんは，他者への依存傾向が見受けられますので，継続的な支援にBさんが依存してしまわないよう，自律に向けての支援であることを忘れないでおきます。

　Bさんの面談から組織課題を見立てていきます。

　Bさんの状況から，働き方改革の取り組みの一環として，メンタルヘルス対策やハラスメント対策など，心の健康づくりに目を向けることが今後の優先課題として考えられます。研修セミナー等で意識喚起していくと同時に，日頃から対話の機会や相談の場をつくるなど，Bさんが求めている安心して働ける職場環境づくりをしていく必要性を感じます。心の健康が保持されて，はじめて「働く」を考えられるようになるのではないで

担　当　　●●　●●

| 面談テーマ | 若年層の定着支援 | | | | |
|---|---|---|---|---|---|
| 面談実施日時 | ●● 年 ● 月 ● 日（●）　　　　　● 時 ● 分 ～ ● 時 ● 分 | | | | |
| 面談場所 | ●●●●● | | | | |
| 来談者 | Ｂさん | 性別 | 女性 | 年齢 | 24歳 |
| 所属部署 | 営業部 | 雇用形態 | 正社員 | 職位 | 一般社員 |
| 面談内容<br>（聴き取った事実） | ・入社2年目。入社以来、早く一人前になろうと頑張ってきたが、入社当時からいろいろ教えてくれた先輩が辞めてしまった。頼りにしていたのでショック。<br>・最近は、新規の受注もできず、残業も多くて毎日キツイ。ミスも多くなってきて、上司から皆の前で怒鳴られたりして、すごく落ち込む。<br>・こんな状態でこれからもやっていかれるのか、すごく不安。<br>・先輩がいた頃は、職場の雰囲気も良く、仕事が大変でも楽しかったが、今は上司も変わって、マンパワーも足りず、皆、忙しくて人のことなんてどうでもいい感じになっている。分からないことがあっても聞けないし、何も言えない。<br>・今の職場には相談できる人や頼れる人はいない。<br>・転職サイトに登録してみたいけど、何がやりたいのかわからないし、どうしたらいいのだろう。 | | | | |
| 今回の見立て<br>（本人・環境の問題） | ・他者に依存しがちな傾向が見受けられ、職場環境における心理的安全性が確保できないことが不安を感じる要因と思われる。<br>・自己理解が不足しているため、周囲に影響を受けやすく、変化の中で自分を見失っているのではないか。<br>・従業員の心の健康にも目を向け、安心して働ける職場環境をつくっていくことが定着につながると考えられる。<br>・部下育成を現場のマネージャー任せにするのではなく、全社的なサポート体制を作り、マネージャー層の負担を軽減することも必要なのではないか。 | | | | |
| 今回の支援<br>（面談内での支援） | ・面談開始時、疲れた様子で、あまり目を合わせない。<br>・今の自分と向き合えるように、自己理解を深める支援を行った。<br>・少しずつ心情を吐露するようになり、問い掛けに対して内省する様子も見られた。面談終了時には「誰にも話せなかったことを聴いてもらって少しスッキリした。今後のキャリアをちゃんと考えたい。」と安堵した表情が見られた。 | | | | |
| 備考<br>（今後の対応等） | ・今回の面談では、ここまでで時間がきたため、追加面談について合意。<br>・次回は、モチベーションにつながるキャリア目標を見出す支援を行う予定。 | | | | |

図表4-9　事例Ｂ／キャリアコンサルティング面談記録

しょうか。そして，キャリア形成支援を継続的に行っていくことでキャリア意識が醸成され，効果的な定着支援になっていくと考えられます。

さらに，企業概要を見ると，現場の上司たちはプレーイングマネージャーのため部下育成に時間をかけられない状況のようです。部下育成にしても，安心して働ける職場環境にしても，いずれも現場のマネージャーがキーパーソンとなります。部下への関わり方や面談スキルなど，部下育成に関わる能力開発の機会を提供するなど，現場のマネージャーへのサポートを検討していくことも今後の課題として考えられます。

## 【事例 C】 マネージャー層のモチベーション向上 （図表 4 -10）

### ●企業概要 （セルフ・キャリアドック導入の背景）

IT 大手企業のグループ会社。主に親会社のシステム開発を中心にソフトウェア開発の受託開発等を行っていて，情報処理システムの開発および保守なども手掛けている。経営層は部門の業績に関心を寄せており，目標評価も業績寄りである。これまでキャリア関連の支援には手がつけられていなかった。人材育成は人事部門に任せているが，人事部門は若手育成を現場のマネージャーに託している。ES 調査でマネージャー層のモチベーションが低い値になっていることは経営層も気にしているところである。また，若手社員に昇進を望まない傾向が見られることも懸念している。

### ●支援ポイント

今回，実施した面談のテーマは，「マネージャー層のモチベーション向上」です。会社では，マネージャー層に対して部門ごとの業績アップを求めており，さらに部下育成についても任せています。しかし，C さんは多忙を極める中で目の前のことしか見えなくなっており，「モチベーションの種」を見失い，自己効力感が低下していると思われます。

面談では，C さん自身が今の自分を認知し，自ら現状を打破して一歩前に踏み出せるように，モチベーションにつながる目標を見出す支援を行い

担　当　　●●　●●

| 面談テーマ | マネージャー層のモチベーション向上 | | | | |
|---|---|---|---|---|---|
| 面談実施日時 | ●● 年 ● 月 ● 日（●）　　　　● 時 ● 分 ～ ● 時 ● 分 | | | | |
| 面談場所 | ●●●●● | | | | |
| 来談者 | Cさん | 性別 | 男性 | 年齢 | 34 歳 |
| 所属部署 | システム開発部 | 雇用形態 | 正社員 | 職位 | 課長代理 |
| 面談内容<br>（聴き取った事実） | ・入社 12 年目。入社以来、同じ部署。マネージャーになって 2 年目。<br>・マンパワー不足もあり、とにかくタスクが多すぎて余裕がない毎日。<br>・これまで以上に部門の業績アップを求められており、正直なところ苦しい。<br>・人の異動があまりなく、業務が属人化している感がある。若手を育成しなければならないことは分かっているが、育てていく時間も余裕もない。<br>・もっとマネジメント力をつけなければと思うが、いろいろな考え方のメンバーがいるので人の管理は難しい。昨年、期待していた若手メンバーが 2 名続けて辞めてしまって、すごくショックだった。何がいけなかったのだろうか。メンバーが何を考えているのか分からない。<br>・目の前のことに忙殺され、これまで自分のキャリアについて考えることなくきてしまった。改めて考えると、このままでいいのか不安になる。<br>・忙しさの中でどうやって自分のモチベーションを維持していったらいいのか。 | | | | |
| 今回の見立て<br>（本人・環境の問題） | ・責任感が強く、一人で抱え込んでしまう傾向が見受けられる。<br>・課題感を持ちながら、主体的な行動が見られず、モチベーションの停滞や自己効力感の低下が見られるのは、多忙の中で目の前のことしか考えられず、視野が狭くなっていることが影響していると思われる。<br>・能力開発の機会など、キャリア形成支援の体制を強化していく必要がある。<br>・部下育成については、現場任せにせず、マネジメントスキル向上のためにも、全社的なサポート体制とフォローの必要があるのではないか。 | | | | |
| 今回の支援<br>（面談内での支援） | ・今の自分はどういう状況に陥っているのか、自分を認知し、モチベーションにつながる目標を見出す支援を行った。<br>・視野が狭くなっている自分に気づき、「メンバーとの関係性をしっかり築きたい。時間を見つけて 1on1 ミーティングをやってみたい。時間がないというのは自分の言い訳だったような気がする。」と行動レベルの目標を自ら設定できた。<br>・最後は「行き詰まっていたので自分を整理できてよかった」と表情が和らいだ。 | | | | |
| 備考<br>（今後の対応等） | | | | | |

図表 4-10　事例C／キャリアコンサルティング面談記録

135

ました。その結果，Cさんは，視野が狭くなっている自分に気づき，会社から求められている「部門の業績アップ」と「部下育成」は別々のものではなく，「部下を育てて部門の業績を向上させる」という思考になりました。そして，行動レベルの目標を自ら設定しています。

　Cさんの面談から，組織課題を見立てていきます。

　企業概要を見ると，若手が昇進を望まない傾向があるようです。上からは業績を求められ，マンパワー不足の中で疲弊している上司を見ている部下たちは，その責任の重さや業務量の多さから「自分にはとても無理」「今のままでいい」「マネージャーになりたくない」になっているのかもしれません。それは個々の自律的なキャリア形成にブレーキをかけることにもなりかねません。さらに，将来的にマネージャー層の人材不足が起こると，組織として盤石な運営体制が取れなくなるというリスクが生じてきます。このように，マネージャー層のエネルギーの質が組織全体に波及してしまうことを考えると，マネージャー層がイキイキと活躍できるようにキャリア形成支援を強化していくことは最優先の課題といえます。

　Cさんは「メンバーとの関係性をしっかり築きたい」「1on1ミーティングをやってみたい」と自ら行動目標を設定しています。Cさんの「モチベーションの種」が芽を出し，その芽が成長していくように，マネージャー向けに1on1や部下面談のスキルを学ぶ研修セミナー等，部下育成に関する能力開発の機会を提供し，「マネージャーが育つ」を支援することも重要ではないでしょうか。

---

# 5
## まとめ

　本章では，セルフ・キャリアドックにおける「キャリアコンサルティング面談の進め方」を解説しました。以下に，本章においての解説のベース

となった重点ポイントを列挙しておきます。

● 「個人と組織との共生の関係をつくる」ために，キャリアコンサルティング面談を通して双方の調整をしていくことがセルフ・キャリアドックにおけるキャリアコンサルタントの役割である。
● 双方の調整をしていくためには，個人の支援に留まらず，周囲との関係性や働く環境との相互作用，さらには組織全体を見立てていくことが重要である。
● 周囲との相互作用や組織全体を見立てていくには，「木を見て，森を見る」視点が必要である。

　何よりも大切なのは，従業員の皆さんが元気でイキイキとやりがいを持って働いている姿，そして個人と組織が共生し，組織全体が元気で活性化している様子を思い描きながら関わっていくことだと思います。

～組織の未来と働く人たちのキャリアの未来のために～

◀ **COLUMN** ▶

## 富士ゼロックス（株）¹の事例

天野富夫・渡部　篤・鹿島邦裕・戸田裕子

　富士ゼロックス（株）では2002年よりキャリア相談の仕組みを構築し，社員からの幅広い相談に対応してきました。
　キャリア開発の最大の支援者は現場のマネジメント職ではありますが，意識・関心・係る時間のばらつきなどもあり，「ラインマネジメントによる

---

1　2021年4月から「富士フイルムビジネスイノベーション（株）」へ社名を変更しました。

キャリア開発を補完する役割」として，キャリア相談室を会社の仕組みとして立ち上げました。

相談室の立ち上げに時の課題として，組織上の位置づけおよびカウンセラーの人選がありました。

対応策として，キャリア相談を人事部が行うことで「相談内容が人事に筒抜けになるのでは」という社員の不安を払拭するため，人事部から切り離した別組織（人材開発領域）に事務局を置き，守秘義務による安心感・信頼感を持っていただく工夫をしました（社員からの信頼感が増したことで，後に人事部内に事務局を移管）。

カウンセラーの人選については外部のカウンセラーに依頼する，もしくは社内で対応，という選択肢がありましたが，各々のメリット・デメリットを踏まえ，「社内のことがわかり，現場の実践を踏まえたカウンセリングが可能」等の理由で，キャリア相談員を公募で募り，かつ専任ではなく，現職を行いながらのダブルジョブ（兼任）での任用とする体制を整えました。常時20人以上の相談員を維持するために定期的に公募を行い，カウンセラーの資格取得を会社がサポートする仕組みを作りました。

運営については，イントラからの相談申込みを受け，事務局が相談内容に応じて，キャリア相談員の経歴，対応可能領域を加味して相談者と相談員をマッチングさせる方法を取り，相談者の来意に応えられる運営を続けてきました。

効果測定として，面談直後のアンケート（満足度，達成度，相談員の対応など）に加え，面談1～2年後に「自身のキャリア形成に役に立ったか」「意識・行動面での具体的な変化はあったか」について再度アンケートを取り，半数以上の方より変化があったとの回答を得ています。

来談者の悩み・課題・不安などの発散と整理，面談を通しての自己の気づきなどに寄り添うことで，スタート以来相談者からは高い満足度を得続けています。

# C H A P T E R 5
## 企業における
## ジョブ・カードの活用

長谷川能扶子

　本章では，企業で働く人のキャリア形成に，ジョブ・カードをどのように活用するかを紹介していきます。

　ジョブ・カードは，「カード」という名称ですが，実際にはＡ４サイズの複数の様式の集まりです。個人にとっては「これまでの経験を見える化し，今後のキャリア形成を考えるために役立つツール」であり，キャリアコンサルタントにとっては，「キャリアコンサルティング面談をクライエントのキャリア形成に，より役立てるためのツール」と言えるでしょう。国はジョブ・カードを，キャリア形成の場面において活用する「生涯を通じたキャリア・プランニング」および「職業能力証明」のツールとして位置付けて，普及を推進しています。ジョブ・カードを使って個人が自己理解を深め，キャリアプランを明確化することにより，一人ひとりが仕事や能力開発に目的意識を持って取り組むことができるようになり，ひいては企業の活性化につながることが期待されています。

## 1
## ジョブ・カードの様式

　ジョブ・カードの様式は大きく分けて「様式１　キャリア・プランシート」，「様式２　職務経歴シート」，「様式３　職業能力証明シート」の３種類です。この３種類の中にも，就業経験のある方用，学生用など複数の様式が用意されています。ここではセルフ・キャリアドック面談を受ける前

139

に従業員が記載する「面談シート」のベースとして活用できる「様式1　キャリア・プランシート（就業経験のある方用）」と，「様式2　職務経歴シート」について詳しく見ていきます。これらのシートは，平成20年度にジョブ・カード制度がスタートして以来，現在まで，専門家による改良が施されており，在職者のキャリア形成を目的としたシートとして成熟しています。様式は，「ジョブ・カード総合サイト[1]」からExcelファイルでダウンロードできますので，自社で使いやすいようにカスタマイズして使用してください。

## (1)　職務経歴シート

　職務経歴シートは，個人がこれまでの職業人生を振り返るためのシートです（図表5-1）。転職歴のある従業員には，現在の会社の経験だけでなく，前職も含めて書いてもらうと良いでしょう。職業人生を振り返って，経験してきた職務の内容や，そこから学んだこと，得た知識や技能などを記載します。職務の内容も「営業」とか「事務」とか大雑把に書くのでなく，できれば細かく書き出してもらうと良いでしょう。

　「職務の内容」は，時間はかかっても，比較的，書ける方が多いようです。しかし，「職務の中で学んだこと，得られた知識・技能等」は，書くのに苦労する方が少なくありません。「クレーム対応」「マネジメント・スキル」など簡単に一言だけ書いてこられる方や，ほとんど空欄という場合も見受けられます。

　しかし，キャリアコンサルティング面談で，キャリアコンサルタントに問いかけられたり，具体的なエピソードを話したりするうちに，「そう言えば…」と気がつかれ，得られたことや学んだことが明確になっていきます。

---

[1]　https://jobcard.mhlw.go.jp/index.html

（第1面）

## 様式2　職務経歴シート

| 氏名 | 新井　　　正 | | x　年 x　月 x　日現在 |

**職務経歴**

| No. | 期間（年月～年月）<br>（何年何ヶ月）<br>会社名・所属・<br>職名（雇用形態） | 職務の内容 | 職務の中で学んだこと、<br>得られた知識・技能等 |
|---|---|---|---|
| 1 | 1998　年 4 月 ～ 200x年<br>（ 3 年　　ヶ月 ）<br>xx食品株式会社 営業<br>本社　営業 | | ・商品知識<br>・営業ノウハウ<br>・社会人としての基礎<br>・ワード／エクセルなどの基本的なITスキル |
| 2 | 2001　年 4 月 ～ 2004　年 3 月<br>（ 3 年　　ヶ月 ）<br>関西工場　管理部 | ・生産管理（補助）<br>・出荷管理<br>・調達管理<br>・パートアルバイトの勤怠管理<br>・工場長代理の補佐業務 | |
| 3 | 2004　年 4 月 ～ 2009　年 3 月<br>（ 5 年　　ヶ月 ）<br>神奈川支社　営業2部<br>係長 | ・係長に昇格<br>・ルート営業<br>・新規顧客開拓<br>・工場との調整業務<br>・クレーム対応<br>・本社への報告業務 | ・部下を持って指導する経験<br>・自分一人でなくチームとして成果を出すにはどうしたらよいかを考えて行動するようになった<br>・クレーム対応<br>・工場や本社との連携を通じて、本社・工場の担当者と新たなネットワークができた<br>・コミュニケーションスキルの向上 |
| 4 | 2009　年 4 月 ～<br>（ 3 年　　ヶ月 ）<br>東関東工場<br>工場長代理 | | ・全体を見る視点<br>・会社や支社との橋渡しを行う役割を経験<br>・会社全体を俯瞰して見る目が養われた<br>・パートアルバイトのマネジメント<br>・部下の相談にのるスキルが向上した |
| 5 | 2012　年 4 月 ～<br>（ 6 年　　ヶ月 ）<br>本社<br>課長 | ・新規プロジェクト立ち上げ | ・新規プロジェクトの立ち上げを経験<br>・メンバーをまとめるリーダーシップ力が身についた<br>・Web販売という新しいジャンルに挑戦できた<br>・Webマーケティングの知識<br>・部下の評価を行うことで、長期視点でも部下を育成していくかという視点が養われた |
| 6 | 2018　年 4 月 ～現在<br>（ x 年　　ヶ月 ）<br>本社　営業統括部<br>課長 | 役職：課長<br>・支社との調整業務<br>・工場との調整業務<br>・販売促進ツールの開発<br>・営業サポート<br>・部下育成、評価 | ・課題をみつける力<br>・周囲を巻き込んで課題解決につなげる力 |

記入する項目は自由にカスタマイズできます。社内で従業員対象にジョブ・カードを活用する場合は、「会社名」を削除する、等級、グレードなどを入れるなど、使いやすいように編集してください。

経験した仕事の内容を具体的に記載します。比較的書ける方が多い部分ですが、職歴が長い方は「思い出すのが大変だった」とおっしゃることもよくあります。面談で語る内うちに、「そういえばこんな仕事も担当した」と思い出していただけるようです。

職務を通じて身につけたスキルや知識などを記載します。成長したことや、学んだこと、影響を受けた人や広がったネットワークなども含め、幅広く記載してもらいましょう。キャリア・プランシートの「強み」欄につながります。
あまり書けていない方に対しては、「職務の内容」を具体的に聞いていくと良いでしょう。話していくうちに、成長したこと等が思い出され、追記することが見つかる方が多いようです。

～文部科学省，厚生労働省及び経済産業省は「ジョブ・カード」の普及に取り組んでいます～

### 図表 5 - 1　職務経歴シート説明

ジョブ・カード総合サイトをもとに筆者が作成

## (2) キャリア・プランシート

　キャリア・プランシートは，自分がどんな価値観や強みを持っているか，現在のリソースを明確化し，自己理解を深めて，将来のキャリアプランを検討するためのシートです（図表5−2）。職務経歴シートに比べて「書きづらい」「書くのが難しかった」とおっしゃる方が多いようです。特に「強み等」は，素晴らしいリソースをお持ちにも関わらず，ご自分ではそれに気づかず，書けない方がいらっしゃいます。書いてはいても，「欄を埋めようと思って，無理にひねり出しました」とおっしゃる方もいます。職務経歴を振り返り，「そういえば，この時，お客様に喜ばれた」「上司から評価された」といった経験を思い出すことによって，書き出せるようになります。「価値観，興味，関心事項等」も同様です。このシートは「様式1−1」という名称になっていることから，先に書こうとしてつまずいてしまう事がよくあります。未来は過去の延長線上にあるので，まず職務経歴シートで，これまでの職業経験を振り返った後に書いていただくと良いでしょう。

　「価値観，興味，関心事項等」「強み等」で自分自身について考え，理解を深めた後に，強みや大事にしたいことを活かして活躍する未来像を描いていただく流れになります。「将来取り組みたい仕事や働き方等」でキャリアビジョンを，「これから取り組むこと等」で具体的なアクションプランを検討していきます。

## (3) ジョブ・カードをより効果的に活用するために

　もし従業員に「これまでの職業人生を振り返り，今後のキャリアを考え，計画を立ててください」と言ったとしても，困ってしまう方が多いのではないでしょうか。しかし，「ジョブ・カードを書いてください」と言ってフォーマットを渡せば，少なくとも，何をどの順番で考えればいいかは分かりますし，書き込むうちに，自然と，キャリアについて考える事

（第1面）

## 様式1−1　キャリア・プランシート（就業経験がある方用）

| ふりがな | あらい | | X　年 |
|---|---|---|---|
| 氏名 | 新井 | | 978 |
| ふりがな | | | |
| 連絡先 | 〒　xxx　−　xxxx | | − |
| | 東京都千代田区xxx | | |

> 社内で従業員対象にジョブ・カードを活用する場合は，「連絡先」を削除する，社員番号やIDを入れるなど，使いやすいように編集してください。

> キャリア・プランシートにどのような項目を入れるかは，セルフ・キャリアドックの目的に合わせて，検討してください。
> 事前に受講するキャリアデザイン研修の感想を入れたり，人事や上司に質問したい事，といった欄を設けるなど，ヒアリングしたい情報があれば項目を追加すると良いでしょう。

### 価値観、興味、関心事項等
（大事にした価値観、興味・関心を持っていることなどを記入）
・組織は人次第であると感じることから、一人ひとりの能力をいかに活かして活躍してもら……る。
・工場勤務の経験から、自社の商品に誇りを持っており、いかにそれを顧客に伝えて……いる。
・なにごとも信頼……切にしている……

> 「価値観，興味，関心事項等」は，問われても書きづらいとおっしゃる方が多いようです。職務経歴シートに基づいてお話を伺うなかで明確になっていくこともよくあります。最初あまり記載がなくとも，面談後に書き加えていただけば良いでしょう。

> ご自身の強み等を書いていただく欄です。この先のキャリアをプランニングするために，強みに気づき，それを意識的に活かして頂くことは重要です。すでに記載頂いている事以外にも，まだ気づいていない強みをお持ちのこともあります。職務経歴シートの「職務の中で学んだこと，得られた知識・技能等」の欄を話していただくことで，見えてくる場合もあります。

### 強み等
（自分の強み……
・全社的な視野……
・自身に期待……
・自分一人で……
・一人ひとりの……
・異なる意見……落としどこ……

### 将来取り組みたい仕事や働き方等
（今後やってみたい仕事（職種）や働き方、仕事で達成したいことなどを記入）
人材育成にもっと関わりたい。
現在の延長で考えれば、部長代理に昇進し、より多くの部下の育成に携わる……
別のキャリアパスを選択するとすれば、支社長となって支社全体をマネージし……
発揮しやすい環境を作ること。将来的には、本社の人材開発部門も選択肢になる……
マンションを購入したことや、子供の通学などの事情で、転動の場合は、単身赴任……
宅から通える範囲を希望。

> 将来のビジョンを記載頂く欄です。ここまで記載してきた「価値観，興味，関心」をベースとして，自分らしい未来を描きます。「強み」を活かしてどう働いていくか，という視点で考えてもらうと良いでしょう。ライフプランも含めて，どのような働き方をしたいか等も，この欄に記載すると良いでしょう。

### これから取り組むこと等
（今後向上・習得すべき職業能力や、その方法などを記入）
現在の部下と定期的に1on1面談を行う。1年継続してみる。
人材育成については、経験と独学のみで、系統立てて学んだことはない。コーチングス……
たい。
今後は多様な人材が増えてくると思われるので、ダイバシティについても基礎的なことを学んでおきたい。

> 「将来取り組みたい仕事や働き方等」に記載した将来のキャリアビジョンを，アクションプランに落とし込みます。描いた将来の自分に近づくためには，今，何をしておくと良いのか。これから取り組むことを記載します。いつまでに，何を，など具体的に記載できるとより良いでしょう。

### その他
（以上から、自己PRやキャリアコンサルティングで相談したいことなどを自由記入）
来月から育休明けで復帰する部下がいます。今後もぜひ活躍してほしいので、どのよ……ど、整理しておき……

> もし「キャリアコンサルティングで相談したいこと」の欄に記載があれば，面談のはじめに確認し，優先して対応すると良いでしょう。

～文部科学省，厚生労働省及び経済産業省は「ジョブ・カード」の普及に取り組んでいます～

### 図表5-2　キャリアプランシート説明

ジョブ・カード総合サイトをもとに筆者が作成

ができる，という効果があります。ただし，本人が自分自身で気づけることには，限界があります。効果を最大限に高めるためには，ぜひ，書いたジョブ・カードを元に研修でディスカッションを行ったり，キャリアコンサルティング面談を実施してほしいと思います。他者に語り，他者からの視点やフィードバックを得ることで，さらに自己理解が深まり，今後のキャリアビジョンも明確になります。ディスカッションや面談で得た気づきを元に，もう一度ジョブ・カードに向かい合って加筆していただくと，より，従業員のキャリア形成に役立つでしょう。

　私は，企業向けのキャリアデザイン研修や，キャリアコンサルタント向けの研修で，事前課題としてジョブ・カードを書いてきていただくようお願いすることがよくあります。受講者の方に，「書いてみていかがでしたか？」とお聞きすると，「転職経験が多いことをマイナスに思っていたが，1つも無駄になっていないと気づいた」，「嫌だと思っていた部署での仕事が，今，一番役に立っていると気づいた」など，発見があった，役に立った，という声が聞かれます。一方で，「思い出すのが大変だった」という方や，「あまり書けなかった」と，白紙に近い状態で持参する方もいらっしゃり，かなり個人差があります。

　研修では，書いてきた内容をシェアしたり，フィードバックをし合うなどのペアワーク，グループディスカッションを行います。すると，「役に立った」派は，自分一人では気づかなかった更なる気づきが促進され，「思い出せなかった」派もメンバーから触発されて，生き生きと経験を語り出す，などのことが起こります。私は，ワークで気付いたことをジョブ・カードに追記いただくことを研修の事後課題にしています。一人で記載してきたものより，ぐっと充実した内容になります。


　ジョブ・カードを書いていただいた後の面談にどのような効果があるかは，このあとの節で順にご紹介します。ジョブ・カードは，セルフ・キャリアドックにおけるキャリアコンサルティング面談はもちろん，上司面談

144

や人事面談などでも様々に活用できます。具体的なケースを例に見ていきましょう。

---

# 2

# セルフ・キャリアドックにおけるジョブ・カードの活用

　セルフ・キャリアドックにおけるキャリアコンサルティング面談は，おおむね50〜60分程度と，限られています。しかも，継続ではなく，1回限りの面談になるケースが多いと思います。時間を有効に使うためにも，従業員があらかじめ自身の職業経験を振り返り，この先のキャリアにも目を向け，できる範囲で整理をしておくと良いでしょう。そのために，職務経歴シートとキャリア・プランシートを事前に書いて，面談当日に持参してもらいます。

　時々，「書き方が分からないのでお手本がほしい」という方もいらっしゃいます。「ジョブ・カード総合サイト」から記入例をダウンロードする事もできますが，かなりびっしりと書き込んである例なので，この例を差し上げると「こんなに書かなくてはいけないのか」と，むしろ負担に感じてしまう方もいます。重要なのは，面談前に自分でできる範囲で考えていただくことであって，ジョブ・カードの欄をきっちり埋めることが目的ではありません。その事もお伝えした上で，自由に，できる範囲で書いてきていただくと良いでしょう。

　キャリアコンサルタントは，「どこが，あまり書けていないのか」を見て，まだ深く検討できていない点が分かりますし，しっかりと記述できているところは，十分に自己理解ができている点であると見てとります。一人で考えても気づけなかったこと，考えがまとまらなかったことが，キャリアコンサルタントによる問いかけに促されて言語化するうちに，明確になっていきます。

　具体例を見ていきましょう。

・新井さん（仮名）　40代　男性
・食品加工会社に勤務
・新卒で入社して以来，20年勤続
　新井さんの職務経歴シートを図表5-3に，キャリア・プランシートを
図表5-4に示します。


（挨拶，守秘義務などの説明に続いて）

ＣＣ：新井さん，ジョブ・カードを書いてみて，いかがでしたか？

ＣＬ：思い出すのが大変で，書くのに時間がかかりました（笑）

ＣＣ：お時間をかけて，しっかり書いて来てくださったんですね。書かれ
　　　てみて，何かお気づきの点があれば，聞かせていただけますか？

ＣＬ：書き出してみたら，結構いろいろな部署を経験してきたな，と思い
　　　ましたね。「職務経歴シート」は，まぁ思い出しながら，なんとか
　　　書けましたが，「キャリア・プランシート」は，難しいですね。毎
　　　日，目の前のことを必死でやってきただけですから，特別な経験を
　　　したわけでもなく，強みと言えるものは思いつかなかったですね。
　　　「これから取り組むこと」というのも，イメージはなんとなくある
　　　けれども，具体的に書けるほどには，浮かびませんでした。

ＣＣ：では，新井さんの強みや，これから取り組むことが，この面談で少
　　　しでも明確になると良いでしょうか？

ＣＬ：そうですね。強みなんて，あるか分かりませんが，何か見つかった
　　　らいいですよね。この先まだ定年まで20年近くあるし，将来の方向
　　　性も，もうちょっとハッキリすればいいな，と思います。


　セルフ・キャリアドックでは，企業があらかじめ，人材育成の課題や方
針を検討して，面談の目的を定めています。例えば，若手の定着率アップ
が課題であれば，「入社してから現在までの成長に気づき，自己効力感を
高める」目的でキャリアコンサルティング面談を行う，などです。もし，

（第1面）

## 様式2　職務経歴シート

| 氏名 | 新井　　　　正 | | x　年 x　月 x　日現在 |
|---|---|---|---|

**職務経歴**

| No. | 期間（年月～年月）<br>（何年何ヶ月）<br>会社名・所属・<br>職名（雇用形態） | 職務の内容 | 職務の中で学んだこと、<br>得られた知識・技能等 |
|---|---|---|---|
| 1 | 1998　年 4　月 ～ 2001　年 3　月<br>（　3　年　　　ヶ月　）<br>xx食品株式会社　入社<br>本社　営業2部<br>（　　　　　　） | ・ルート営業<br>・担当顧客窓口との交渉<br>・新製品の紹介<br>・後輩指導のためのマニュアル作成<br>・報告書作成 | ・商品知識<br>・営業ノウハウ<br>・社会人としての基礎<br>・ワード/エクセルなどの基本的なITスキル<br>・見積書、発注書、請求書など基本的なビジネスに必要な書類作成<br>・業務効率化<br>・文章能力 |
| 2 | 2001　年 4　月 ～ 2004　年 3　月<br>（　3　年　　　ヶ月　）<br>関西工場　管理部<br>（　　　　　　） | ・生産管理補助<br>・出荷管理<br>・調達管理<br>・パートアルバイトの勤怠管理<br>・工場長代理の補佐業務 | ・部下を指導する経験ができた。<br>・自分一人でなくチームとして成果を出すにはどうしたらよいかを考えて行動するようになった。<br>・クレーム対応を任され、工場と本社と連携しながら行動する経験をした。コミュニケーションスキルが必須で、鍛えられた。 |
| 3 | 2004　年 4　月 ～ 2009　年 3　月<br>（　5　年　　　ヶ月　）<br>神奈川支社　営業2部<br>（　　　　　　） | ・係長に昇格<br>・ルート営業<br>・新規顧客開拓<br>・工場との調整業務<br>・クレーム対応<br>・本社への報告業務 | ・部下を持って指導する経験<br>・自分一人でなくチームとして成果を出すにはどうしたらよいかを考えて行動するようになった<br>・クレーム対応<br>・工場や本社との連携を通じて、本社・工場の担当者と新たなネットワークができた<br>・コミュニケーションスキルの向上 |
| 4 | 2009　年 4　月 ～ 2012　年 3　月<br>（　3　年　　　ヶ月　）<br>東関東工場　管理部<br>（　　　　　　） | 役職：工場長代理<br>・生産計画<br>・本社・支社との調整業務<br>・パートアルバイトの採用、教育業務<br>・工場長の補佐業務 | ・工場全体を見る視点。<br>・本社や支社との橋渡しを行う役割を経験<br>・会社全体を俯瞰して見る目が養われた<br>・パートアルバイトのマネジメント<br>・部下の相談にのるスキル |
| 5 | 2012　年 4　月 ～ 2018　年 3　月<br>（　6　年　　　ヶ月　）<br>本社　営業1部<br>（　　　　　　） | 役職：課長<br>・ルート営業<br>・新規顧客開拓<br>・工場との調整業務<br>・クレーム対応<br>・部下育成、評価<br>・新規プロジェクト立ち上げ | ・新規プロジェクトの立ち上げを経験<br>・メンバーをまとめるリーダーシップ力が身についた<br>・Web販売という新しいジャンルに挑戦できた<br>・Webマーケティングの知識<br>・部下の評価を行うことで、長期視点でどう部下を育成していくかという視点が養われた |
| 6 | 2018　年 4　月 ～ x　年 x 月<br>（ x　年　　　ヶ月　）<br>本社　営業統括部<br>（　　　　　　） | 役職：課長<br>・支社との調整業務<br>・工場との調整業務<br>・販売促進ツールの開発<br>・営業サポート<br>・部下育成、評価 | ・課題をみつける力<br>・周囲を巻き込んで課題解決につなげる力 |

～文部科学省，厚生労働省及び経済産業省は「ジョブ・カード」の普及に取り組んでいます～

### 図表5-3　新井さんの職務経歴シート

ジョブ・カード総合サイトをもとに筆者が作成

## 様式1-1　キャリア・プランシート（就業経験がある方用）

| ふりがな | あらい　　　　　　ただし | | 生年月日 | 1978　年　1　月　x　日 |
|---|---|---|---|---|
| 氏名 | 新井　　　正 | | | |
| ふりがな | | | 電話 | |
| 連絡先 | 〒 xxx － xxxx　東京都千代田区xxx | | | 03　－　3700　－　xxxx |

**価値観、興味、関心事項等**
（大事にしたい価値観、興味・関心を持っていることなどを記入）
・組織は人次第であると感じることから、一人ひとりの能力をいかに活かして活躍してもらうかに興味関心がある。
・工場勤務の経験から、自社の商品に誇りを持っており、いかにそれを顧客に伝えていくかが重要だと考えている。
・なにごとも信頼関係が重要であり、他部署、部下、上司、顧客に、いかに信頼してもらえる自分でいるかを大切にしている。

**強み等**
（自分の強み、弱みを克服するために努力していることなどを記入）



**将来取り組みたい仕事や働き方等**
（今後やってみたい仕事（職種）や働き方、仕事で達成したいことなどを記入）
人材育成



**これから取り組むこと等**
（今後向上・習得すべき職業能力や、その方法などを記入）
部下の育成



**その他**
（以上から、自己PRやキャリアコンサルティングで相談したいことなどを自由記入）



〜文部科学省，厚生労働省及び経済産業省は「ジョブ・カード」の普及に取り組んでいます〜

図表5-4　新井さんのキャリア・プランシート

ジョブ・カード総合サイトをもとに筆者が作成

「職業経験の棚卸しとキャリアプランニング」というような比較的大くくりな目的だった場合は，どうしたら良いでしょうか。新井さんのように職務経験が長い従業員の場合，ジョブ・カードに書かれた項目を順番に追っていくのでは，時間が足りません。そこで，キャリアコンサルタントは，「目の前のクライエントが，職業経験の棚卸しとキャリアプランニングを行う上で，最も役立つ支援は何か」を見極める必要があります。この面談で何を中心に扱うかをクライエントと話し合い，共有し，進めていくことになります。

　新井さんの場合は，職務経歴シートはしっかりと書けていますが，キャリア・プランシートの記述が少なく，ジョブ・カードを見ただけで，今後のキャリアについて支援が必要ではないか，ということが見て取れました。キャリアコンサルタントは，新井さんと話し合い，「強みの発見と，今後のキャリアの方向性」を中心に，面談を進めることを共有しました。


（中略）

ＣＣ：新井さんが，上司や部下，得意先などから褒められたり，評価されたという経験があったら，お話いただけますか？

ＣＬ：そうですねぇ…。工場長代理として，x県の工場にいたことがあるんです。その時は，パートやアルバイトが大勢いて。工場長にはちょっと言いづらい，ということを，皆が自分に話してくれましたね。新井さんには言いやすい，話しやすい，って。

ＣＣ：へぇ，新井さんには話しやすい，と。もう少し詳しく話していただけますか？

ＣＬ：職務経歴シートでいうと，この，４番のところです。2009年から，３年間ですね。主婦や学生の方が，30人ぐらい来ていました。パートアルバイトとはいえ，工場では戦力なのです。以前は，辞めてしまう人が多くて，困っていたそうなんですが，自分がいる間は，ほとんど辞める人はいませんでした。

ＣＣ：ほとんど辞める人がいなかったんですね。新井さん，どうしてだと思いますか？

ＣＬ：そうですねぇ。話しやすい雰囲気を作ることは，大事にしていました。

ＣＣ：具体的には，どんな風にされたのですか？

ＣＬ：こちらから声をかけていましたね。新しいパートさんには，特に。「分からないことがあったら，何でも聞いてくださいね」とか。古株の人たちには，「ｘさんが教えてくれるから助かるよ」とか，ねぎらいの言葉をかけるようにしていました。やはり，チームワークが大事なので，皆が気持ちよく働ける場を作るのは，工場長代理としての責任かな，と思っていましたね。それで，異動する際には，工場長から，まとめ役として，よくやってくれたね，と感謝の言葉を言ってもらえました。普段，なかなか人を褒めるような方でなかったので，余計に嬉しかったですね。

ＣＣ：工場長からも感謝されたんですね。ここまでのお話に，新井さんの強みがたくさん出てきたように思いますが，いかがですか？

ＣＬ：ああ，そう言われてみたら，そうかな。

ＣＣ：新井さんの言葉で，ちょっと聞かせてみていただけますか。今気づかれた，新井さんの強みを。

ＣＬ：チームワークを大切にして，一人ひとりが働きやすい場を作ることができる…。ですかね。

ＣＣ：他には？

ＣＬ：後は…。なんでも話してもらえるような，信頼関係を作る，ということもありますかね。

ＣＣ：そうですね。それから，私は，「自分の役割を認識して，責任を持ってやり遂げる」という点も，新井さんの強みのように感じました。

　職場での具体的な経験について質問し，クライエントの話した内容の中からさらに掘り下げていく事で，新井さんが自身の強みに気がつかれた例です。キャリアコンサルタントがまとめるのでなく，新井さん自身が整理して言語化するよう促しています。さらに，キャリアコンサルタントの視点から見た強みについても，新井さんにフィードバックをしています。

　この例では，「上司や部下，得意先などから褒められたり，評価されたという経験」を尋ねていますが，「これまでで一番，達成感を感じた事」「成長したと思う事」「印象に残っている事」など，様々な切り口で問いかけ，気づきを促す働きかけができるでしょう。


（中略）

ＣＣ：「これから取り組むこと」のイメージはなんとなくあるけれども，具体的に書けるほどではない，というお話でしたね。その辺り，もう少し詳しくお話しいただけますか？

ＣＬ：いま，課長として，部下を持っているんですが，自分にとって面白いな，と思うのは，彼らが育っていくことなんですよね。それを，今後もやっていけたら良いな，というイメージはあるんです。

ＣＣ：部下が育つことが面白いんですね。面白さとは，どんな事ですか？

ＣＬ：課長になってから，新人も何人か預かりましたが，独り立ちして生き生きと仕事をしているのを見ると，嬉しくなります。人によって，どう任せたら伸びるかが違うのも，面白いですね。丁寧に教えて伸びる人もいれば，ある程度放任で，困った時だけ手を貸す方が成長する部下もいて。一人ひとり，違うもんだなぁと思います。

ＣＣ：一人ひとりに合わせた育成をしていく過程に，面白さを感じられているんですね。今後もそれをやっていくとしたら，具体的に，どんな仕事になるのでしょうか？

ＣＬ：何なんだろうなぁ…。1つは，今の延長線上にある。課長の次は，部長代理というポストがあって，部下も増えます。増えた部下を，

育成していく。または，支社に行く。そこの支社長として，支社の
人たちを育てていく。

ＣＣ：2つの選択肢が出てきましたが，他にはどうですか？

ＣＬ：そうですねぇ。本社の人材育成の部門で，全社的に人を育てる仕組
み作りをやる。

ＣＣ：3つとも，人を育てていくことをやりたい，という共通点があるん
ですね。どれを選ぶにしても，今，新井さんが身につけておくべき
ことって，どんなことでしょうね？

（後略）


　漠然としていた新井さんの将来の方向性が，キャリアコンサルタントの
問いかけで，具体的になってきました。この先は，「そのために，今，何
をしておくと良いのでしょうか？」「いつまでにやりますか？」等と問い
かけ，アクション・プランを明確にしていく支援に移ります。

　ここまで，キャリアコンサルタントと新井さんのやり取りを見ていただ
き，「ジョブ・カードがほとんど出てこない」ことに驚かれたかもしれま
せん。キャリアコンサルティング面談では，ひとりでジョブ・カードを書
いても気づけなかったことを，キャリアコンサルタントとの共同作業の中
で，明確にしていきます。ジョブ・カードは，決して主役ではありませ
ん。私は，面談中に，ジョブ・カードにクライエントの気づきや新たに出
てきた選択肢などをメモして，最後に，お返ししています。それを見なが
ら，改めて，クライエントがひとりで自分のキャリアを整理する時間を
とってもらい，ジョブ・カードに書き足すなり，書き直すなりしていただ
けば良いと思います。新井さんがキャリアコンサルティング面談後に追記
したジョブ・カードを図表5-5に示します。

　新井さんは，様々な職務を経験され，会社の中核となって活躍されてい
らしたはずですが，ジョブ・カードを書いても，20年の職業経験から得た
ご自分の強みを自覚できていませんでした。これは，非常にもったいない

（第1面）

# 様式1－1　キャリア・プランシート（就業経験がある方用）

ｘ　年　ｘ　月　ｘ　日現在

| ふりがな | あらい　　　　　　ただし | 生年月日 | 1978　年　1　月　ｘ　日 |
|---|---|---|---|
| 氏名 | 新井　　　　　正 | | |

| ふりがな | | 電話 | |
|---|---|---|---|
| 連絡先 | 〒　ｘｘｘ　－　ｘｘｘｘ<br>東京都千代田区ｘｘｘ | | 03　－　3700　－　ｘｘｘｘ |

**価値観、興味、関心事項等**
（大事にしたい価値観、興味・関心を持っていることなどを記入）
・組織は人次第であると感じることから、一人ひとりの能力をいかに活かして活躍してもらうかに興味関心がある。
・工場勤務の経験から、自社の商品に誇りを持っており、いかにそれを顧客に伝えていくかにも関心がある。
・なにごとも信頼関係が重要であり、他部署、部下、上司、顧客に、いかに信頼してもらえるかを大切にしている。

**強み等**
（自分の強み、弱みを克服するために努力していることなどを記入）
・全社的な視野をもって足元の仕事を見ることができる。
・自身に期待される役割を意識して、責任を持ってやりとげる力がある
・自分一人でものごとを動かすのでなく、部下や関係者を巻き込むスキル
・一人ひとりの成長を視野に、部下を育成することができる
・異なる意見や利害を持つ関係者の調整役として、双方の意見を聞きながら落としどころを見つける能力

> 新井さんは，これまでの職務経験を言語化することで，ご自身の強みに気づきました。
> キャリアコンサルティングのあと，ご自身で整理し，このように書き出すことができました。

**将来取り組みたい仕事や働き方等**
（今後やってみたい仕事（職種）や働き方、仕事で達成したいことなどを記入）
人材育成にもっと関わりたい。
現在の延長で考えれば、部長代理に昇格し、より多くの部下の育成に携わること。
別のキャリアパスを選択するとすれば、支社長となって支社全体をマネージしながら育成し、より個人が力を発揮しやすい環境を作ること。
将来的には、本社の人材開発部門も選択肢になるかもしれない。

> 興味関心や強みが明確になったことで，将来取り組みたいことも，より具体的に検討できるようになりました。

**これから取り組むこと等**
（今後向上・習得すべき職業能力や、その方法などを記入）
人材育成のスキルや知識、経験値をさらに向上させることに取り組む。
・人材育成に関する書籍を読む
・ダイバシティマネジメントのセミナーに参加する。
・学んだことを部下指導に積極的に活用してみる。
・本社の人材開発にいる知り合いに話を聞いてみる。
・コーチングの資料を取り寄せる。（来期受講を検討）

> 何を目標に、どのようなことに取り組むかが明確になりました。コーチング、ダイバシティマネジメントなどのキーワードも出てきました。

**その他**
（以上から、自己PRやキャリアコンサルティングで相談したいことなどを自由記入）

～文部科学省，厚生労働省及び経済産業省は「ジョブ・カード」の普及に取り組んでいます～

## 図表5－5　面談後の新井さんキャリア・プランシート

ジョブ・カード総合サイトをもとに筆者が作成

ことです。そこを自覚することで，もっと自信がついたり，強みを職場で意図的に使ったり，次の方向性が見えたり，モティベーションが上がる可能性があるでしょう。そして，まだ足りないもの，課題，将来のために身につけておくべきことが明確になれば，この先の新井さんの職業人生は，もっと充実するポテンシャルがあります。そのポテンシャルを実現することは新井さん個人のキャリア充実につながるだけでなく，新井さんが所属している組織にとっても，大きなメリットを生み出す事でしょう。

## 3
## 上司面談におけるジョブ・カードの活用

　昨今，上司には部下の良きキャリア支援者としての役割が期待されるようになってきました。部下との1on1面談を積極的に推奨する企業も増えています。キャリアコンサルタントとの面談に限らず，上司面談でも，ジョブ・カードをおおいに活用してほしいと思います。

　例えば，異動で新たに部署のメンバーになったという方や，産育休に入る，または産育休あけの方，昇格や昇進があった方など，働き方や役割の変化があった部下にジョブ・カードを書いてきてもらい，面談を行うことが考えられます。

　変化に直面して，これまでの働き方が通用しなくなるキャリアの節目（トランジション）には，上司のサポートが不可欠です。ばくぜんと「何か，今後のキャリアについて相談したいことはありますか？」と問うよりも，あらかじめジョブ・カードで自己の整理をしてきてもらったあとに面談を実施する方が，効果的です。「この節目に，キャリア面談をしましょう」と声がけして，職務経歴シートとキャリア・プランシートに書いてきてもらうと良いでしょう。本人の不安や迷いを払拭し，会社からの期待を伝え，今後のキャリアプランをすり合わせるための有益な場になるはずです。

具体例を見ていきましょう。


・馬場さん（仮名）　30代　女性
・第1子を出産し，育休中　1ヶ月後に復職を控えている
・システム開発部所属
　馬場さんの職務経歴シートを図表5-6に，キャリア・プランシート（産育休向けにカスタマイズ）を図表5-7に示します。


上司：今日は，馬場さんの復職後の働き方や，将来のキャリアについての面談です。なんでも自由に話してくださいね。来月から復職ですが，いかがですか？

ＣＬ：そうですね，久しぶりの出勤になるし，やっていけるかな，という不安があります。

上司：具体的には，どんな不安ですか？

ＣＬ：はい。ずっとSEをやってきて，トラブル対応があれば夕方からでも客先を訪問することがあるし，残業もあることは分かっています。だから，時短では難しいと思っています。そうすると，異動ということになるのかな，と。出勤することじたい，1年半ぶりになるのに，新しい部署でやっていけるのかしら，ということが一番の不安です。どこの部署に行くかも気になります。

上司：そうですね。時短で，これまでとは働き方が変わるでしょうし，もし部署も変わるとなると，不安になるのも無理ないですね。この面談を通して，少しでも解消するよう，考えていきましょうね。

ＣＬ：ありがとうございます。

上司：馬場さん，「将来取り組みたい仕事や働き方」には，プロジェクトマネジメントと書いていますね。このへんを少し詳しく話してくれますか？

ＣＬ：私，システム開発の仕事が好きですし，将来的にはもっと大きな案

(ジョブ・カード準拠様式)

# 職務経歴シート

| 氏名 | 馬場　　　由美 | ID 2010543 | | 日現在 |
|---|---|---|---|---|

> 本シートは、「社員ID」欄を作るなど、ジョブ・カードをカスタマイズしています。

## 職務経歴

| No. | 期間(年月～年月)<br>(何年何ヶ月) | 職務の内容 | 職務の中で学んだこと、得られた知識・技能等 |
|---|---|---|---|
| 1 | 2010　年 4 月 ～ 2013　年 3 月<br>（　3 年　　　ヶ月 ）<br>ABCシステム開発（株）入社<br>システム事業部　第1開発部<br>（　　　　　　　） | アシスタントSE<br>・顧客からのヒアリング<br>・テスト設計<br>・顧客へのインストラクション<br>・ドキュメント作成 | SEとして基本的なスキル、知識を身につけた。<br>先輩に同行して、顧客からどのようにヒアリングすれば良いかを学んだ。<br>顧客に分かりやすく説明する伝え方、話し方ができるようになった。 |
| 2 | 2013　年 4 月 ～ 2017　年 3 月<br>（　4 年　　　ヶ月 ）<br>システム事業部　第1開発部<br>（　　　　　　　） | SE 財務システム担当<br>・顧客からのヒアリング<br>・提案書作成<br>・プレゼン<br>・協力会社への依頼<br>・工程管理 | 簿記、経理の知識が身についた。<br>担当した業界の知識が身についた。<br>顧客のニーズを把握して、システムを提案するスキルが向上した。<br>年上の協力会社の方とも、コミュニケーションがうまく取れるようになった。 |
| 3 | 2017　年 4 月 ～ 2019　年 9 月<br>（　2 年　 6 ヶ月 ）<br>システム事業部　第2開発部<br>（　　　　　　　） | SE 人事管理システム担当<br>グループリーダー<br>（2に加えて）<br>・後輩指導<br>・営業同行<br>・トラブル対応 | 人事管理について知識が身についた。<br>後輩に教えることで、知識やスキルの再確認ができた。<br>何をどの順番で教えれば良いかが分かるようになり、効率的に指導ができるようになった。<br>急なトラブルにも冷静に対応できるようになった。 |
| 4 | 　　年　　月 ～ 　　年　　月<br>（　　　年　　　ヶ月 ）<br><br>（　　　　　　　） | | |
| 5 | 　　年　　月 ～ 　　年　　月<br>（　　　年　　　ヶ月 ）<br><br>（　　　　　　　） | | |
| 6 | 　　年　　月 ～ 　　年　　月<br>（　　　年　　　ヶ月 ）<br><br>（　　　　　　　） | | |

～文部科学省，厚生労働省及び経済産業省は「ジョブ・カード」の普及に取り組んでいます～

## 図表5-6　馬場さんの職務経歴シート

ジョブ・カード総合サイトをもとに筆者が作成

156

（ジョブ・カード準拠様式）

# キャリア・プランシート

| 社員番号 | 2010543 |
|---|---|

| ふりがな | ばば | ゆみ |
|---|---|---|
| 氏名 | 馬場 | 由美 |

**育休後の働き方や配置の希望**

・時短勤務
・管理部門

> 「育休後の働き方や配置の希望」という欄を設けました。
> 書かれていることの背景にある事情や気持ちを聞いていきましょう。語っていただくことで，復帰後，仕事と育児を両立するために，どのような配置やサポートが必要かが見えてきます。

**将来取り組みたい仕事や働き方等**
（今後やってみたい仕事（職種）や働き方、仕事で達成したいことなどを記入）
・プロジェクトマネジメントが行えるよう力をつけたい
・将来的には、これまで経験していない業種のシステムも担当し、幅を広げたい

> 馬場さんは，長期的な視点を持って，将来のことも記載しています。人によっては，復帰直後の短期的な視点しか持てていない場合もあります。「10年後，お子さんが成長した頃は，どうですか？」などの問いかけで少し先の未来も考えていただくと良いでしょう。

**これから取り組むこと等**
（今後向上・習得すべき職業能力や、その方法などを記入）
・当面は、子育てと仕事との両立に慣れること
・異動する場合は、新しい環境に慣れること、仕事を覚えること

**子育てや家庭、仕事の価値観**

・夫と協力して育児を行いたい
・経済面も考えて、早めにフルタイム勤務に戻したい
・在宅勤務もうまく活用したい

> 「子育てや家庭、仕事の価値観」という欄を設けました。馬場さんは，会社の制度で定められているリミットより早めにフルタイムに戻したいと書いています。その思いや考えを詳しく聞いていくことで，馬場さんの仕事に対する考え方が明確になります。

**その他**
（相談したいことなどを自由記入）
・どの部署、担当業務に配置されるかはいつ頃決まるか
・フルタイムに戻った後に、どのタイミングで現在の部署への異動

～文部科学省，厚生労働省及び経済産業省は「ジョブ・カード」の普及に取り組んでいます～

図表5-7　馬場さんのキャリア・プランシート（産育休向けにカスタマイズ）

ジョブ・カード総合サイトをもとに筆者が作成

件も扱えるように成長していきたい思いがあります。担当できる業種も，幅を広げたいと思っています。

上司：そうですか。将来的にはシステム開発で，もっと活躍したいんですね。システム開発は，馬場さんにとっては，どんな仕事ですか？

ＣＬ：お客様のニーズを理解して，提案して，信頼してもらうこと。「あなたからの提案だから，決めたよ」って言ってもらえることに，やりがいを感じます。

上司：そうでしたね。馬場さんはお客様から信頼されて，よく頑張ってきてくれましたね。

ＣＬ：ただ，中途半端にはできない仕事だとも思っています。できることなら，復帰後も続けたいですが，難しいかなぁと考えて，「管理部門」と書いたんです。やりたいこととは離れてしまいますが，時短で16時には会社を出なければならないので，今の仕事だと，お客様にも部署の皆にも，迷惑をかけてしまうだろうと思うので。

上司：そうだったんですね。システム開発をやっていけるなら，本当は続けたい，ということなんですね。


ジョブ・カードをカスタマイズして，「育休後の働き方や配置の希望」という欄を設けました。馬場さんはそこに，「管理部門」と記載しています。しかし，面談の中で，ホンネは，現職のシステム開発を続けたい気持ちであることが分かりました。周囲に迷惑をかけるのではないか，という不安があって，「育休前と同じ仕事を担当したい」とは書けなかったようです。馬場さんのシステム開発への思いが分かり，将来取り組みたいことも明確になりました。


上司：馬場さん，「子育てや家庭，仕事の価値観」のところも，詳しく話してくれますか？

ＣＬ：そうですね。子育ては，夫婦で協力してやっていきたいと思ってい

 まして，夫も「二人で育てる」という意識を持ってくれています。産育休中は，どうしても私が家にいるので，家のことや子どものことは私が中心でやってきてしまったのですが。復帰したら，できる方がやる，という感じで考えています。なので，時短も，会社の規定では小学校に入るまで取れますけど，時期を見て，もう少し早めに，通常勤務に戻しても良いのかな，と考えています。

上司：二人で協力して育てていく，ということなんですね。時短も，少し早めに切り上げよう，という気持ちもあるのですね。

ＣＬ：はい。収入も考えると，その方が良いかな，と思うんです。今後の教育費のこともあるので。技術的な面でも，あまり間をあけると，キャッチアップできなくなる心配もありますし。

上司：馬場さん，そうすると，馬場さんは将来的にはシステム開発でもっと活躍したい，プロジェクトマネージメントも行いたい。ただ，時短期間中，乗り越えることができるか，周囲に迷惑がかかるのではないか，というところで，異動を覚悟していたんですね。

ＣＬ：そうです。

上司：馬場さん，よかったらシステム開発に残って頑張ってみませんか？時短中，どんなサポートがあれば馬場さんが無理なく続けることができるか，具体的に考えましょう。

　もう1箇所，キャリア・プランシートの欄をカスタマイズをして，「子育てや家庭，仕事の価値観」という欄を設けました。ここに記載されていることを詳しく話してもらうことで，馬場さんがフルタイム勤務に戻ろうと思っている時期や，今後の働き方をどう考えているかも明確になってきました。最後に，上司は，馬場さんが，好きなシステム開発で力をつけ，成長していくキャリアパスを提案しています。この後，具体的なサポートを検討する流れになるでしょう。

私は産育休明けの女性の相談に乗る機会が多いのですが，上司側は「子育ては大変だろうから」と配慮したつもりが，裏目に出ていることが結構多いのです。「私は出産前と同じ仕事を頑張りたいと思ったけれど，配慮なのか，別の部署に回されてしまった。できます，と言って，もし迷惑をかけることがあったら困るので，自分から残りたいとは言えなかった」そんな女性側のホンネを聞き，もう少し上司が話を聞いて，彼女たちの真意が伝われば，会社にとっても女性たちにとってもプラスになるのに，と感じます。とはいえ，子育てや家庭のことは質問しづらい，という上司側のお気持ちもよく分かります。上司が男性であれば，なおさらかもしれません。ジョブ・カードを挟んで，一緒に考えるという面談スタイルが，もっと広まっても良いと思います。

　今回は，ケースとして「現職を続けたい」場合をご紹介しました。しかし，当然のことですが，子育てと仕事の両立をどのように考えるかは，多様性があります。家庭の状況や子どもの健康状態なども異なります。個人差に注意して丁寧に聞き取った上で，会社側の期待も伝えていくと良いでしょう。ジョブ・カードを書くことは，女性側にとっては，「子どもを持って働く」という大きな変化を機に，これからのキャリアを考える良い機会になります。記載してもらう項目を工夫して，より自社に合うものを作って活用していただきたいと思います。

## 4
## 人事面談におけるジョブ・カードの活用

　定期的に，従業員との人事面談を行っていらっしゃる企業は多いでしょう。目的によっては，ジョブ・カードが役に立ちます。例えば，入社して半年や1年目などのタイミングでジョブ・カードを元に人事面談を行い，若手社員の定着率が高まったという事例もあります。目の前の事に慣れる

のに精一杯という状況で，自身の成長の実感が少なかった若手が，ジョブ・カードを書く事で「学んだ事，できるようになった事」に気づくきっかけになります。そして，今後のキャリアパスを人事と話し合う場を持ち，組織と個人のコミュニケーションのすれ違いを防ぐ効果が期待できます。他にも，「定年後のプラン」欄を加えるなどして，シニア層への面談で活用して頂くのも良いでしょう。

　ここでは，A社の取り組みをご紹介します。A社では，入社3年目，30歳，40歳，50歳の節目で，「社員の持つ経験や強みを把握し，スキルをデータベース化して，今後の適材適所への配置を検討する」という目的で人事面談を行っています。面談対象者にあらかじめ記載してもらうのは，自社用にカスタマイズした職務経歴シートとキャリア・プランシートです。ジョブ・カードは構造化されているため，高度な面談スキルがなくとも，記載してある順番に話をしてもらうことで容易に必要な情報を聞き取ることができます。聞き取る側も，話す側も，進めやすいというメリットがあります。話が脇道にそれにくく，キャリアにフォーカスして効率的に面談を進める効果が期待できます。
　面談の具体例を見ていきましょう。

・千葉さん（仮名）
・26歳　入社3年目
　千葉さんの職務経歴シートを図表5-8に，キャリアプランシートを図表5-9に示します。

（挨拶の後）
人事：今日は千葉さんがこれまで仕事を通じてどんな経験を積み，どんなスキルを身につけてきたか，それを生かして今後どんな仕事をしていきたいかをヒアリングさせていただくための面談になります。千

葉さんの将来の活躍に関わる大事なことですから，しっかり聞かせていただきますね。

ＣＬ：はい，お願いします。

人事：では，シートに沿って，順にお話しいただけたらと思います。まず，「強み」に書いてくださったところから，聞かせていただけますか。

ＣＬ：1つ目は，コミュニケーション能力です。周囲の部署や関係者を巻き込んで仕事をすることが多かったので，これは自然に身についたと思います。2つ目は，忍耐力です。関係者が多いと，なかなか意見がまとまらなかったり，思うように進まないことも経験しました。でも，そこで，じっと耐えるとか，待つというような力が養われたのではないかな，と思っています。

人事：具体的には，どの業務を通して，その強みが養われたと思いますか？　職務経歴シートの方で教えてくれますか？

ＣＬ：はい。入社してすぐは，営業所に配属されて，そこで販売促進の仕事をしました。この時は，まだ先輩に言われたことをやるのが精一杯だったのですが，異動して，本社の企画部に来て，担当プロジェクトを持たせてもらえたことで，成長できたかな，と思います。

人事：そのプロジェクトで，これを乗り越えたから成長した，というような具体的なエピソードがあれば，聞かせてくれますか？

ＣＬ：いくつか担当した中で，地域の商店街と協力してイベントを行う，というプロジェクトに関わったのが一番大きかったと思っています。商店街の方達が，皆，自分より年上で，親よりも年が離れているような人たちを，自分がリーダーシップをとって，まとめていかないといけなかったんです。意見が一致している時は良いのですが，こちらの意見を通さないといけない場面もあって，苦労しました。どうやったら分かってもらえるだろう，納得してもらえるだろうって。結局，説き伏せようとしても上手くいかなかった。そこ

で，コミュニケーション力が磨かれた気がします。

人事：どんな工夫や努力で乗り越えたのですか？

ＣＬ：ベタかもしれませんけど，一緒に飲んだり（笑）まず，仲良くなって，こっちを知ってもらって。相手のことも分かろうとする。人と人として付き合う，という事でしょうか。実は，今でも商店街の皆さんとは付き合いがあって，忘年会などにもお声がかかります。

人事：親子ほど年の離れた皆さんと，人と人として付き合い，分かり合えた経験なんですね。

ＣＬ：そうですね。このプロジェクトを通して，忍耐力もついたと思います。早く進めようとか，焦ってもダメで，時間をかけてやらないといけないこともある，と学びました。

人事：よく分かりました。お話を伺って，コミュニケーションスキル，忍耐力に加えて，調整力やリーダーシップも磨かれたように感じましたよ。

ＣＬ：そうか，確かにプロジェクトに携わる前と比べて，調整力やリーダーシップは鍛えられましたね（笑）。話してみて気が付きました。

人事：他にも何か，付け加えることがありますか？

ＣＬ：そうですね，細かいことですが。報告書はエクセルで作ったのですけど，結構色々な関数を覚えたり，見栄えの良いグラフを作って視覚的にアピールしたり。そのあたりも力をつけられたと思います。案外，色々な面で成長できているんだなと改めて気づきました。

人事：私は，この３年間で，業務を通して成長してきた千葉さんを，頼もしく感じました。それでは次に，千葉さんが仕事以外で学んだことや，個人で勉強していることを教えてください。

　（中略）


　人事面談というと，構えてしまって，のびのび話せない方もいるかもしれません。まず，この面談の目的を伝え，千葉さんの今後のキャリア形成

(ジョブ・カード準拠様式)

# 職務経歴シート

| 氏名 | 千葉　　　　翔太 | 社員番号 20182023 | x　年x　月x　日現在 |
|---|---|---|---|

**職務経歴**

| No. | 期間(年月～年月)<br>(何年何ヶ月)<br>所属 | 職務の内容 | 職務の中で学んだこと、<br>得られた知識・技能等 |
|---|---|---|---|
| 1 | 2018　年4月　～2019　年9月<br>（　1　年　6　ヶ月　）<br>北陸営業所<br>販売促進部<br>（　　　　　　　） | ・店舗にて顧客にサービスを紹介、案内<br>・イベントの企画、運営<br>・会議資料作成<br>・報告書作成 | ・社会人としての基礎的なビジネスマナーを学んだ<br>・商品知識が身についた<br>・イベント会社との交渉、協力などを通じてコミュニケーション力が高まった<br>・ワード、エクセルの機能を使いこなせるようになった |
| 2 | 2019　年10月　～　　年　月<br>（　1　年　x　ヶ月　）<br>本社　企画部<br>（　　　　　　　） | ・企画会議の準備、運営<br>・提案書の作成<br>・イベントの企画、運営<br>・地域との連携<br>・広報<br>・後輩指導 | ・交渉力、説得力<br>・忍耐力<br>・周囲を巻き込んで協力を得ることができるようになった |
| 3 | 　年　月　～　　年　月<br>（　　年　　ヶ月　）<br><br>（　　　　　　　） |  |  |
| 4 | 　年　月　～　　年　月<br>（　　年　　ヶ月　）<br><br>（　　　　　　　） |  |  |
| 5 | 　年　月　～　　年　月<br>（　　年　　ヶ月　）<br><br>（　　　　　　　） |  |  |
| 6 | 　年　月　～　　年　月<br>（　　年　　ヶ月　）<br><br>（　　　　　　　） |  |  |

～文部科学省，厚生労働省及び経済産業省は「ジョブ・カード」の普及に取り組んでいます～

### 図表5-8　千葉さんの職務経歴シート

ジョブ・カード総合サイトをもとに筆者が作成

（ジョブ・カード準拠様式）

# キャリア・プランシート

| 社員番号 | 20182023 | | | | | |
|---|---|---|---|---|---|---|
| ふりがな | ちば | しょうた | | 生年月日 | 1995　年　11　月　x　日 | |
| 氏名 | 千葉 | 翔太 | | | | |

**業務を通して得た強みや長所**

・コミュニケーション能力
・忍耐力
・**調整力**
・**リーダーシップ**
・**ITスキル**（ワード、エクセル）

> 面談後に千葉さんが追記したのは、「調整力」「リーダーシップ」「ITスキル（ワード、エクセル）」です。
> 人事担当者が、千葉さんが経験した業務を丁寧にヒアリングするなかで、浮彫りになった強みです。

**仕事以外で学んだこと、個人で勉強していること、出会った人、ネットワークなど**

・以前プロジェクトでかかわった地域の商店街の皆さんと不定期に交流を続けている
・学生時代から趣味でマラソンを続けており、今も市民大会に出場している

**将来取り組みたい仕事や働き方等**

・2～3年、本社企画部で経験を積みたい
・将来的には、これまでの経験も生かしながら、本社販売促進部や支社などで更に成長したい

**これから取り組むこと等**

・プロジェクトを回す経験値を上げる＝＞積極的にプロジェクトに手を挙げる
・マネジメント力向上＝＞リーダーの役割をになうことで向上させたい
・後輩指導力をつける＝＞現在の後輩を育成することを通して身に付けたい

**その他**

これまでの経験を生かすのに、社内にどんな部署やポジションがあるか知りたい

～文部科学省、厚生労働省及び経済産業省は「ジョブ・カード」の普及に取り組んでいます～

図表 5-9　千葉さんのキャリア・プランシート

ジョブ・カード総合サイトをもとに筆者が作成

のためのヒアリングであることを理解してもらいます。このように，場面設定をしっかり行う事で，肩の力を抜いて，自由に話していただけるようになります。そうすると，本音で語ってもらえるため，深い話も出てくるでしょうし，ヒアリングで得られる情報の質が高まります。

　そして，ヒアリング用にカスタマイズしたジョブ・カードに沿って，面談を進めていきます。事前にどのような項目を入れたら良いかを十分に検討することが，ヒアリングの質の向上に役立つでしょう。

　やり取りが表面的にならないようにするには，具体的なエピソードを語ってもらうことがお勧めです。本人も気づかなかったような強みが語られる可能性があります。また，次々と項目に沿って質問していくのでなく，要約したり，ポジティブフィードバックを返したり，「付け加えることは？」「何か他にもありますか？」などと問いかけましょう。本人が自分自身で考え，新たな気づきにつながるきっかけになります。

　（中略）

人事：次に，千葉さんは，こうした強みや学んだことを，今後どう活かしたいと考えていますか？　具体的な部署でも良いですし，イメージでもいいので教えてください。

ＣＬ：今の部署で，あと2〜3年は，経験を積みたいと思っています。今年，後輩が入ってきて，一緒に担当することもあるんです。自分の下が入ってきたのは初めてのことで，後輩に教えるという経験が，すごく勉強になっていると思うんです。先のことを考えたら，マネジメント能力も求められるようになると思うし，一緒にいくつかプロジェクトを回す経験ができたら，もっと自分が成長する気がします。

人事：2〜3年は，今の部署で，後輩指導も含めて経験を積み，マネジメ

ントの力もつけていきたいんですね。もう少し先はどうですか？

ＣＬ：今思いつくのは，ここに書いた，販売促進です。入社してすぐ，営
業所では，右も左もわからない状態だったので，今度は自分で考え
て取り組んでみたいというのがあります。チームリーダー的な仕事
も挑戦したいです。そうでなかったら，本社の販売促進か…。もし
かしたら，どこかの営業所で修行するのも，いいかもしれないと思
います。これまでの経験を活かせる部署って，ほかにはどこがあり
ますか？　社内にどんな仕事があるか，よく分かっていなくて…。

（後略）

　この先は，千葉さんの具体的なキャリアパスや様々な選択肢，その可能
性を話し合う時間になります。組織に関する知識がないと，情報提供や助
言はなかなか難しいと思います。この部分こそ，人事の方が面談を行うメ
リットになっていくでしょう。反面，会社のことを知りすぎているあま
り，口を出したくなってしまい，本人の話をさえぎって「あの部署に行く
には，xx の経験を積まないと，ちょっと難しいと思いますよ」，「xx さん
の経歴だと，次は xx 部門あたりが狙い目じゃないでしょうか」など，ア
ドバイスが多くなってしまう傾向もあるようです。振り返ってみたら，面
談対象者よりも，人事の方がたくさん喋っていた，という事も聞きます。
アドバイスも情報提供も，もちろん重要ですが，バランスに留意するよう
にしましょう。

　本例では，若手社員の成長と適材適所の配置を目的に，人事が「意図的
に」希望する異動先をヒアリングしています。しかし，会社によって事情
は異なるでしょうし，必ずしも希望の部署に異動できるとは限りません。
キャリアコンサルタントが異動希望を主訴とした従業員の面談を行う際
は，注意が必要です。特に，「この部署が嫌だから異動したい」といった
逃避型の異動希望に対しては，「どうしたら異動できるか」の支援をする
よりも，むしろ，現在の部署で何を学び，どのように成長できるかの気づ

きを促す事の方がご本人の役に立つ場合があります。キャリアコンサルタントは，いたずらに異動を煽るような関わりをせず，現在の部署の仕事の意味づけ，働きがい探しを支援すると良いでしょう。

# 5
## ジョブ・カードの活用と自己研鑽

ジョブ・カードを活用したキャリアコンサルティング面談においてキャリアコンサルタントの方が心に留めておくべきことは，「ジョブ・カードは面談を補助するツールである」という意識です。面談は，従業員がキャリアを考える貴重な時間ですから，ジョブ・カードの空欄を埋めるための「作業」になってしまわないようにしましょう。

ジョブ・カードにとらわれすぎず，面談の中で従業員が相談したいこと，明確にしたいこと，キャリアコンサルタントに支援してほしいことは何かにフォーカスして面談を進めることが大切です。

私は，ジョブ・カードを活用したキャリアコンサルティングの指導をさせていただく機会が多いのですが，ロールプレイングを見ていると，せっかくクライエントが自身のキャリアを振り返って内省を深め始めたところで，キャリアコンサルタントが「それは，ジョブ・カードのここに書いてあることと，関連があるんですか？」とか，「ここに書かれている事とは少し違うようですね」などと，水を差すことがあります。振り返りの時に，「クライエントの発言よりも，ジョブ・カードに書いてある事に話題を持って行ったのはどうしてですか？」とお聞きすると，「せっかく時間をかけて書いてきてくれたので，ジョブ・カードの内容に触れないのは，クライエントに悪い気がしたので」という答えが返ってきます。

クライエントは確かに，忙しい時間の中で，ジョブ・カードに向き合ってくださったのでしょう。しかし，その作業は「自分自身」のためです。キャリアコンサルタントのために書いてきた訳ではありません。クライエ

ントは，自分自身のキャリアを見つめ直し，心の準備をして，面談に臨んでいます。ジョブ・カードに書いてあることは，すでに，ご自身で振り返り済みです。その先の，もっと深いところを検討する時間として，面談があります。ですから，ジョブ・カードに引っ張られすぎないよう，目の前のクライエントを中心に進めていきましょう。

　さて，では，もしジョブ・カードに記載していただいたこととは直接関係がないことを相談されたら，どうしますか？　もちろん，答えは「しっかりとその相談に対応する」です。

　私が社外キャリアコンサルタントとしてある企業に伺った際，こんなことがありました。面談を開始した直後に「実は上司との関係性に悩んでいる」とクライエントが話し始めたのです。その時，セルフ・キャリアドックの目的は「モティベーションの醸造」でしたが，私は，それは一旦おいて，目の前のクライエントの主訴に対応しました。上司との関係性に悩みを持ちながら，モティベーションを醸造することなどできません。上司との関係性という課題が解決して元気になり，生き生きと職場で活躍してくれることが，組織の利益にもつながるでしょう。

　ジョブ・カードを活用したキャリアコンサルティング面談は，キャリアコンサルティングのクオリティ次第で，非常に大きな効果が出ることもあれば，期待したほどの効果が得られない，という可能性もあります。キャリアコンサルタントの皆さんは，社会インフラを担う専門職として，ジョブ・カード面談のスキルを磨く事が，今後より一層，求められるでしょう。

　ジョブ・カード制度がスタートした平成20年には，主に，求職者支援が目的でしたが，2回の改訂を経て，様式も目的も，大きく変化しています。平成27年に改定された最新版の「ジョブ・カードテキスト」に，是非目を通して下さい。厚生労働省「ジョブ・カード講習について[2]」から，

---

[2]　https://job-card.mhlw.go.jp/download.html

無料でダウンロードできます。同じサイトで動画教材もダウンロードして視聴できますので，お持ちの知識やスキルをアップデートするために活用してください。

　限られた面談時間の中で，いかにクライエントのキャリア形成を支援するか，キャリアコンサルタントの腕の見せ所とも言えるでしょう。面談は密室で行われるため，ついつい，自己流になったり，癖がついたりしがちです。定期的にスーパービジョンを受けたり，ロールプレイングの指導を受けるなど，面談が自己満足で終わってしまう事がないよう，自己研鑽を続けましょう。

# 6
## まとめ

①国はジョブ・カードを，「生涯を通じたキャリア・プランニング」および「職業能力証明」のツールとして位置付け，普及を促進しています。

②ジョブ・カードを書くことによって，これまでのキャリアの棚卸し，自己理解，今後のキャリアの検討，アクションプランまでを考えることができます。

③企業においては，セルフ・キャリアドックの「面談シート」として活用できます。事前に各従業員がジョブ・カードを使って自身のキャリアを振り返り，この先のプランニングに取り組むことで，キャリアコンサルタントとの面談時間をより有益に使うことができます。

④ジョブ・カードは，セルフ・キャリアドック以外にも，上司面談や人事面談などで活用できます。ダウンロードした Excel ファイルを，面談目的に合わせてカスタマイズすると良いでしょう。

⑤ジョブ・カードを活用して面談を行うキャリアコンサルタントには，ジョブ・カードを，面談のクオリティを上げるための「ツール」として活用するスキルが求められます。継続して自己研鑽しましょう。

# セルフ・キャリアドックの結果報告
## ～結果報告書の書き方・報告会の進め方～

増井　一

　セルフ・キャリアドックの実施状況やキャリアコンサルタントとの面談（以下，キャリアコンサルティング面談）を通して収集した情報をもとに，実施前に設定した目的・目標に対して評価します。セルフ・キャリアドックの標準的プロセス（図表6-1）のフォローアップで最初に行うことです。『セルフ・キャリアドック入門』の第7章で，「実施結果の報告」，「面談対象者へのフォローアップ」，「組織的な改善処置の実施」，「セルフ・キャリアドックの継続的な改善」について説明しています。

　本章では，実施した結果報告書[1]の作成ポイントと報告会の進め方について解説します。キャリアコンサルタントは，キャリアコンサルティング面談の終了後，面談者全体での相談傾向や組織や制度，その運用に起因して発生している問題等をとりまとめ，会社や実施組織の人事担当役員または人事部長等に対する報告書を作成します。人材育成に対する関心度が高い会社では，経営会議などでの機会に経営トップに対して実施結果を報告しています。中小企業で実施するときは，社長にダイレクトに報告することが多くなります。面談内容を報告する際の守秘義務については，『セルフ・キャリアドック入門』の第4章（P.114）で解説していますのでご参照ください。

　キャリアコンサルタントが社員の場合（以下，社内キャリアコンサルタント）と社員ではないキャリアコンサルタント（以下，社外キャリアコン

---

[1]　『セルフ・キャリアドック入門』では，「全体報告書」と表記した。「結果報告書」と同意である。

| 1 | 人材育成ビジョン・方針の明確化 | (1) 経営者のコミットメント<br>(2) 人材育成ビジョン・方針の策定<br>(3) 社内への周知 |
|---|---|---|
| 2 | セルフ・キャリアドック実施計画の策定 | (1) 実施計画の策定<br>(2) 必要なツールの整備<br>(3) プロセスの整備 |
| 3 | 企業内インフラの整備 | (1) 責任者等の決定<br>(2) 社内規定の整備<br>(3) キャリアコンサルタントの育成・確保<br>(4) 情報共有化のルール<br>(5) 社内の意識醸成 |
| 4 | セルフ・キャリアドックの実施 | (1) 対象従業員向けセミナー（説明会）の実施<br>(2) キャリア研修<br>(3) キャリアコンサルティング面談を通した支援の実施<br>(4) 振り返り |
| 5 | フォローアップ | (1) セルフ・キャリアドックの結果の報告<br>(2) 個々の対象従業員に係るフォローアップ<br>(3) 組織的な改善処置の実施<br>(4) セルフ・キャリアドックの継続的改善 |

図表6-1　セルフ・キャリアドックの標準的プロセス

厚生労働省（2017）より

サルタント）が，キャリアコンサルティング面談を行う場合があります。また，社内キャリアコンサルタントが，実施組織に所属している場合と他の組織に所属している場合があります。社内キャリアコンサルタントが実施組織に所属していない場合は，業務への負荷を考慮し，所属組織の上長への協力要請を行うことなど配慮が必要です。

　複数の社内キャリアコンサルタントが面談する場合は，面談したキャリアコンサルタントの代表者あるいは実施組織の担当者が結果報告書を作成します。面談したキャリアコンサルタントは，結果報告書の作成を担当する者に対して，キャリアコンサルティング面談で収集した情報を提供する必要があります。

　社外キャリアコンサルタントが面談する場合は，社外キャリアコンサルタントが結果報告書を作成します。複数で面談を行う場合は，事前に結果報告書の作成をだれが行うか決定しておきます。複数のキャリアコンサルタントがチームとして面談を行う場合，チームとして守秘義務を負います。医師，弁護士，臨床心理士など守秘義務を有する職種はたくさんあります。守秘義務を有する様々な専門家は，それぞれが知り得た情報をチーム＝集団で共有しながら，異なる専門性を活用して社員を支援します。このように守秘義務を個人で持つのではなく，専門家集団全体で持つことを集団守秘義務と呼びます。

　キャリアコンサルタントの養成講座等では，守秘義務の遵守を厳格に教えられています。キャリアコンサルティング面談で知り得た情報は相談者の同意なく他者に伝えることはできないと認識しています。しかし，守秘義務を持つキャリアコンサルタントが協同して面談を行う場合，守秘義務についての考え方を再度，検討する必要があります。

---

１．企業におけるキャリアコンサルティング（能力開発基本調査）
　⑴キャリアコンサルティングを行う目的
　⑵キャリアコンサルティングの実施時期
　⑶キャリアコンサルティングの実施効果
　⑷キャリアコンサルティングを行ううえでの問題点
　⑸産業別・企業規模別のキャリアコンサルティング実施状況
２．結果報告書の作成
　⑴結果報告書の目的

# 1

## 企業におけるキャリアコンサルティング （能力開発基本調査）

　結果報告書を作成するため，多くの会社でのキャリアコンサルティングの実施状況を知っておくことが大切です。キャリアコンサルティング面談を実施する会社の状況と他社での実施状況を比較して，結果報告書の内容を検討することができます。

　厚生労働省が実施する能力開発基本調査は，国内の会社における労働者の能力開発の実態を明らかにすることを目的として，平成13年度から実施されています。様々な業種や規模の約7,500社におけるキャリアコンサルティングに関する実態調査を行っています[2]。

　本章では，令和2年度の調査結果（公開日：令和3年6月28日）を紹介

します。この調査は業界や企業規模など幅広い会社での現状を調査していますので、客観性が担保されています。セルフ・キャリアドック導入のために社内決裁を得る資料としても活用できます。また、毎年、最新データが公開されますので、キャリアコンサルティングの普及についての経年変化を観測することができます。職業能力基本調査の詳細データは、政府の各種統計が閲覧できる政府統計ポータルサイト「e-Stat」からダウンロードできます[3]。

　社外キャリアコンサルタントは、クライアント企業に対してセルフ・キャリアドックの導入を勧めるためのプレゼンテーション資料として活用してください。実施組織の人事部門等の担当者は、上長に対して、実施結果を報告する際に、客観的な他社情報として説明するため活用してください。同じ業界や同規模の会社でのキャリアコンサルティングの状況について、興味や関心を持たれる会社や上長が多いからです。

　「e-Stat」には業界や社員数ごとの詳細なデータが掲載されています。そのデータを編集して、セルフ・キャリアドックの導入を促進するため作成した資料を紹介します。

## (1)　キャリアコンサルティングを行う目的

　キャリアコンサルティングを行っている会社が、どのような目的を持って実施しているかを図表6-2に示します。「労働者の仕事に対する意識を高め、職場の活性化を図る」ことを目的にする会社が最も多くなっています。セルフ・キャリアドックが目指すところの「個人を元気に、組織を活性化する」ことで、個人と組織がWin-Winとなる機会を提供することを目的にしています。

　次に多いのは、「労働者の自己啓発を促す」ためです。セルフ・キャリアドックは人材育成の施策といえます。キャリアコンサルティング面談で

---

[2]　https://www.mhlw.go.jp/stf/houdou/00002075_000010.html

[3]　https://www.e-stat.go.jp/stat-search/files?page=1&toukei=00450451&tstat=000001031190

図表6-2 キャリアコンサルティングを行う目的

| キャリアコンサルティングを行う目的（複数回答） | ％ |
|---|---|
| 労働者の自己啓発を促すため | 71.1 |
| 労働者の仕事に対する意識を高め，職場の活性化を図るため | 69.1 |
| 労働者の希望等を踏まえ，人事管理制度を的確に運用するため | 53.8 |
| 新入社員・若年労働者の職場定着促進のため | 44.5 |
| 労働者の主体的な職業生活設計を支援するため | 40.1 |
| メンタルヘルス上の理由による長期休業等の予防や職場復帰支援のため | 29.0 |
| 社内教育プログラムの運用をより効果的に行うため | 28.6 |
| 中高年社員の退職後の生活設計や再就職等の支援のため | 14.6 |
| その他 | 3.7 |
| 不　明 | 0.8 |

厚生労働省（2021）をもとに筆者が作成

キャリアビジョンを明確にしていくと，その実現のために必要な知識・スキルの習得など能力開発の目標を設定することができます。それらを習得して，自分の成長につなげたいという気持ちが生まれることで，会社が実施している教育研修に対する取り組み姿勢も変化してきます。会社が実施する教育研修を「やらされていた」から「成長にとって必要なもの」に変えていきます。社員の能力開発に対するマインドセットを促すことにつながるのです。

「労働者の希望等を踏まえ，人事管理制度を的確に運用する」，「社内教育プログラムの運用をより効果的に行う」ことが目的になっています。セルフ・キャリアドックでは，経営理念や経営ビジョンがどれぐらい浸透しているか，経営者や人事が把握していない組織の課題や社員の要望，制度の運用に対する意見などを収集することができます。現状を把握すること

ができれば，的確な対策を打つことが可能になります。

　「新入社員・若年労働者の職場定着促進のため」，「労働者の主体的な職業生活設計を支援するため」，「メンタルヘルス上の理由による長期休業等の予防や職場復帰支援のため」，「中高年社員の退職後の生活設計や再就職等の支援のため」といった多くの会社に共通する人材に関する課題が目的になっています。若手社員の定着，メンタル不調者の削減，中高年社員のモチベーションの向上といった課題以外では，育児休職からの復職支援や女性の管理職比率を高める女性活躍の推進などを目的としている会社もあります。

## (2)　キャリアコンサルティングの実施時期

　キャリアコンサルティングを実施している会社で，企業規模別にキャリアコンサルティング面談を行う時期を図表6-3に示します。社員数にかかわらず「労働者から求めがあった時」にキャリアコンサルティングを実施するのが最も多くなっています。労働者からの求めがあった時以外では，「1年に1回，3年に1回など，定期的に」，「入社3年，5年目など入社から一定の年数が経過した時」，「40歳，50歳など一定の年齢に到達した時」，「昇進，異動，職場復帰の時など人事管理の節目」などの時期に実施しています。

　セルフ・キャリアドックのキャリアコンサルティング面談は，「労働者から求めがあった時」ではなく，一定の要件に該当する社員を対象に実施します。社員数が多い企業ほど，キャリアを考える機会を提供するために一定の要件に該当する社員にキャリアコンサルティングを実施しています。比較的大きな企業では，すでにセルフ・キャリアドックを継続して導入し，実施している会社が多いことが分かります。セルフ・キャリアドックを実施すると，自発的にキャリアコンサルタントとの相談を希望する社員が増加してきます。社員がキャリアに関する相談をしたいとき，いつでも相談できるような相談窓口を設定していくことが必要になります。

図表6-3　キャリアコンサルティングの実施時期

| キャリアコンサルティング実施時期（複数回答） | 労働者から求めがあった時 | 1年に1回，3年に1回など，定期的に | 入社3年，5年目など入社から一定の年数が経過した時 | 40歳，50歳など一定の年齢に到達した時 | 昇進，異動，職場復帰の時など人事管理の節目 | 人事評価のタイミングに合わせて | その他 | 不明 |
|---|---|---|---|---|---|---|---|---|
| 30～49人 | 49.6 | 47.3 | 8.6 | 1.3 | 26.8 | 48.4 | 10.0 | 1.1 |
| 50～99人 | 56.0 | 41.6 | 10.1 | 4.7 | 22.5 | 48.3 | 7.1 | － |
| 100～299人 | 50.8 | 44.8 | 14.5 | 5.6 | 25.2 | 50.1 | 4.8 | |
| 300～999人 | 46.2 | 43.9 | 20.1 | 7.9 | 35.9 | 56.9 | 4.4 | 0.5 |
| 1,000人以上 | 50.1 | 58.2 | 26.3 | 17.8 | 35.7 | 55.3 | 4.9 | － |

厚生労働省（2021）をもとに筆者が作成

図表6-4　キャリアコンサルタントが相談を行っているか

| キャリアコンサルタントが相談を行っているか | 30～49人 | 50～99人 | 100～299人 | 300～999人 | 1,000人以上 |
|---|---|---|---|---|---|
| そうである | 11.5 | 12.2 | 8.3 | 8.7 | 11.5 |
| そうではない | 62.5 | 78.9 | 81.3 | 77.1 | 70.9 |
| わからない | 23.6 | 6.7 | 8.8 | 10.0 | 17.3 |
| 不明 | 2.4 | 2.3 | 1.6 | 4.2 | 0.3 |

厚生労働省（2021）をもとに筆者が作成

　「人事評価のタイミングに合わせて」実施するのは，キャリアコンサルタントによる相談でなく，上司との目標管理の面談に合わせてキャリアコンサルティングを実施しているものです。企業規模別にキャリアコンサルタントが相談を行っているか図表6-4に示します。キャリアコンサルティングを実施する会社で，キャリアコンサルタントが相談を行っているのは10％前後になっています。キャリアコンサルタント資格は2000年に民間資格として誕生しました。キャリアコンサルタントが存在しないとき，

社員のキャリア形成支援は主に上司である管理職が行っていました。現在でも部下のキャリア形成支援は，部下育成を担う管理職の職責ですが，会社を取り巻く事業環境が激しく変化していくなかで，これまでの延長線上でキャリアを考えられないことや部下一人ひとりの価値観が多様化していることなどで，上司によるキャリア支援は難しい状況になっています。上司のキャリア形成を支援する力を高めていく取り組みも必要になります。図表6-5のように，上司とキャリアコンサルタントが連携・補完して，部下のキャリア形成を支援してくことも大切になっています。

　セルフ・キャリアドックを実施する会社が増加することで，社内キャリアコンサルタントの養成が行われ，キャリアコンサルタントと相談する比率は上昇してくるはずです。毎年発表される能力基本調査のデータに着目してください。

➢ 目標管理の面談やキャリア面談を実施している企業では，上司が従来から持っている，キャリア支援力を再度，強化したいと考えている
➢ 従来は，上司によるキャリア形成支援が主体であったが，社員の価値観・キャリア選択の多様性等により，その機能は低下している。上司とキャリアコンサルタントとの連携・補完が必要になっている

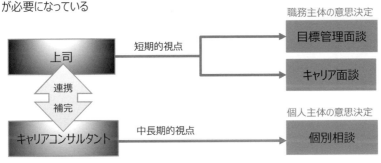

図表6-5　上司との連携・補完

## (3) キャリアコンサルティングの実施効果

　セルフ・キャリアドックの導入を検討している会社は，実施したときに得られる効果に強い関心があります。キャリアコンサルティングを実施した会社が，その効果をどのように判定しているか図表6‐6で示します。セルフ・キャリアドックの委託事業で確認した効果は，図表6‐7のとおりで，職業能力基本調査と同様の効果を確認しています。図表6‐2のキャリアコンサルティングを行う目的としてあげた事項について効果を確認しています。効果では「労働者の仕事への意欲が高まった」，「自己啓発する労働者が増えた」があります。経営者や人事部門の役職者からは，「なぜキャリアコンサルティングを実施すると仕事への意欲が高まるのか」と質問されることがあります。その際には，図表6‐8を使って説明しています。キャリアコンサルティング面談で自分の強みや興味，期待されて

図表6‐6　キャリアコンサルティングの実施効果

| キャリアコンサルティングの実施効果（複数回答） | 正社員 | 正社員以外 |
|---|---|---|
| 労働者の仕事への意欲が高まった | 52.4 | 47.2 |
| 自己啓発する労働者が増えた | 36.7 | 32.8 |
| 人事制度に労働者の希望等を的確に反映して運用できるようになった | 30.9 | 23.4 |
| 労働者が主体的に職業生活設計を行うようになった | 23.1 | 18.9 |
| 社内教育プログラムへの参加が増加した | 15.1 | 14.8 |
| 新入社員・若年労働者の定着率が向上した | 18.5 | 13.1 |
| メンタルヘルス上の理由による長期休業等が減った（職場復帰が進んだ） | 7.8 | 6.6 |
| その他 | 12.4 | 14.3 |
| 不　明 | 1.2 | 5.3 |

厚生労働省（2021）をもとに筆者が作成

180

1. 仕事への満足感，働く意味の実感，モチベーションの向上
2. 職場（上司・部下）の関係調整・対話促進
3. 上司のキャリア意識向上
4. 部下との関係性向上によるマネジメント力向上
5. 従業員主導のキャリア開発環境に
6. 従業員の給与向上，昇進昇格
7. 人材の維持・引き止め　など

(参考)
・下村英雄（2015）．企業内キャリア・コンサルティングとその日本的特質　労働政策研究報告書No.171 労働政策研究・研修機構
・下村英雄（2017）．キャリアコンサルティングの効果に関するエビデンス　JILPTリサーチアイ第21回 労働政策研究・研修機構
　　　　　　<https://www.jil.go.jp/researcheye/bn/021_170331.html>
・厚生労働省（2018）．セルフ・キャリアドック導入支援事業（平成28年度・29年度）最終報告書

図表6-7　委託事業で確認した効果

厚生労働省（2019a）より

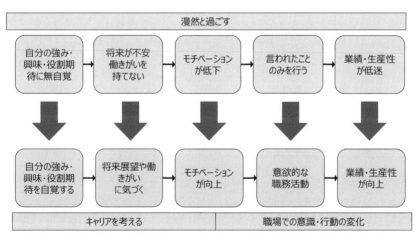

図表6-8　キャリアコンサルティングによる意識・行動変容

厚生労働省（2019a）より

いる役割について再認識することが，仕事のやりがいや働きがい，将来実現したいことや自分がなりたい姿などを気づかせ，職場での意識と行動の変化につながっていくのです。

「人事制度に労働者の希望等を的確に反映して運用できるようになった」，「労働者が主体的に職業生活設計を行うようになった」，「社内教育プログラムへの参加が増加した」，「新入社員・若年労働者の定着率が向上した」，「メンタルヘルス上の理由による長期休業等が減った（職場復帰が進んだ）」ことがあげられています。(1)のキャリアコンサルティングを行う目的でも触れていますが，人事部や人材開発部などが把握していない組織の課題や制度に対する理解度と運用に関する様々な意見を収集することで，解決に向けて効果的な対策を行うことができます。

## (4) キャリアコンサルティングを行ううえでの問題点

キャリアコンサルティングを実施するときの問題点としてあげられた事項を，図表6-9に示します。社員数が少ない企業ほど「労働者からのキャリアに関する相談件数が少ない」と回答する比率は高くなっています。キャリア形成を支援する施策を実施していない会社では，社員はキャリアを考える必要性やキャリアコンサルタントとの面談の有用性が実感できない状況にあります。また，相談できる窓口を設置している場合でも，自らアポイントを取り，相談室に行くことはとても勇気がいることです。メンタルヘルスの相談窓口を設置しても，相談件数がとても少ないのが現状です。「相談に行く人＝弱い人」，「相談すると，話したことが会社に知られてしまうかもしれない」という不安が相談の垣根を高くしています。経営トップからキャリア形成を支援する方針を発信することや，セルフ・キャリアドックを継続して実施するなかで，キャリアコンサルティングに対する社員の認識を変えてくことが，自発的な相談件数を増やすことにつながります。

「キャリアに関する相談を行っても，その効果が見えにくい」と「労働

者がキャリアに関する相談をする時間を確保することが難しい」とは連動しているかもしれません。キャリアコンサルティングを実施しても，すぐに効果は表れません。そのことが，社員が相談の機会や相談に要する時間を確保することを難しくしています。人材育成に関わるすべての施策と同様に，セルフ・キャリアドックに短期的な成果を求めるのは難しいことです。しかしながら，育成につながっていくメルクマールを設定して，キャリアコンサルティングの成果を見える化することが，キャリアコンサルティングの時間を確保する後押しとなるはずです。

　キャリアコンサルティングを行っている会社での問題点と行っていない会社（図表6-10）の理由はとても類似しています。「キャリアコンサルタント等相談を受けることのできる人材を内部で育成することが難しい」，「相談を受けることのできる者はいるが，その者の他の業務が多忙のため，キャリアに関する相談を受ける時間がない」，「キャリアコンサルティング等のサービスを外部から調達するのにコストがかかる」ことがあります。セルフ・キャリアドックを実施するときには，社内のインフラ整備が必要となります（『セルフ・キャリアドック入門』第4章で企業内インフラの整備について解説しています）。このような背景があり，2016年の職業能力開発促進法の改正後は，キャリアコンサルタント資格を持った社員を増やすため，資格取得を奨励する会社が増えています。キャリアコンサルタントの養成講座では，キャリアコンサルタント資格を保有する社員を増やしたい会社の社員が多く受講しています。また，雇用保険の教育訓練級金制度[4]では，より専門性が高い知識や資格取得のために学ぶ際に適用される「専門実践教育訓練給付金」としてキャリアコンサルタント養成講座の受講料の70％（講座終了時50％＋資格取得20％）が支給されます。筆者もこの給付を活用しました。

　キャリアコンサルティング面談をすべて社外キャリアコンサルタントで

---

[4]　教育訓練給付制度 厚生労働大臣指定教育訓練講座 検索システム　https://www.kyufu.mhlw.go.jp/kensaku/

図表 6 - 9　キャリアコンサルティングを行ううえでの問題点

| キャリアコンサルティングを行ううえでの問題点<br>（複数回答） | 30〜<br>49人 | 50〜<br>99人 | 100〜<br>299人 | 300〜<br>999人 | 1,000人<br>以上 |
|---|---|---|---|---|---|
| 労働者がキャリアに関する相談をする時間を確保することが難しい | 28.7 | 28.9 | 28.9 | 33.5 | 45.1 |
| キャリアに関する相談を行っても，その効果が見えにくい | 27.9 | 29.0 | 44.2 | 46.7 | 54.0 |
| 労働者からのキャリアに関する相談件数が少ない | 36.9 | 56.3 | 39.5 | 28.9 | 25.2 |
| キャリアコンサルタント等相談を受けることのできる人材を内部で育成することが難しい | 31.3 | 26.4 | 35.3 | 37.6 | 24.9 |
| 相談を受けることのできる者はいるが，その者の他の業務が多忙のため，キャリアに関する相談を受ける時間がない | 14.8 | 14.9 | 19.3 | 27.2 | 23.6 |
| キャリアコンサルティング等のサービスを外部から調達するのにコストがかかる | 13.9 | 18.5 | 21.3 | 11.7 | 18.6 |
| その他 | 12.0 | 6.8 | 5.5 | 5.5 | 7.3 |
| 特に問題は無い | 26.1 | 25.7 | 36.7 | 25.6 | 36.5 |
| 不　明 | 3.9 | 2.2 | 1.1 | 0.6 | 0.2 |

厚生労働省（2021）をもとに筆者が作成

図表 6 -10　キャリアコンサルティングを行っていない理由

| キャリアコンサルティングを行っていない理由<br>（複数回答） | 30〜<br>49人 | 50〜<br>99人 | 100〜<br>299人 | 300〜<br>999人 | 1,000人<br>以上 |
|---|---|---|---|---|---|
| キャリアコンサルタント等相談を受けることのできる人材を内部で育成することが難しい | 31.2 | 33.1 | 42.0 | 37.9 | 36.3 |
| 相談を受けるための人員を割くことが難しい | 22.5 | 26.6 | 26.3 | 28.6 | 26.8 |
| 労働者からの希望がない | 50.2 | 48.6 | 41.5 | 36.2 | 27.0 |
| 労働者がキャリアに関する相談をする時間を確保することが難しい | 25.6 | 23.4 | 26.7 | 23.4 | 19.4 |
| キャリアコンサルティング等のサービスを外部から調達するのにコストがかかる | 24.2 | 25.5 | 27.3 | 25.9 | 25.9 |
| キャリアについての相談を行う必要はない | 11.4 | 11.4 | 9.9 | 4.7 | 4.1 |
| その他 | 14.6 | 12.2 | 11.7 | 18.8 | 26.0 |
| 不　明 | 6.5 | 5.5 | 1.7 | 4.2 | 2.6 |

厚生労働省（2021）をもとに筆者が作成

行うのは，費用面での会社負担が大きいだけでなく，効果の面でも問題が生じる可能性があります。キャリアコンサルタントが社員であれば，会社が置かれている経営環境や組織体制などを熟知していますし，相談者の仕事内容についても理解しています。社外キャリアコンサルタントが仕事内容までしっかり理解できるようになるには，多くの社員との面談を経験しなければなりません。一方で，プライベートな問題については，社員のキャリアコンサルタントには相談しづらいと考える社員もいます。社員がキャリアコンサルティング面談を希望するとき，社内あるいは社外キャリアコンサルタントを選択できるようにしている会社があります。社内と社外のキャリアコンサルタントによる面談のメリットとデメリットを勘案し，双方の特性を活かせる相談体制を構築することが必要です。

## (5) 産業別・企業規模別のキャリアコンサルティング実施状況

キャリアコンサルティングを実施していると回答した会社を，産業別と企業規模別に分類したものを図表6-11に示します。政府統計ポータルサ

図表6-11 産業別のキャリアコンサルティング実施状況

| 産業分類 | ある | ない | 不　明 | 産業分類 | ある | ない | 不　明 |
|---|---|---|---|---|---|---|---|
| 金融業，保険業 | 80.8 | 18.8 | 0.3 | 教育，学習支援業 | 41.9 | 56.0 | 2.1 |
| 電気・ガス・熱供給水道業 | 68.4 | 30.2 | 1.3 | サービス業（他に分類されないもの） | 33.6 | 65.9 | 0.5 |
| 情報通信業 | 55.0 | 41.9 | 3.2 | 不動産業物品賃貸業 | 43.4 | 55.9 | 0.7 |
| 学術研究専門・技術サービス業 | 45.5 | 54.5 | 0.0 | 卸売業，小売業 | 33.7 | 66.1 | 0.2 |
| 医療，福祉 | 51.3 | 47.6 | 1.1 | 運輸業，郵便業 | 29.8 | 68.6 | 1.5 |
| 宿泊業飲食サービス業 | 44.7 | 52.4 | 2.9 | 製造業 | 30.8 | 68.6 | 0.6 |
| 建設業 | 35.4 | 63.3 | 1.3 | 生活関連サービス業娯楽業 | 27.6 | 72.3 | 0.0 |

厚生労働省（2021）をもとに筆者が作成

イト「e-Stat」からダウンロードできるデータでは，さらに細分化された調査結果が掲載されています。銀行や保険会社などの金融業や保険業，電気・ガス・水道・ガスなどのインフラを担う業界では，積極的にキャリアコンサルティングが実施されています。一方，製造業や生活関連サービス業，娯楽業などでは，実施されている比率は低い状況です。人材の確保が経営課題になっている病院，幼稚園，介護施設などで，セルフ・キャリアドックを導入する会社や施設が増加しています。現状では実施比率が低い産業においても，今後上昇していくものと思います。

　会社の規模別での実施状況を図表6-12で示します。社員数が多い会社ほど実施する比率が高く，1,000名以上の約6割の会社で実施しています。社員数が少ないほど実施している会社は少ないのですが，教育研修プログラムの実施状況についても同様です。同業や同規模の他社における状況に関心を持つ経営層は多いはずです。

図表6-12　企業規模別のキャリアコンサルティング実施状況

| 企業規模 | ある | 正社員，正社員以外どちらも | 正社員のみ | 正社員以外のみ | ない | 不　明 |
|---|---|---|---|---|---|---|
| 30〜49人 | 24.2 | 14.4 | 9.4 | 0.2 | 75.0 | 0.8 |
| 50〜99人 | 30.9 | 16.2 | 14.1 | 0.6 | 69.0 | 0.1 |
| 100〜299人 | 29.2 | 14.6 | 13.9 | 0.7 | 70.7 | 0.1 |
| 300〜999人 | 40.8 | 24.7 | 15.8 | 0.7 | 59.0 | 0.2 |
| 1,000人以上 | 61.6 | 39.5 | 21.8 | 0.0 | 37.2 | 1.2 |

厚生労働省（2021）をもとに筆者が作成

# 2
# 結果報告書の作成

　キャリアコンサルティング面談の結果は，報告書を作成後，キャリアコンサルタントが実施組織または経営者に報告します。複数のキャリアコンサルタントが参加する場合は，結果報告書を作成するキャリアコンサルタントに対して，面談内容を詳細に報告する必要があります。委託事業では結果報告書を作成するにあたり，検討会を開催して個々のキャリアコンサルタントが作成した面談記録をもとに，把握した情報や課題について共有します。

　人事部や人材開発部が外部の研修会社を使う場合，研修会社から研修終了後に結果報告書をもらいます。本年度の受講生の状況，特徴や傾向，研修内容の理解度，プログラムの修正点などをまとめたものです。研修会社や担当した講師の考えを聴くことで，その力量を把握することができます。実施組織である人事部や人材開発部のスタッフは，多くの報告書を読んでいますので，報告書の良し悪しを評価する力を持っているのです。社外キャリアコンサルタントが報告書を作成するとき，報告書の内容次第で力量が評価されているのです。社外キャリアコンサルタントにとって，クライアント企業に有益な情報を提供する報告書の作成力は必須であり，クライアント企業が求めるレベルの報告書が作成できないと，次年度の契約更新が難しくなってしまいます。

　結果報告書の作成フォームは，『セルフ・キャリアドック入門』第 7 章 6 （PP.219〜222）で紹介しています。事前に実施組織の担当者と相談して，結果報告書に記載する事項などを検討してください。

## （1）　結果報告書の目的

　結果報告書を作成する目的は，キャリアコンサルティング面談によって把握された全社，あるいは特定の組織における課題や相談内容の全体傾

向，および本人の同意を得た上で会社が知っておくことが望ましいと思われること等，を実施組織に伝えるためです。セルフ・キャリアドックが目指すのは，社員のキャリア形成を支援するのと同時に，組織の活性化を図ることです。結果報告書は組織の活性化につながるものであることが求められます。報告書を受け取った実施組織は，結果報告書に記載された組織や制度に関連して生じている様々な問題を検証して，解決に向けての具体策を立案し，実行することで解決することができます。また，ガイダンスセミナーやキャリアコンサルティング面談において，社員のキャリア形成に関する意識や気づきを知ることで，次年度のセルフ・キャリアドックの改善点を検討することができます。

　社員の抱えている問題のなかには，社員個々人では解決できない組織に起因している問題や人事制度やその運営に係わる問題があります。それらを具体的に提示されることは，会社にとって耳が痛いものかもしれません。特に留意しなければならないのは，だれが発言したのか特定できないよう記述することです。キャリアコンサルティング面談を実施する社員が10名未満の場合や1名しか訴えなかった問題は，だれの発言であるか特定される可能性があります。キャリア形成に関する会社と社員の認識について把握できる，中央職業能力開発協会（JAVADA）の「キャリア健診」では，調査対象者が10名未満の場合には実施できないことになっています。組織診断を行うツールなども同様で，セルフ・キャリアドックで組織に内在する問題や人事制度とその運用に関する問題などを結果報告書として作成する場合，キャリアコンサルティング面談の対象者が10名以上の場合であれば作成するという認識を持つ必要があります。

## (2)　作成のポイント

### ①事前準備

　キャリアコンサルティング面談の対象者を選定する際，実施組織の担当者に対して入念にヒヤリングを行います。担当者が把握している組織や制

度および人材育成に関する問題と課題などを幅広く聴くことが大切です。セルフ・キャリアドックでのキャリアコンサルティング面談は，自発的な相談と違い，1回の面談で終了します。もちろん，面談した社員が早急に解決したい問題を抱えている場合，継続した面談を行っていけないわけではありません。セルフ・キャリアドックの非自発的なキャリアコンサルティング面談では，今後のキャリア形成における「気づき」を得ることが主な目的となります。様々な視点から気づきを得ることが，キャリアを考えることの必要性や重要性を認識することを促します。その後，自発的な相談でキャリアデザインを行い，キャリアプランを検討することにつながるのです。

　1回の面談時間が50〜60分で行われるキャリアコンサルティング面談で，組織や制度に起因する問題をより把握するためには，事前の会社情報の収集が必須です。ヒヤリングを行う際に使用するシートの例を，図表6-13に示します。インタビューする項目は，会社の概要，会社の基本情報，人材育成ビジョン，会社の現状，人材育成上の課題などです。キャリアコンサルタントがインタビュー後に記入する場合と実施組織の担当者に記入してもらう場合がありますが，より多くの情報が得られる方法を選択してください。

　キャリアコンサルタントがキャリアコンサルティング面談に臨むとき，会社サイドにどのような問題や課題の認識があるか知っておくことで，面談ではそれらの点にアンテナを立てて面談者の話を聴くことができます。人事制度を大幅に改定した直後の会社で導入を支援したとき，実施組織の担当者からは社員が人事制度の改定に対して不満を持っていることを聞きました。面談では，その点に留意して聴いたのですが，社員からは改定された制度に対する不満はあまりなく，それよりも人事部や上司から改定した制度の説明や質問に対する回答がなかったことへの不満が多く出ました。「人事制度の改定内容に対する不満」という会社が考えている問題を念頭において面談したことで，社員サイドの「上司の説明や質問への回答

1．概要

| 訪問日 | 年 月 日 | キャリアコンサルタント氏名 | |
|---|---|---|---|
| 企業名 | | 【業種】 | |
| 事業内容 | | | |
| 住所 | 〒 | | |

| 実施に係る | 部署・役職 | | 氏名 | |
| 責任者 | TEL | | Mail | |
| 窓口 | 部署・役職 | | 氏名 | |
| 責任者 | TEL | | Mail | |

2．基本情報

| 従業員数 | 男性 人 女性 人 計 人　　正社員 人,契約社員 人,その他 人 |
| | 年代別:30歳未満 人,30〜39歳 人,40〜49歳 人,50〜59歳 人,60歳以上 人 |
| 昨年度入社数 | 新規入社数:男性 人 女性 人　　中途入社数:男性 人 女性 人 |
| 離職者数 | 定年: 人(男性 人 女性 人)　　定年以外の主な理由: |
| 休職者数 | 人,(休職理由内訳) |
| 若年者の定着状況 | | 残業時間 | |
| 多様な人材活用 | | 福利厚生 | |
| 障がい者雇用 | | ワーク・ライフ・バランス | |

3．人材育成ビジョン

| 経営理念 | |
| あるべき人材像 | |
| 人材育成方針 | |

4．会社の現状

| 業界・自社を取りまく状況 | | 人事処遇に関する制度 | |
| 企業風土 | | 会社の特色 | |
| キャリア形成支援施策 | | | |

5．人材育成上の課題

| |
|---|

> インタビューする項目

1．会社の概要

2．基本情報

3．人材育成ビジョン

4．会社の現状

5．人材育成上の課題

**図表6-13　ヒヤリングシート例**

厚生労働省（2018）より

がなかった」という問題認識のギャップを見つけることができました。

## ②面談記録の作成

　キャリアコンサルティング面談を実施した後，キャリアコンサルタントは面談した社員一人ひとりの面談記録を作成します。面談記録を作成するとき，面談から知り得た「事実」とキャリアコンサルタントの「見立て」を明確に区分して記載することが大切です。面談記録をすべて作成した後に読み返してみると，複数の社員が同様の問題を抱えているのを発見することができます。同じ部署の社員が，同じような問題を抱えているならば，その問題はその職場に起因しているかもしれません。異なる部署の社員が同様の問題を抱えているならば，会社全体にあるのかもしれません。

　結果報告会に出席する人事担当役員や人事部長からは，「具体的にはどのような話がありましたか」といった質問があります。その際には，面談

から知り得た事実を伝えることが必要ですが，面談記録の作成段階で事実と見立てを区分しておくと容易に答えることができます。質問者が知りたい事実を的確にフィードバックすることで，組織の課題に対する認識を深めることができます。

### ③記載する内容

　結果報告書の冒頭では，キャリアコンサルティング面談の概要を記載します。実施する目的や対象者・人数・実施日等を記入して，人事担当役員や人事部長等に実施したセルフ・キャリアドックの概要を理解していただけるようにします。次に記載する項目は，下記のとおりです。

A）面談した社員の全体としての印象や相談の傾向
B）面談から見えてくる組織視点での問題や課題
C）組織視点での問題や課題を解決するための方策
D）キャリアコンサルタントの所感

　文章であれば，概要以下の記載事項は起承転結の並びになっています。「起」は面談した社員全体から受けた印象や相談の傾向，「承」は面談のなかで知り得た事実と想定される組織視点での問題や課題，「転」はそれらの問題や課題を解決するため，改善するための具体的な方策，「結」はキャリアコンサルタントが面談で感じたことや今後の会社としてのキャリア形成支援に期待することなどです。

### A）面談した社員の全体としての印象や相談の傾向

　社外キャリアコンサルタントが，社員の全体としての印象や相談の傾向をまとめるときに留意してほしい点は，「とても良いと思った点」と「少し気になった点」についてバランスよく書くことです。良い点を書くのは，自社が持っている良い点に気づいていない場合が多いからです。他社での面談経験を有している社外キャリアコンサルタントだからこそ，会社が認知していない良い点を伝えることができます。報告会の冒頭で説明す

ることも踏まえて，プラス面とマイナス面についてバランスよく言及してください。そうすることで，報告を受ける側にはもっと聞きたいという聞く姿勢が生まれます。良い点について伝えられることで，組織の問題や課題，改善すべき点について真摯に受け止める気持ちになることを期待します。

B）面談から見えてくる組織視点での問題や課題

　結果報告書を作成するとき最も注力するのは，面談から見えてきた組織視点での問題や課題，その問題や課題を解決するための具体的な方策の提案をすることです。キャリアコンサルティング面談で知り得た事実と問題の因果関係を考えるとき，キャリアコンサルタントには組織を観る視点＝組織を見立てることが必要となります。組織的な問題や課題の多くは，すでに実施組織が把握しているものかもしれません。しかし，それらの問題に対しての施策をすでに実施している場合は，その効果を検証することができます。実施組織が気づいていない問題や課題を伝えられるならば，あらたな手を打つことができて組織運営の改善につなげることができます。

　キャリアコンサルティング面談の前に実施するガイダンスセミナーで，面談対象者がキャリアコンサルタントとの面談は安心で安全な場であると認識できると，実施組織には見えていない問題や課題を発見することが容易になります。キャリアコンサルタントとしての見立てで問題や課題を検討する前には，面談を通じて把握した事実から抽出した問題や課題を書き出して，同種のものに分類していきます。その中から3〜4個選んで結果報告書に記載します。記入しきれない事項は報告会で口頭で補足説明することもできます。人事担当役員や人事部長が出席する報告会の開催時間は限られています。面談対象者から取得したアンケートの結果をグラフにするなど，読みやすく分かりやすい文章を作成します。

C）組織視点での問題や課題を解決するための方策

　問題や課題を解決するための方策を考えるとき，その会社が実施できるかどうかを考えすぎると提案できなくなります。限定した人数の面談対象

者に１回のキャリアコンサルティング面談を行ったことで，経営トップのヒヤリングから一般職までの階層別ヒヤリングや大規模なアンケート調査など，時間と費用をかけた情報収集のための調査を行う人事コンサルティング会社のような解決策を提案することはできません。解決に向けての方策を例示するぐらいと考えて提案内容を検討します。また，提案した方策を考えた背景や期待される効果について，口頭で補足することが大切です。提案された事項を検討して実行するのは主に実施組織です。実施組織が検討できるような情報を提供します。

　人事部や人材開発部などでの勤務経験がないキャリアコンサルタントの場合，なにを提案したらよいか分からないと思われるかもしれません。組織運営や人事制度に関する一定の理解は必要となります。具体的な提案のヒントを得るためには，「人事制度関連」，「教育プログラム関連」，「制度の運用改善」の３つに分野から検討することで，課題解決に役立つ施策を見つけることができます。

　『セルフ・キャリアドック入門』第３章（P.87）に企業への提案例を記載しています。それぞれの施策の目的や期待される効果について，書籍やインターネット等で調べて，実施方法についても理解しておくと，解決に向けた具体的な提案をすることができます。会社や団体などの組織で勤務した経験があれば，自身が体験したものも多いでしょう。また，名称については聞いたことがあるものが多いでしょう。結果報告書に組織開発の視点で記載するためにも，組織活性化につながる施策の内容について幅広く理解する努力を継続してください。

D）キャリアコンサルタントの所感

　ガイダンスセミナーやキャリアコンサルティング面談を通して，キャリアコンサルタントが感じたことを率直な表現で記載します。先述したＡからＣは，キャリアコンサルティング面談の全体を踏まえて書くことや要点を簡潔に説明するため箇条書きで記載しますが，キャリアコンサルタントの所感は，面談を通して受けた印象や今後のセルフ・キャリアドック

に期待することなどについても言及して構いません。

## (3) アンケートの集計

キャリアコンサルティング面談の終了後，アンケートを無記名で記入してもらいます。「面談の満足度，有益であったか」，「キャリアコンサルタントの対応はどうだったか」，「機会があれば，またキャリアコンサルティング面談を受けたいか」などの質問に率直に回答してもらうためです。各質問に自由記述欄を設けておくと，具体的な気づきや意見を書いてくれます。自由記述欄の意見から，今後のセルフ・キャリアドックの運営に役立つものを多く発見できます。図表6-14に集計例を示しますので参考にしてください。

アンケートでの質問項目やフォームは，本書第3章P.85に掲載しています。対面の面談では終了5分前になったら，アンケートの記入を依頼します。オンライン面談では事前にアンケートを送付しておき，なるべく速やかに記入するよう依頼します。アンケートの回収で実施組織を経由する場合は，記入者が特定されることを懸念して本音が書けなくなる場合があります。そのよう場合には，実施組織の担当者が読めないように封筒に入れて送付することやキャリアコンサルタントにメールで直接送付するなどの工夫をします。

## (4) 結果報告書の記入例

社外キャリアコンサルタントが結果報告書を作成するときは，記入する項目を実施担当者と事前に相談して決定します。結果報告書の形式や記述を検討していただくため，私が作成した結果報告書を記入例として図表6-15に示します。

結果報告書の作成は，実施担当者へのヒヤリングを行う段階から始まっています。実施担当者が抱えている問題や課題を聴取しておくと，キャリアコンサルティング面談のなかで注意深く探ることで，その原因や背景が

## Q1. 今回の面談について総合的な満足度

コメント抜粋

・自分自身の状況をポジティブに捉えることができた。
・成長する為のヒントをもらえた。（ネガティブからの転換）
・自分の目標が少し明確に見えてきた。
・幅広い視点から話を引き出していただき、更に様々な見解をもらえたり、今後どうしていきたいか日々ぼんやりと悩んでいたことが明確になった。
・私の事をよく理解してくださり、共感していただいたことが良かった。
・いつも考えていることについて話すことができ整理ができました。
・素直に話せ、聞いてくださったと感じた。
・将来のことについて見つめる良い機会になった。
・話をすることで自分の思考が深まった。
・普段会社の人と話せないことを話せて良かった。

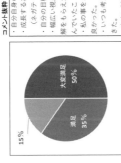

| | |
|---|---|
| 大変満足 | 10 |
| 満足 | 7 |
| どちらでもない | 3 |
| やや不満 | 0 |
| 不満 | 0 |
| 回答なし | 0 |

総括

大変満足と満足を合わせ17名 85%が総合的な満足度は高評価と捉える。どちらでもないと答えられた3名 15%の方は、相談内容が自分で言えなかった、または、今の自分が恵まれた状況にあるこのキャリア面談はこのタイミングでなくともよかった等、話せなかった内容では無かった。全体的には、キャリアを振り返り、思いを整理する良い機会にできたと考える。

## Q2. キャリアコンサルタントの対応

コメント抜粋

・自分自身の課題をしっかりと話せる対応をしてくれた。
・会話のキャッチボールをしてくれた。
・会話の一つ一つを、とても丁寧に聞いてくれた。
・日々あまりないこと。
・幅広い視点から話を引き出してもらえ、更に様々な見解をもらえたり、今後どうしていきたいか。
・自分ぼんやりと悩んでいたことが明確になった。
・自分の気づいていなかった視点の話を聞けた。
・話をちゃんと聞いてくれて、共感してアドバイスをもらえたこと。
・批判せずに話を聞いてくれたところ。
・ちゃんと話を聞いてくれた。
・否定をしない点は良かった。

| | |
|---|---|
| 良い | 14 |
| やや良い | 6 |
| どちらでもない | 0 |
| やや悪い | 0 |
| 悪い | 0 |
| 回答なし | 0 |

総括

自身の話が受け入れられ・共感される事に安堵し、面談対象者も心を開き、普段は話せない内容まで話せたと満足された事をコメントと数値データが表している。キャリアコンサルタントは相談者との信頼関係を構築し、傾聴技術が示されたデータである。

**図表6-14 アンケートの集計例（1/2）**

厚生労働省（2019b）を筆者が一部修正

Q3. 今回の面談の有益性

Q4. 今後も機会があればキャリアコンサルティング面談を希望されるか

**コメント抜粋**

・今までぼんやりと悩んでいたことが、明確になった。
・"こんな考えでも良いのか"と思っていた事を、逆に提案・指摘してもらえて、自分の考えでも大丈夫なんだと思えた。
・世の中の動向や会社の傾向を聞けて、ためになった。
・自分のキャリアプランが見えてきた。
・改めて自分の考えをまとめる機会になった。
・将来について改めて考えることができた。
・新しい気づきが得られた。

**コメント抜粋**

・社外で、かつ、自身とは異なる経験のある方との話しは、とても貴重で効果的であった。
・期間を空けて、定期的に希望する。
・気が楽になった1時間だった。
・その時の状況により。

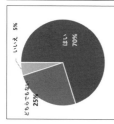

どちらでもない 10%
有益だった 90%

| 有益だった | 18 |
| どちらでもない | 2 |
| 有益ではなかった | 0 |
| 回答なし | 0 |

いいえ 5%
はい 70%
どちらでもない 25%

| はい | 14 |
| どちらでもない | 5 |
| いいえ | 1 |
| 回答なし | 0 |

**総括**

18人、90%の面談対象者が、今回のキャリアコンサルティング面談を「有益だった」と回答されており、ご自身の中で職業に対する思いの確認ができたり、将来のプランを考えられた事、キャリアコンサルティング面談の有益性が示されている。

**総括**

どちらでもないと答えられた5名と25%の方も状況によっては必要な場合に受けたいとの状況。また、14名70%の方は今後もキャリアコンサルティング面談を希望していることから、今後も必要に応じたキャリアコンサルティング面談を実施する事で、考えを整理し、モチベーションの維持・向上の機会を提供される事をご提案したい。

**図表6-14 アンケートの集計例（2／2）**

厚生労働省（2019b）を筆者が一部修正

## 1. 実施概要

| 実施期間 | 2021年〇月〇日 ～ 2021年〇月〇日 | | |
|---|---|---|---|
| ガイダンスセミナー | 2021年〇月〇日　実施場所（　△株式会社会議室　） | | |
| | 対象層 | 人数（性別） | 雇用形態 | 実施期間 |
| | 管理職 | 男性　14名<br>助成　12名 | 正社員 | 2021年〇月〇日<br>～ 〇月〇日 |
| 面談対象者 | 管理職 | | |
| キャリア研修 | 内容 | | 実施期間 |
| | 40歳、50歳が対象の2日間の研修 | | 2020年〇月〇日 |
| 社員への制度周知方法 | [周知日（予定時期）]　　年　月　日　未定<br>[周知方法] a）就業規則　b）労働協約　c）社内通達　d）その他（　　　） | | |

## 2. キャリアコンサルティング面談の傾向

【全体の傾向】

- 社員を支援する仕組みが整備され、非常に明るい職場風土だと感じました。
- 現在の仕事にやりがいを感じ、仕事に責任感も強く、会社や職場に対して満足している人がとても多いと感じました。
- 多くの人から"専門性"というキーワードが出てきて外的キャリアに対する課題意識は強いようです。しかし将来キャリアについてはその専門性を模索している人が少ない印象です。
- 将来のありたい姿といった内的キャリアが高まると強い自律したキャリア人材が育つものと考えます。

| 主な相談内容の傾向 | 具体的内容 |
|---|---|
| 【キャリアビジョン】<br>・将来への思いと実現方法 | ・生涯現役を実現したいと考えており、自分が本当にやりたいことを選択して実行したい。<br>・自分がやりたい仕事は明確になっているが、実際にその部署に異動になっているが、違う分野への異動が不安である。<br>・入社以来、同じ部署で勤務しており、どのようにキャリア形成をしていけば良いか考えられない。<br>・人事部から異動による、どのようにキャリア形成をしていけば良いか考えられない。<br>・セカンドキャリアで実現したいことがある。そのためにどんな学習や準備をすればよいか分からない。<br>・将来に対して不安がある。具体的にどうすればよいか分からない。 |
| 【専門性の確立】<br>・自分の専門性<br>・資格やスキルの習得方法 | ・確かな経験によるキャリアリストではあるが、専門性に欠けていないと思っている。<br>・仕事に必要な知識や資格は取得しているが、今後専門性を確立するには何をしたら良いか分からない。<br>・オールラウンドの人材が求められるが、どんな知識やスキルを習得すればよいのか。<br>・専門領域のスペシャリストになるため、どんな知識やスキルを習得していけば良いのかわからない。<br>・社外でも通用する人材となるためには、どのようにキャリア形成していけば良いのかわからない。<br>・女性が管理職を目指したいが、管理職を目指せること。そのあり方について迷っている。<br>・今の仕事をやり遂げることで、自分の専門性を確立したい。 |
| 【ワークライフバランス】<br>・育児と仕事の両立<br>・親の介護・相談 | ・キャリア形成を考えるとき、ワークライフバランスを考慮した目標を設定したい。<br>・仕事とプライベートのバランスを取りながら両立する難しさを感じている。<br>・今後の出産や育児などのライフイベントを考えると、経験や知識のある現部署で今後も働き続けたい。<br>・実家が遠方であり、親の介護や土地・家屋の相談についてどんな準備が必要か教えてほしい。 |
| 【その他】<br>・老後の生活、健康<br>・社外との関わり | ・65歳まで働きその後の生活は考えないつもり。リタイア後の生活をあまり現実的には考えたことがない。<br>・これまで仕事中心でできたので、趣味というものが少ない。これからの老後の趣味を見つけたい。<br>・社外ネットワークはできていないが、社外のネットワークが少ない。若手のネットワークを取りたいが積極性が足りない、もう少し勉強するようにしたい。<br>・今後、地域との関わりを増やしていきたい。 |

**図表 6-15　結果報告書の記入例（1／2）**　厚生労働省（2019b）を筆者が一部修正

3. キャリアコンサルティング面談から考えられる課題と対応策のご提案

| 課題 | 対応策 |
|---|---|
| 【個の支援強化】<br>・組織視点のアプローチで，Off-JTで実施する研修が充実している。<br>個の支援を強化するための施策も充実させていく。 | ・中長期的な視点での育成ローテーション計画を，部門を巻き込んで作成する。<br>・社員が中長期のキャリア開発計画を作成するのを支援するため，30歳，40歳，50歳といった節目の年齢にキャリア研修とキャリアコンサルティング面談を実施する。<br>・新しい仕事への異動者や育児休職からの復職者などに，キャリアコンサルティング面談を実施する。<br>・自分の能力や可能性に気付き自信が持てるような仕組みづくりとしてキャリアコンサルティング面談を定着させる。 |
| 【新しい教育研修プログラムの導入】<br>・業務経験や習得した知識・スキル，取得した資格などが，自信を持って社外で通用する専門性に繋がると思えるようにする。 | ・ライフキャリアの視点を取り入れて，組織として個人のキャリア育成に取り組む。<br>例えば，上司によるキャリア形成支援を行うための研修を導入する。<br>・さらに各自が保有する知識やスキルの検証を支援し個人が自己理解を深め自律的に自己研鑽に取り組む風土を醸成する。<br>・社外人材との交流の機会を増やし，自分とは違う考え方，仕事への取り組みやアプローチの方法などを学び自分の専門性や能力を客観的に評価できるようにする。 |

4. 実施後アンケート集計結果

1-1. の満足度については，大変満足と満足をあわせると100%と全員が満足と感じている。
2-1. のキャリアコンサルタントの対応については，良いが100%と高い評価である。
3. ご自身にとってどの程度有益かについては，100%の人が有益と感じている。
5. 今後もキャリアコンサルティング面談を受けたいかとの質問については，100%の方が"受けたい"と回答している。
面談実施後のアンケート結果から今回のセルフ・キャリアドックトライアルは，社員にとって自己理解が深まり多くの気づきに繋がる有効な施策であることが分かる。
各質問に対する対象者のコメントや各項目の総括については，添付の「キャリアコンサルティング面談実施後アンケート集計」を参照ください。

5. 所感

事前にご自身の業務等の整理をされ，面談シートもしっかり記入していただいている方が多く，面談もやりやすく感じられました。今回は人事系の方が対象でしたが，責任感が強く向上心もあり，皆様のモチベーションの高さを感じました。会社として数年で異動があるそうですが，本人が希望されて異動している方も多く，新たな挑戦をしていらっしゃることが感じられました。ただそろそろ異動すべき，次はここを目指すべきといった「べき論」に囚われている人が多く，本人の真の希望とは異なる要望を出しているといったケースも見られました。会社に対しての不満はほとんど聞かれず，自分自身に対する自信のなさや専門性の欠如を訴える方が目立ったのが印象的でした。「負けず嫌い」という言葉も何度か聞かれ，周囲の期待に応えたいと常に努力されており，成果へのこだわりも感じられました。キャリアコンサルティングを通して，客観的にご自身のキャリアを整理していくことで達成感を感じられたり，可能性に気付かれたりする方も多かったようです。このことからもキャリアコンサルティング面談を他部署にも広めていかれることで従業員の内的キャリアが充実し，モチベーションが向上し，職場全体の活性化につながると思います。（○○）

とても風通しが良く，明るい職場風土であることを実感しました。契約社員から正社員になった方やキャリアチャレンジを活用して異動された方など，ご自身のキャリアを考えて行動する社員を支援する仕組みが整備され，円滑に運用されているのが素晴らしいと感じました。一方，これまでの業務経験から社外でも通用する専門性を保有しているにもかかわらず，自分には業務を通じて得た専門性がないと思われている方がかなり見受けられました。自分を客観的に見ることができ，自己理解を深めることは，今後のキャリアを考えるうえでとても重要です。具体的に今後のキャリア形成を考えている方がいる一方，どのように考えていけばよいか分からない方が散見されました。人事制度の改定も検討されておられますが，キャリア開発が人財開発・育成につながることを踏まえて，セルフ・キャリアドックを広めていただくことで個の支援がますます強化されることを希みます。（○○）

図表６-15　結果報告書の記入例（２/２）

厚生労働省（2019b）を筆者が一部修正

浮かび上がってきます。面談のなかで把握した事実をもとに，キャリアコンサルタント視点で問題を見立て，解決のための方策を提案することができます。良い結果報告書にするためには，把握した事実と問題との因果関係や解決策がしっかり説明できていることが重要です。そして，結果報告書を作成したら実施組織の担当者に事前に読んでもらい，分かりづらい表現になっていないか，何を伝えたいのか分かりにくくないか，解決のために何をしたら良いか具体的な提案になっているかなどを確認してもらいます。実施組織の担当者が上司に理解してもらいたいことなども確認して結果報告書に記載することもあります。実施組織の部長や人事担当者が理解しやすい言葉づかいや表現を用いることは効果的ですし，課題解決のためにすでに実施している施策なども確認しておきます。

## 3
## 結果報告会の開催

　キャリアコンサルティング面談の終了後，概ね1ヵ月以内に結果報告会を開催します。アンケート結果の集計や課題の解決策の検討，結果報告書のドラフトの作成，実施担当者に事前に意見を求めて結果報告書を修正するなどに要する日数を想定して開催日を決定します。また，セルフ・キャリアドックを継続的に実施していくためには，人事担当の役員や実施組織の部長に報告会に出席してもらうことが大切です。忙しい出席予定者全員のスケジュールの確保を考慮すると，なるべく早い段階に開催日を決定しておく必要があります。

　社外キャリアコンサルタントが実施する場合，実施組織の担当者に全体スケジュールを調整してもらうなど，早い段階から働きかけることが大切です。社員のキャリア形成支援に欠かせないパートとして認知してもらえることで，クライアント企業のセルフ・キャリアドックに永く携わっていくことができます。

## (1)　結果報告会の目的

　セミナーやキャリアコンサルティング面談から見えてきた，人材育成や組織の活性化を阻害している問題を，人事担当の役員や実施組織の部長に直接伝えることが目的です。出席した者が結果報告書の記載事項について意見交換することで，共有の認識を持つことができます。会社が認識できていない社員のキャリア形成や能力開発に対する悩み，組織運営・管理職のマネジメント，人事制度とその運用に関する社員の意見などについて検討する場にします。

## (2)　結果報告会の進め方

　報告会の所用時間や進行について，事前に実施組織の担当者と相談します。業務多忙な役員や部長が出席することを想定すると，1時間程度で行うことが妥当といえます。しかし，委託事業では1時間の予定で実施をしていたのに，活発な意見交換が行われて大幅に延長したこともありました。会議室の利用時間は2時間で予約しておくことをお薦めします。

　活発な意見交換が行われ，課題を解決するための方策が検討される会議にするためには，出席者が自由に発言できる雰囲気づくりが大切です。特に，役員や部長が積極的に発言するときは，その目的を達成できているといえます。結果報告書の項目ごとに質問を受けたり，発言のない人には感想を尋ねたりすることで出席者全員が発言できるように配慮します。社外キャリアコンサルタントがセルフ・キャリアドックを実施するには，会議の進行をファシリテートするスキルを身に着けておく必要がありますが，まずはやってみることが大切です。結果報告会の経験を積み，試行錯誤を繰り返しながら学ぶことで，ファシリテーション力を確実に習得できます。

## (3) 結果報告会の事例

委託事業でセルフ・キャリアドックの導入を支援する会社で，セルフ・キャリアドックが本格的に導入される結果報告会と，試行的にキャリアコンサルティング面談を実施したのみに終わり継続した実施につながらない結果報告会になった場合を経験しました。その両者の違いについて説明します。

### ①本格導入につながる結果報告会

経営層や実施組織の人事部，人材開発部が，「若年社員の早期離職が増加している」，「女性の活躍支援策が実施できていない」，「新任の課長が年上の部下のマネジメントに戸惑っている」，「定年前または再雇用されたシニア層の社員のモチベーションが低下している」などの人に関する課題を経営課題として認識している場合，キャリアコンサルティングの効果を確認することが，セルフ・キャリアドックの本格導入につながります。

会社の実施担当者に事前ヒヤリングして，それらの課題から試行的なキャリアコンサルティング面談の対象者を選定します。早い段階から人事部長など導入についての決裁権限のある役職者に面談することで，セルフ・キャリアドックについて理解を深めてもらいます。実施組織の上長がキャリアコンサルタントであることや，実施担当者がキャリアコンサルタントの場合は，上位役職者への理解促進が容易になります。

結果報告会には，人事担当の役員や人事部長などに出席してもらうよう早い段階から取り組みます。人材育成や組織開発に注力している会社では，社長が結果報告会に出席することもあります。キャリアコンサルティング面談のなかで見えてきた，組織マネジメントや人事制度，その運用に起因して生じている問題とその改善策を，決裁権限を持つ役職者にダイレクトに提案できるのです。

その際に重要なのは，出席者とキャリアコンサルタント出席訪問で積極

的に意見交換が行われることです。出席者からはこれまで気づいていなかった問題について，詳細に説明してほしいという要望がでます。また，課題解決のためには，どこから着手したらよいかといった改善策の進め方についても質問があります。活発な意見交換を行うことができた結果報告会では，課題と解決策が共有されるだけなく，キャリアコンサルティングの有用性についても出席者間で認識されます。

## ②本格導入につながらない結果報告会

　人に関する問題については認識しているものの，解決しなければならない課題が形成されていない会社があります。また，人事部門では課題が明確になっているのだが，経営層がそれらを経営課題として認識していない会社があります。また，キャリアコンサルタントの資格を持つ社員がいないため，キャリアコンサルティングに関する理解がない会社もあります。

　試行的なキャリアコンサルティング面談の対象者を選定する際も，実施しやすい部署を選択してしまうと，キャリアコンサルティング面談を通じて解決に向けての方策を探るという目的意識も明確にはありません。

　当然のことながら，結果報告会には人事担当の役員や人事部長などの決裁権限を有する役職者が出席することはなく，実施組織の担当者に対して報告することになります。キャリアコンサルティング面談のなかで見えてきた，組織マネジメントや人事制度，その運用に起因して生じている問題を実施担当者が理解しても，課題を解決する取り組みを実行するためには上司の決裁が必要です。

　結果報告会では，キャリアコンサルタントからの一方的な説明になりがちで，活発な意見交換が行われないため，会社とキャリアコンサルタントの間で課題と解決策が共有されません。また，キャリアコンサルティングの有用性・有効性についても認知されないため，継続したキャリアコンサルティング面談が行われません。その結果，セルフ・キャリアドックを本格的に導入することには至りません。

# 4
# まとめ

　入社して間もない頃，上司から「報告を終えて一仕事」と指導されました。セルフ・キャリアドックを導入し，継続して実施していくためには，実施結果の報告はとても重要な役割を果たします。また，社外キャリアコンサルタントにとっては，クライアント企業と継続して契約できるかの鍵を握ります。

　結果報告書を作成する準備は，キャリアコンサルティング面談の対象者を選定する前から始めることが大切です。社員個々人の支援と組織の活性化がセルフ・キャリアドックの目指すところで，キャリアコンサルティング面談での情報収集は効果的で効率的に行う必要があります。

　最初は作成することがとても難しいと思うかもしれません。企業領域のキャリアコンサルタントが組織視点を持つことで，経営層・人事部門・管理職に対して組織課題の解決を提案できる「なくてはならない存在」になれると思います。結果報告書を作成するたびに，報告書の作成力は向上していきます。キャリアコンサルタントが社員個々人だけでなく，会社や組織に貢献できる存在として認知されるため，組織を多面的に観て問題や課題をフィードバックできる力を強化してほしいと考えます。

## セルフ・キャリアドックのレポーティング

長谷川能扶子

　セルフ・キャリアドックで，ある程度まとまった人数の従業員のキャリアコンサルティング面談を実施すると，その組織の課題が見えてきます。それは，企業にとっては，これまで知り得なかった貴重な情報かもしれません。そして，今後の従業員のキャリア形成や組織の発展にとって，重要なヒントを与えてくれる可能性があります。キャリアコンサルティングを通して見えてきたことを，個人や組織の成長のために最大限に活用するには，セルフ・キャリアドックをやりっ放しにせず，しっかりとレポーティングしていくことが重要です。レポーティングの際に押さえておきたいポイントをいくつか追加しておきます。

(1)　守秘義務について

　一般的に，キャリアコンサルティングでは，「○○さんの許可なしに，ここでのお話が他に漏れることはありません」と守秘義務についてお伝えしてから面談を開始します。しかし，企業へのレポーティングが前提となっている場合，その点をクライエントにきちんと説明する必要があります。例えば，「今回面談させていただく20名の方の，全体の傾向については，個人が特定されない形で報告書を出すことになっています。ただし，○○さんの個人的なお話は漏れることはありませんので，安心してお話ください」などと説明して，クライエントの理解を得ます。企業側とも，あらかじめ何が報告の対象となり，何が守秘なのかを取り決めておきましょう。

(2)　事実と見立て

　面談対象者全体の傾向や，組織的な課題を記載する際には，「事実」と「キャリアコンサルタントの見立て」の双方を書きます。事実の整理だけになっていないか，主観や持論だけになっていないかをチェックしましょ

う。例えば、「事実」とは、面談実施前のサーベイや、面談で語られた事、および面談後のアンケート結果などです。それらのデータから読み取った事がキャリアコンサルタントの「見立て」になります。どれが事実で、どれが主観か、読み手に分かるように書きましょう。また、キャリアコンサルタントは、面談という限られた場面からの「見立て」をレポートするわけですから、断定的にならず、他の可能性もありうる、という余地を残した文面にすると良いでしょう。

⑶　結果報告書の書き方のポイント

　レポーティングで気をつけたいポイントは、①読みやすさ、②分かりやすさ、③受け入れやすさ、の３点です。

①読みやすさ

　せっかくのレポートも、読んでもらえなければ意味がありません。量が多ければ良いというものでもありませんから、読み手の立場に立って適切な分量に仕上げましょう。私の場合、報告書は基本的に２ページ以内に収めています。これなら必ず目を通してもらえます。そして、必要に応じて報告会を開き、直接、口頭で付加説明するようにしています。フォントサイズやレイアウトなどにも気を配り、「読む気にさせる」報告書にしましょう。

②分かりやすさ

　対象者や企業側の問題・課題を指摘する場合、あまりストレートに書きすぎないよう、配慮が必要です。しかし、時々、遠回しに書きすぎて、何を指摘しているのかが分からないレポートを目にする事があります。「結局、何を言いたいの？」ということにならないよう、「伝わる」報告書にしましょう。データがある場合はグラフ化するなどして視覚的にも分かりやすく工夫すると良いでしょう。

③受け入れやすさ

　誰しも、問題・課題を真正面から突きつけられると、防衛的になるのは当然です。指摘がダメ出しばかりだったり、ダイレクトになり過ぎていないか、相手の立場に立って読み直してみましょう。まず面談から見えてきた従業員や組織の良い点、ポジティブな面を伝え、その後、問題・課題に

言及するなどの工夫も良いでしょう。提案についても，相手の負担が大きすぎて実行が難しければ，絵に描いた餅になってしまいます。「これなら実行できそうだ」と受け入れてもらえるような提案かどうか，見直してみましょう。相手に「受け入れられる」報告書にしましょう。

⑷　より良いレポーティングのために
　キャリアコンサルタント養成講習では，個人に対する面談スキルの習得が実習のメインで，組織をどう見立てるかはほとんど学んできていません。しかし，従業員のキャリア形成や組織の成長に役立つレポーティングができるようになるためには，組織を見立てる力が必要です。
　例えば，面談でＡさんは「課長は，なんでも丸投げで，部下を全く放置しているんです。」と訴えました。「そうか，この課長に課題があるな」と判断して良いでしょうか？　その後面談した同じ課のＢさんは「課長が忙しそうで，相談したくても遠慮してしまいます」と言います。Ｃさんは「この春から異動で２人，ベテランの先輩がいなくなりました。業務が分からなくても，聞く人がいなくなって困っています」と言います。この組織では，何が起きているのでしょうか？
　これを考えるには，「問題と組織をシステムで見る」能力が必要です。「システム」とは，相互に影響し合う様々な要素の集合体です。課長の個人的な資質のせいだけでこの問題が起きているのでは無いようです。システムで見ると，異動で人員が減り，課長はプレイングマネージャーとして忙殺され，結果，マネジメントが手薄になってしまっている，という状況が考えられます。その原因は，ベテラン２人の異動という人事にあるかもしれませんし，異動を決めた裏には…と辿っていくと，様々な事が絡み合い，影響を及ぼしあっている事が分かります。
　より良いレポーティングのためには，目に見えやすい事実だけでなく，見えにくいところまでを意識し，組織をシステムとして見立てる目を養う事が必要です。

# セルフ・キャリアドック事務局の
# 効果的な活動

中野愛子・北澤由香・西村　淳

　社内／社外のどちらのキャリアコンサルタントが関わるかによらず，組織においてセルフ・キャリアドックを導入・実施していくには，その中心となる事務局が必要です。事務局は，セルフ・キャリアドックのプロセスを推進するかなめであり，施策の実施にとどまらず，経営者や管理職，従業員に対して理解促進，周知徹底を図り，インフラを整備するなど，推進の土壌を培う重要な役割があります。多くの企業は，人事部や人材開発関連の部署がその役割を担っています。本章では，「平成31年度厚生労働省委託事業セルフ・キャリアドック普及拡大加速化事業」においてセルフ・キャリアドックを試行導入された企業3社の事務局機能についてご紹介します。

## 1
## 株式会社インテージにおける事務局機能（概要）
中野愛子

### (1)　会社の概要と導入に至った経緯・目的

　当社は，1960年の創業以来，マーケティング・リサーチ，データ解析，デジタルマーケティングなどにより，生活者とお客様企業をつなぎ，企業のマーケティング活動を支援している会社です。創業から長らく，仕事内容に興味関心を持って入社してくる社員が多かったこともあり，社員自ら

が自身のキャリアを見つめ直すための研修などの機会提供は不足していました。

　キャリア形成に関する社内制度（キャリアデザイン制度[1]）は，社員がキャリアを見つめ直す年に1回の機会提供となることを狙って導入されたものの，それ以前から存在していた次年度配属に関する「自己申告」の意味合いが強いものでした。

　しかし，事業環境が変わり，事業の進化と領域拡張に伴い，社員に求める能力，意識も変わりました。同時に，異なるバックグラウンドを持つ社員が数多く入社するようになり，キャリア形成に多様な方向性が見られるようになってきました。

　このようなことから，社員自らが自身の将来像を描き，なりたい姿に近づくため自ら行動を起こすことが，これまで以上に求められるようになりましたが，これまでの経緯もあり，こういった意識は，社員の間に十分に醸成されていませんでした。

　そこで当時の私は，経験の浅い自分がキャリア相談に応じるよりも，セルフ・キャリアドックを導入し，より質の高いキャリアコンサルティングを受けてもらうことで，「今後のキャリアが描けない」「方向性が定まらない」などで悩んでいる社員が，働く意味・意義を再確認して今後のスキルアップの方向性を考える機会を得れば，社員のモチベーション維持向上，スキルアップ，キャリアアップ，安易な離職の防止が期待でき，ひいてはそれが，会社の成長や生産性の向上につながると考え，導入に向けたアクションを始めました。

---

[1]　キャリアデザイン制度：正社員を対象としたキャリアを見直すための制度です。次年度配属に関する「自己申告」の意味合いもありますが，自身の「強み」「弱み」「5年後10年後の姿」「来期の希望職務・部署」なども記載します。これら記載内容をグループリーダー（課長級），部長が確認，部長が今後のキャリアに関し，本人と面談を行い，本人向けに今後の成長期待をコメントすると同時に，来期の配属などについても人事向けにコメント記載し，組織的な申し送りをするものです。

## (2) 導入に向けた上司への働きかけ

　2017年4月，人事部署に異動した私は，人事に関しては全くの素人でしたので，「社内にキャリアコンサルティングができる環境を整備したい」という目標は一旦横に置き，まずは共に働く仲間の役に立つことを考えました。キャリアコンサルタントとしても駆け出しでしたので，外部のロールプレイングの場や実技講習の機会を活用し自己研鑽を続けながら，会社から与えられた役割を着実に果たしながら，その役割の中で，キャリアコンサルタントの学びで得た知見を活用することから始めました。そして10月，当時部署の取り組みの1つとして行われていた「メンバー一人一人の成長レベルを確認する会（自己成長確認会）」にて，自身のキャリアコンサルタントとしての自己研鑽とアウトプットの実績を報告し，また，部長が目指す会社としてのありたい姿を踏まえ，今後キャリアコンサルタントとしてどんな貢献がしたいか，上司（部長，グループリーダー）に伝えました。

　異動から1年が経過した2018年6月から3ヶ月の期間，昨年の自己成長確認会で部長に提案済であった，前述の「キャリアデザイン制度」の運用に関連づけ，キャリア相談窓口のテスト開設を開始。その後，「"キャリア"の観点でみる法令・外部情報と当社が留意すべき点」と題した別の情報共有の機会を得ました。その中で，厚生労働省から2018年6月20日発表になっていた「企業のセルフ・キャリアドックの導入を支援する2拠点の開設」の情報を上長に共有しました。

　そこで，「無料であること」「それぞれの企業の経営課題や人材育成上のビジョンに基づいた支援が受けられること」「従業員側のメリットだけでなく，企業側にもメリットのある支援であること」を伝えたところ，ちょうど関連会社から，50代の従業員を対象としたキャリア形成支援の実施について相談を受けたとのことで，前向きな反応があったため，私が窓口となって，セルフ・キャリアドックの導入コンサルタントの方から詳しい話

を聞くことになりました。

　その後，この50代の従業員を対象としたキャリア形成支援については，当社ではなく関連会社で検討されることになったのですが，当社単体としても支援を受けられることがわかったため，それならばと，導入が決まりました。

　導入に至った要因として，セルフ・キャリアドックが企業の個別の状況に配慮した導入しやすいものであったことは言うまでもありませんが，「タイミングよく会社の方向性に沿った導入提案ができた」ということも大きかったと考えています。また，「それまでのキャリア形成支援に関する情報提供・提案の積み重ね」も，もちろん，導入を後押しする要因になったと感じています。企業内キャリアコンサルタントとしては，「会社の方向性を踏まえて提案すること」「一度の提案で実現しなくとも諦めず，何度も折に触れて提案を継続すること」が基本的で重要なことだと考えます。たとえその提案時点で導入できなくても，今後の提案に活かせるフィードバックがもらえる，または，上司の考え方が確認できる絶好の機会です。

　また，できれば，日頃の業務を通じて，導入提案をする上司との信頼関係が構築できていたり，企業内キャリアコンサルタント自らが，先頭に立って最後までやり抜く姿勢を示せていると，さらに導入の働きかけもスムーズに行えると思います。

　「ローマは一日にして成らず」「継続は力なり」です。共に邁進してまいりましょう。

## (3)　現行制度との整合性を保ち，かつ繁忙期を迎える現場の対象者・上司からネガの出ない導入を考え抜く

　さて，上司から導入のGOサインは出たわけですが，実際に実施するにあたっては，大きな難題が2つありました。1つは，現行制度との整合性です。当社の人事施策や制度運用は，それぞれを効果的に実施する観点で

計画された，大枠の年間スケジュールに則って実行されています。キャリアデザイン制度も同様で，導入のGOサインが出た段階では，すでにキャリアデザインシートの本人記入，グループリーダーのコメント記入が終わり，部長と本人とで行われるキャリア面談期間も終わろうとしていました。この時期に，セルフ・キャリアドックの標準の導入スタイルである，「一定の対象者に対する集合研修（ガイダンスセミナー）を実施した後，個別のキャリアコンサルティングを行う」という形で導入するのは，いかにも不自然ですし，すでにキャリアデザイン制度で，本人の意思表明，またそれを受けた部長面談は終了しているため，このままの形での導入は，案内を受ける社員（対象者）やその上司に，人事の勝手な都合で二度手間なことをさせられている，という印象を与えかねませんでした。

　加えてもう1つ，導入時期の問題がありました。キャリアコンサルティングを年明け2019年1月の中～下旬に実施する予定でしたので，対象者へのコンタクト，および集合研修は年末～1月中旬までには行う必要がありましたが，この時期は当社の繁忙期にあたります。ただでさえ忙しいこの時期での導入は対象者の参加意欲を削ぐリスク，また，上司の協力が得られにくくなるリスクがありました。

　3月には，当社の1年で最大の繁忙期が待っていますし，セルフ・キャリアドックの普及促進事業も3月にはその年度の対応が終了します。スケジュールの後ろ倒しは難しい状況でした。またとない機会であると同時に，対象者となる社員のほぼ全員，またその上司も，これがキャリアコンサルティングに触れる初めての機会になります。ネガティブな印象を絶対に与えたくありませんでした。そして，キャリアコンサルティングが受けられる人数の範囲（15人想定）内で，できるだけ多くの社員にキャリアコンサルティングを受けてほしいとも思っていました。

　知恵を絞る必要がありました。私はまず，対象者をどのように選定するかを考えました。すでにキャリアデザイン制度の運用は終盤でしたので，この制度における本人の申し出内容を踏まえた実施にすることで，現行制

度との整合性を保つことを考えました。

　キャリアコンサルティングを，「より」必要としているのはどのような
社員か，私は，その社員を，すでに記入を終えている，キャリアデザイン
制度における本人記入の状況から，選び出すことにしました。

　具体的には，来期の配属希望が「その他」や「部門外への異動を希望」
という社員は，いまの働き方や職務になんらかの違和感を感じている可能
性が高いという仮説を立て，そういった回答をしている社員から順に，
「5年後10年後の姿」「来期の希望職務・部署」といった自由記述の内容を
確認，「考えられない」「わからない」「悩んでいる」といった，迷いや悩
みが表現されていると見受けられる記載をしている社員を選び出し，上司
に対象者候補のチェックを依頼，了承を得ました。

　そしてこの段階で，セルフ・キャリアドックの標準スタイルで実施され
ている集合研修を行わないという判断をしました。業務の繁忙期に集合研
修実施が重なってしまうという理由もありましたが，集合研修となれば，
参加者が自分以外に誰が参加しているかを特定できるため，特定個人が自
分と同じく悩みを抱えているという機微な情報が，参加者限定とはいえ，
公開されることになり，安心安全なキャリアコンサルティングが実現でき
なくなる，ということが，集合研修を実施しないと決めた大きな理由でし
た。スタンダードな導入の形にこだわり過ぎず，会社の状況に応じ柔軟に
導入の形を変更したという点も，このトライアル導入がスムーズかつ好評
に終わった要因の1つだったと感じています。

　さて，ここまでの対応で，「既存のキャリアデザイン制度運用の発展形」
という形での導入，また，現場の繁忙状況に対する時間的配慮はできまし
たが，会社で実施する施策ですので，本人のみならず，会社にとって，ま
た，現場の上司にとっての意義を示すことも，協力を得る重要な要素でし
た。

　・会社にとって，今回の導入のメリットは何か？
　・上司にとって，部下がキャリアコンサルティングを受けるメリットは

何か？

・本人にとって，キャリアコンサルティングを受けるメリットは何か？

ここを丁寧に説明する必要があると考えました。

実は，セルフ・キャリアドックの導入コンサルタントで当社の担当をしてくださった方からも，事前に，会社が意図的に選んだ社員にキャリアコンサルティングを実施する場合，意図せず本人に「肩たたき」と伝わる可能性があることをうかがっていました。

また，上司からしてみれば，なにをするのかよく分からない「キャリアコンサルティング」です。受けた結果，部下が離職，もしくは，モチベーションを落とす，などあったらと，不安になることも予測されました。

キャリアコンサルティングを案内する本人，および，その上司に対し，相手の立場に立った丁寧な説明が求められていました。

## (4) 上司・対象者候補への働きかけ

対象者候補，また，その上司への説明を行う前に，私は，説明における重要なポイント，そして具体的な説明のシナリオを作成し，上司にチェックを依頼，承認を得ました。私はセルフ・キャリアドック導入の過程で，対象者候補の選定と，この上司および本人へのアナウンスシナリオにおいて，上司確認のステップを入れています。これは，会社に意向に沿ったセルフ・キャリアドックにするため，トラブルを避けるため，また，よりよいキャリアコンサルティングを現場社員に提供するためでした。

何事も一人の考えでは視野が狭く，リスクがあると思います。要所では，上司の視点から私の行おうとしていることを確認いただきました。確認してもらうことで，私が思いもしなかったリスクを避ける，また，もっとよい進め方を提案してもらうことができると期待していましたし，実際，承認を得つつ進めたことで，自信をもって現場の社員に説明することができました。一人で仕事をしているのではない，そんな安心感を抱きながら進められていました。

シナリオとしては，まず対象者候補の上司に「事前確認のお願い」と題した案内メールを送付，対象者本人への案内の事前承諾を得ることにしました。人事は現場社員のその時点の状況がしっかり把握できているわけではありません。上司から見て，本人に今，案内するのが適切でなければ，案内をやめるから連絡がほしいと伝えたのです。

　その他も含め，上司として気になるであろう以下の点についての説明を，図表7−1のような文面でメールしました。

　・部下が対象者候補に選ばれた理由
　・人事から部下へのキャリアコンサルティング面談の案内をしたいということ
　・部下への案内を控えたほうがいい場合は，連絡がほしいということ
　・実施の目的（部下にとって，上司にとって，会社にとってのメリット）
　・本施策に部下が要する時間数とその扱い
　・その他（人事は部下への説明を慎重に行うこと，強制ではなく希望制であること，相談内容は会社・上司に共有されないこと）

　一方で，対象者候補の社員に対しては，「肩たたき」ととらえられないよう，また安心してキャリアコンサルティング面談を受けてもらえるよう，一部，時間の都合でできなかった社員を除き，ほぼ全員の対象者候補に対して対面で私が説明しました。

　悩みがあると想定される方へのご案内です。会社が本人の記載内容を深刻にとらえている，と，意図せず本人に不安を与える可能性もありましたので，基本の説明のトーンは「会社としてのトライアル導入なので，興味があれば試しに利用してみてほしい」というレベルにしました。

　その他，対象者候補として選定された本人として，気になるであろう以下の点について伝えるシナリオを，図表7−2のように作成し，説明を行いました。

　・キャリアデザインでの本人記入内容を確認し声をかけたこと

メールタイトル：【事前承認のお願い】xxxx さんへのキャリアコンサルティングのご案内について

メール本文：

お疲れさまです。
xxx 部_xxx グループの xx です。

今年度もキャリアデザインのご対応、ありがとうございました。

現在人事にて、記入内容を確認しておりますが、**xxxx さん**の記入内容に、
「（５年後１０年後のキャリアイメージ）記入なし」
「（将来像について）今年度じっくり考えて答えを出せたらと思います」
などの記載がありましたので、ご連絡させていただきました。

もし差し障りがなければ、**社外のキャリアコンサルタントとの面談のご案内を
させていただこうと考えております**が、いかがでしょうか。

面談の目的や必要な工数、その他関連しお伝えしたいことを以下に記載しましたので、ご確認いただき、
本人の状態や業務の繁忙等の状況から**本人へ案内を控えたほうがよい、または、案内不要な場合は、
xx/xx（金）中にご連絡いただけますと大変幸いです。**

**【実施の目的】**
・社外のキャリアコンサルタントが支援することで、ご自身でキャリアについて、より深く考えていただくことにより、
　**自律的なキャリア形成の後押しや、業務遂行における適切なモチベーションの維持につなげたい**と考えています。
・人事としては、この取り組みの結果を踏まえ、**次年度のキャリアデザイン制度における、キャリアコンサルティング
　の正式導入を検討したい**と考えております。

**【工数について】**
・人事研修用 JOB コードを使用。
・コンサルタントとの面談は１月後半で１時間を想定。
・＋アルファとして、事前に、面談シート、事後アンケートの記入をお願いすることになります。

**【本人への案内】**
xx/xx（月）より順次開始予定

**【その他、お伝えしたいこと】**
・今回の施策の意図が正確に伝わるよう、本人とコミュニケーションいたします。
・強制ではなく、案内後、本人から希望があった場合のみ実施いたします。
・個人が特定できる状態で、会社に相談内容が開示されることはありません。

図表７−１　上司へのメール内容

基本は、「**トライアル導入なので、興味があれば試しに利用してみてほしい。**」という、深刻にならないトーンで伝達。

----------------------------------------------------------------------

**会議招集タイトル：キャリアデザイン後の人事フォローアップ**

**伝える内容：**

・キャリアデザイン記入のお礼

・記載内容から、悩んでいる、決めかねている様子を察知したことを伝え、
今後、自分でキャリアをデザインしていくための支援として、
今なら、社外のキャリアコンサルタント（キャリアカウンセラー）との面談ができることを伝える

**・キャリアコンサルティング、および、今回の案内の経緯について説明**
キャリアコンサルタントとは、キャリアに関する相談対応をしている人。
国としてキャリアコンサルティングの普及を促進したいと考えていて、企業に働きかけており、
その一環で、インテージでもトライアル導入することになった。
社内では話しにくいこと、相談しづらいことも、社外の人なら相談しやすい可能性もあると考えている。
トライアル導入なので、よかったら活用してほしいと思い、こうして案内している。

**・個人情報保護、と、コンサルティングを受けるのに必要な手続きについて説明**
面談で話されたことは、個人が特定される形で、会社に共有されることはないから、安心してほしい。
個人情報の取り扱い、および、カウンセラーのカウンセリング技術鍛錬ための録音について同意してもらえるならば、
面談前にこのシートを記入し、面談に持参してもらえれば、面談が受けられる。面談は１月の後半を予定している。
面談後、事後にA4_1枚程度の簡単なアンケートに協力してもらうことになるので、協力をお願いしたい。
もちろん、アンケートに記載した内容も、個人が特定される形で、会社に共有されることはないから、安心してほしい。

**・希望する場合の手続きと、その後の流れについて説明**
希望する場合には、xx/xx中にxxまでメールで連絡をしてほしい。
それを受けて、xxから、面談シートの記入に役立つ事前情報と、面談時に持ってきてほしい同意書＆面談シート書式、使ってもらうJOBコードをメールでお送り、かつ、面談スケジュールの調整をさせてもらう予定。

**・上司には説明済を軽く伝える**
工数もかかることなので、ネガがないように上司には「テスト導入につき、こういった声かけをする」と説明している。安心して利用してほしい。

**・【最後に】**人事としては、もし、受けてもらった皆さんが、役に立つと思ったのであれば、次年度以降の人事施策として本格導入を検討したいと考えている。
なので、もし**自分のキャリアをもう少し考えるうえで役に立ちそう、試しに受けてみようかなと興味を持ってもらえたならば、利用してほしい。**

図表７－２　本人案内内容

・キャリアコンサタントがどのような人かという説明，および，今回の
　案内の経緯説明
・技能のすぐれたキャリアコンサルタントが来てくれるので，本来は全
　社員に案内したいところだが，限定して声をかけていること
・個人情報の取扱い，および，実際キャリアコンサルティングを受ける
　にあたっての必要な手続き，受ける時期
・キャリアコンサルティングを希望する場合の連絡先，その後の流れ
・上司にはすでにこの案内の了承を得ていること
・今回のキャリアコンサルティングは個人を特定しない形で会社に報告
　され，会社でも役立てられるということ
・自分の役に立ちそうだったり，興味が湧いたなら，試しに受けてほし
　いこと

## ⑸　上司および対象者候補の反応と導入結果

　事前案内に対する上司の反応は，おおむね好意的なものでした。「ずっ
と悩んでいるようなので，本人から希望があればぜひお願いしたい。」「ぜ
ひお願いしたい。外部の方からの刺激が良いきっかけになるといい。」
「我々管理職も，専門的アドバイスの訓練を受けているわけでもないの
で，本人が望むならいいかもしれない。」といった内容の返答でした。

　また多くの上司が，自身がキャリアデザイン面談を行った際の本人の様
子，最近の業務対応の様子を，メールや電話，直接人事部まで足を運ぶな
どして，情報共有してくれました。案内に対し，「本来，もっと密に現場
と人事で情報共有，連携して行うべきでは。」と箴言してくれる上司もい
て，至らなさに反省しきりでした。

　加えて，施策の実施に関しては，「"肩たたき"のような案内をされたと
受け取られないように配慮してほしい。」「ポジティブなさりげない形で，
伝わるよう配慮してほしい。」といった部下を思っての要望，「どんなアド
バイスをされるのか気になる。」「面談の内容は上司に共有されないのか。」

「この施策の結果，離職してしまうということはないのか。」といった問い合わせがありました。要望については真摯にうかがうと同時に，問い合わせに対しても，できる限りの説明をしました。いま振り返ると，上司に対し，もう少し丁寧にキャリアコンサルティングが何であるかについて説明すべきだったと思います。キャリアコンサルティングでは，本人の考えや意向を無視してアドバイスしないということ，今回の面談結果を上司にフィードバックすることはないが，今後は，現場へフィードバックする仕組みも検討すること，また，キャリアコンサルティングで話される内容次第で離職となる可能性もないわけではないが，今後のキャリアについてフラットに話を聴き，自己理解を深める支援をすることがベースになっているので，キャリアコンサルタントが勝手に離職の方向に話を進めることはないことを，個別の問い合わせの状況に応じて，メールや対面で説明しました。

　一部，「この施策に対して，その効果や影響には関知しない」といった主旨のお返事もいただきましたが，案内すること自体は人事に任せてくださるとのことで，結果として，案内しないでほしいという上司はいませんでした。

　対象者候補への案内について，ご本人がどのように感じたか，正確に把握できないのですが，顕著に否定的な反応をした社員はいませんでした。キャリアコンサルタントとはどのような人か，何をしてもらうのか，この場で初めて聞く人がほとんどといった状況ですので，できるだけ丁寧に説明し，とくにキャリアコンサルタントからのアドバイスに期待する反応のあった社員には，自身のキャリアを考える主体はあくまでも本人，ということを改めて伝え，「あなた自らが，自分のキャリアについて考える支援」として，良かったら利用してほしいと伝えました。結果，案内した24名のうち15名から参加希望があり，体調不良などの理由で受けられなかった社員を除くと，13名の社員がキャリアコンサルティング受けました。

　今回は，希望者に対するキャリアコンサルティングとなったこともあっ

てか，対応していただいたキャリアコンサルタントの方からは，「対象者が真摯にご自身のキャリアと向き合っている姿が印象的でした。」とのコメントをいただきました。

また，キャリアコンサルティング面談の「満足度」「有益性」「今後の利用意向」はいずれも100%。アンケートでは，「仕事だけでなくライフの部分もからめて，キャリアコンサルティング面談をしていただけました」「次のアクションを考えるヒントが得られた」「自分が表明できるキャリアビジョンは何もないと思っていたが，形にすることができました」「仕事に対する思いや価値観とともに選択肢まで整理できました」「今後の働き方について，挑戦する領域に気付けました」「いままで，漠然と考えていたことを具体的に言語化して考えるよい機会になりました」などの感想が寄せられ，好評でした。

## (6) トライアル導入がスムーズかつ好評に終わった要因と直近の状況

企業内キャリアコンサルタントとして，このトライアル導入がスムーズかつ好評に終わった要因と考えているのは次の3点です。これからトライアル導入を検討している方，トライアル導入の計画立案をされている方などにとって，何かお役に立てば幸いです。

・トライアル導入に至るまで，キャリアコンサルタントとして会社に対し関連する情報共有と提案を継続していたこと
・スタンダードな導入の形にとらわれ過ぎず，会社の状況に応じ柔軟に導入形式を変更したこと
・キャリアコンサルティングの対象者候補，および，その上司に対する配慮を徹底したこと

その後，2020年時点，キャリア相談窓口は，社内キャリアコンサルタントにより，通年開設されるようになりました。この間，人事制度も，個人のキャリア形成と会社の事業計画達成の連携が強化される形に改正され，

219

試行錯誤しながら運用を開始しています。これからも，社員の幸せと会社の発展，その双方がともに実現されている状態を目指します。

## 2
# 水 ing 株式会社における事務局機能（概要）
北澤由香

## (1)　背景と目的

　当社[2]がセルフ・キャリアドックを導入した背景として，①外部環境の変化，②いびつな人口構成，③エキスパートマネージャー（専門分野において高度な知識を発揮する管理職）の増加，が挙げられます。

　人生100年時代，労働関連法案改正，働き方改革など，外部環境の変化に伴い，企業も変化を求められるなか，社員一人ひとりが長期にわたり主体的に働き続けることができる仕組みが必要です。しかしながら，当社の人口構成は45歳〜55歳のミドル層がボリュームゾーンであり，従来の人事施策だけでは追いつかない状況になりつつありました。ミドル層がボリュームゾーンであるため，役職無し管理職クラスが増加，昇進・昇格で得られるはずの研修機会が減少していたことと，当社の事業特性上，専門知識やスキルを要求される機会が多く，1つの部署に長く在籍するエキスパートマネージャーが多くいる，という状況でした。いびつな人口構成を解消するため積極的に新卒採用を行い，20代〜30代前半の若手層に対する人事施策も力を入れてきましたが，中長期的な従業員構造の変化を前に，

---

[2]　企業名：水 ing 株式会社
　　　所在地：東京都港区 1 - 7 -18　　　業　種：建設業
　　　従業員数：3,900名（男性3,500名，女性400，内非正規雇用700名）
　　　平均年齢：42.5歳　　　　　　　創業年：1977年
　　　事業内容：環境エンジニアリング事業／上・下水道処理施設，バイオマス施設等の設計・施工・維持・管理・運営，水処理関連工業薬品の製造・販売など

以下の2点が必要であることが見えてきました。

　①キャリア開発支援は若手のみならず他世代への拡大が急ぎ求められること。

　②社員一人ひとりが仕事に主体性と誇りを持ち成長し，結果として企業成長につながる"キャリア自律"の浸透が必要であること。

　このような状況を，各部門責任者と人事部門で構成される人財パワーアップ委員会において，当社の人口構成図，管理職におけるエキスパートマネージャーの割合などの数値に基づいて問題提起しました。その結果，各部門からは実感値として共感を得ることができ，ミドル層へのキャリア開発支援の機会拡大，および活性が必須であるとの共通認識ができました。その結果，ミドル層の活性化を目的として，新たな施策を実施することとなり，セルフ・キャリアドックの取り組みがスタートしました。

## (2)　セルフ・キャリアドック導入経緯

　ミドル層の活性化を目的に，まずできることとして研修を実施しました。対象者は，当社のボリュームゾーンであり，定年も視野に入る節目を迎える50歳社員としました。自己と向き合う機会を提供し，社員一人ひとりが自らのキャリアを振返るとともに，今後に向けてキャリアを主体的に考え行動すること，結果として組織の活性化に寄与することを期待し実施しました。初回は研修のみでしたが，2回目の50歳キャリア研修を企画するタイミングで，厚生労働省セルフ・キャリアドック普及拡大加速化事業受託業者担当を社員より紹介され，キャリアコンサルティング面談のトライアル導入説明を受けました。話を伺い，キャリア研修後のフォロー施策としてキャリアコンサルティング面談が有効であると判断し，トライアル導入実施を決めました。

　セルフ・キャリアドック導入にあたる経営層への説明は，国の動きや制度の変遷を示したうえで，企業としても取り組む必要性を訴えました。幸い，前述の人財パワーアップ委員会において人事部門と事業部門との認識

にズレが無いことも確認されていたので，経営層の理解はすぐに得ることができました。

## (3) セルフ・キャリアドックの具体的な取り組みと事務局の対応

　セルフ・キャリアドック普及拡大加速化事業トライアル導入実施後も，50歳を対象にセルフ・キャリアドックを継続実施しています。具体的な取り組みの全体構成と実施概要を図表7-3，図表7-4に示します。なお，実施にあたっては外部研修会社として株式会社日本マンパワーの協力を得ており，全体構成と実施概要も同社によるものです。

図表7-3　セルフ・キャリアドック（50歳キャリア研修）構成

| 項目 | 説明 | 担当 |
|---|---|---|
| 対象者 | 20xx年4月時点49歳〜51歳の社員で，過去の研修受講履歴などより選出 | ― |
| 人数 | 20名程度 | ― |
| 期間 | 20xx年xx月〜xx月の約2ヶ月間 | ― |
| 構成 | 事前課題，2日間の集合研修，キャリアコンサルティング面談ガイダンス，個別キャリアコンサルティング面談 | ― |
| 集合研修日時 | 20xx年xx月xx日xx:00〜xx:00　・・・ | ― |
| 研修の狙い | 1. 環境の変化に対し自分軸（強み，価値観，方向性）を持って柔軟に対応し，成果を出しながらキャリア開発をする<br>2. 雇用延長後も見据えた生涯雇用能力を形成する<br>3. 今後のビジョンを描き，実現に向けたプランを作成する | ― |
| 事前課題 | 1. 自己理解のためのweb適性検査<br>2. キャリアの振り返りシート作成 | 受講者 |
| 集合研修<br>（講義&演習） | 役員からのメッセージ | 人事担当役員 |
| | 研修の狙い・ゴール | 事務局 |
| | 自己の強みを理解する〜適性検査解説〜 | |
| | キャリアの振り返り | 外部研修会社 |
| | 自身の役割を理解する | |
| | 今後のキャリアを描く | |
| | キャリア・プランシートを事務局へ提出 | 受講者 |

図表7-4　セルフ・キャリアドック（50歳キャリア研修）実施概要

## ①集合キャリア研修

【実施内容】

　事前に実施した適性検査の社内講師による半日間の結果についての解説と，外部研修会社による1.5日間のキャリア研修を実施します。

【事務局の対応】

A）受講者の選出

　これまで研修機会が少なかった社員を優先的に選出しています。部長以上は他の研修機会があるため対象外としました。業務状況などにより参加できない社員が次年度参加することも考慮し，50歳の前後1年を対象としています。

〈配慮した点〉

・精神疾患を抱える社員にとっては自己と向き合うことが難しいケースもあるため，人事部門と連携し，対象者の中に受講が難しい社員がいないかどうか確認したうえで対象者を決定したこと。

B）受講者へ研修開講案内メール送信

　研修対象者の上長と研修対象者へ，研修概要を伝えるガイドブックを添付し，個別で開講案内メールを送信しています。会社として実施していることを伝えるため，人事担当役員へも Cc 送信しています。

〈配慮した点〉

・具体的な実施内容，研修の狙いを記載したガイドブックを添付し，研修に対する不安を払しょくしたこと。

・自身の経歴・経験を他者に話すことに抵抗を感じる社員もいるため，開講案内メールでは，このような場面があることをあらかじめ伝えたこと（図表7-5）。

C）受講者の出欠確認

　欠席の場合は，次回開催時に再度案内することを対象者へ伝え，機会損失とならないことを伝えます。

D）事前課題の実施状況確認，フォローアップメール送信

```
所属長      ：●●部長
研修候補者   ：  ●● 様
Cc：人事担当役員、研修実施部門部長

お疲れ様です。
本日は貴部門＿＿●●＿＿様に今年度【50歳キャリア研修】へ参加いただきたく、メールいたしました。

本研修は、
20xx年4月時点49歳〜51歳の社員を対象に、
節目の50歳のタイミングで、雇用延長後も含めた仕事人生でどのような働き方をするのか、
これまでのご自身のキャリアを振返るとともに、今後のキャリアを描くことができる研修となっています。
今年度も該当世代の方に受講頂く予定です。

【実施概要】
■期間      ：20xx年xx月〜xx月の約2ヶ月間
■構成      ：事前課題、2日間の集合研修、キャリアコンサルティング面談ガイダンス、個別キャリアコンサルティング面談
■集合研修日時 ：20xx年xx月xx日xx:00〜xx:00 ‥‥

※原則、すべての集合研修にご参加できることを条件といたします。
※集合研修ご参加にあたって、事前課題をお願いしております。
※集合研修では、ご自身のこれまでの経験を振り返り、受講者同士で共有、お話しいただく場面がございます。

■講師
○○研修会社 専任講師、 戦略人事推進部

詳細につきましては添付ガイドブックをご覧下さい。

お忙しい中恐縮ですが、本研修へ参加承諾いただけますようお願いいたします。
受講にあたって何か問題などございましたら、xx月xx日までに事務局までご一報ください。

研修受講にあたり、ご不明点ありましたら事務局までお申し付けください。
どうぞ宜しくお願いします。

【事務局】
●●●●
```

図表 7 - 5 【Sample】 50歳キャリア研修　開講案内メール本文

　定期的なリマインドメールで，受講者の事前課題実施をフォローします。

E）人事担当役員へ，研修冒頭のメッセージ依頼

　受講者の研修に対する参加意識を高めてもらうため，研修冒頭で人事担当役員より，「外部環境変化に伴い雇用状況も変化する中，社員一人ひとりが自分の軸を持って柔軟に対応し，さらに活躍してほしい」というメッセージを発信してもらっています。

F）研修実施中の補助

　インタビュー演習など，人数が足りない時はワークに参加します。キャリアコンサルタント資格を有する者として，演習に参加するときには，いかに受講者の価値観に近づくことができるかを意識しています。資格がなくても演習補助は可能です。

G）研修終了後アンケートの実施

　必ず全員からアンケートに回答をもらいます。研修理解度，有益性の5段階評価に加え，感想などフリーコメントをもらいます。

H）上司とのコミュニケーション促進

　受講者から上司へ，研修内容やキャリアプランについて，話せる範囲で共有することを提案しました。

〈配慮した点〉

・上司の理解がプラン実現の足掛かりであることを伝えたこと。

・強制ではなく，本人が話したいことのみで良いと伝えたこと。

I）研修で作成したキャリア・プランシートの回収

　受講者のキャリアプラン実現のため，事務局もサポートすることを伝えキャリア・プランシートを回収しています。

〈配慮した点〉

・使用範囲を明確にしたこと（事務局と面談担当キャリアコンサルタントが確認するのみであり，受講者の上司には共有しない）。

J）外部研修会社との振り返り

　研修時の受講者の様子とアンケートをもとに外部研修会社と振り返りを行い，次回研修内容のブラッシュアップを図ります。


②キャリアコンサルティング面談ガイダンス

【実施内容】

　キャリアコンサルティング面談を有益な場とするために，面談実施の前にガイダンスを実施し，以下を伝えます。

A）集合キャリア研修のおさらい

B）キャリアコンサルティング面談とは

C）キャリアコンサルティング面談概要

D）キャリアコンサルティング面談当日の流れ

E）面談準備シートの作成

F）キャリアコンサルタントの紹介

【事務局の対応】
　キャリアコンサルティング面談ガイダンスは，事務局が担当します。
〈配慮した点〉
・面談実施の意図（キャリアプランの実現）を伝え，受講者の納得感を高めたこと。
・面談内容の守秘義務について，本人の同意なしに第三者へ提供されないこと，事務局，および会社もその内容は知り得ないことを，明確に伝えたこと。

③キャリアコンサルティング面談
【実施内容】
　集合キャリア研修から1ヶ月後，社外キャリアコンサルタントによるキャリアコンサルティング面談を実施，終了後は実施結果報告を受けます。社外キャリアコンサルタントは，厚生労働省セルフ・キャリアドック普及拡大加速化事業受託業者より1名紹介いただきました。

【事務局の対応】
A）キャリアコンサルタントとの面談日程調整
B）受講者との面談日程調整
C）面談場所の確保（自社の本社会議室で実施）
D）面談当日，キャリアコンサルタントのお迎え，お見送り
E）キャリアコンサルタント作成の実施結果報告に基づくセルフ・キャリアドック振り返り
F）面談実施後，事務局から受講者へキャリアプラン実現を目的としたフォローメール送信

〈配慮した点〉

・受講者の予定を配慮し面談日程を調整したこと。

・地方勤務者は本社へ出張し面談を受けてもらったこと。(ただし,2020年度はオンラインにて面談実施)

・受講者の負担にならぬ程度でキャリアプランを思い出してもらうよう,面談後3ヶ月を目安に,事務局から「その後いかがですか?」メールを送信したこと。

　実施結果報告では,面談者の全体的な傾向と相談者に共通する組織的な課題,今後の取り組みについて,キャリアコンサルタントからアドバイスをいただきました。アドバイスいただいた「キャリアコンサルティング面談の定期的な実施」について,継続しています。

## (4) 受講者の反応

　アンケートでは,以下のような感想が挙がりました。

〈ポジティブな反応〉

・職場や部署の違う同年代が集まる研修は自分にとっては刺激的で,今後の自分の仕事の進め方など参考にしたいと思った。

・いい意味で,いつの間にかだまされて,将来のことを真剣に考えさせられていた気がします。漠然とした考えが明確になり,自分でも不思議なくらい,その目的に向かっての実行感があります。

・これまでのキャリアを見直す良い機会となりました。

・第三者に自分自身の生活のお話をする機会がほとんど無く,有意義な経験になりました。

・キャリアコンサルタントが社外の方ということもあり,普段は自ら口に出さない事も話しやすく,自分でもそれを口外した事で将来像の具体化に役立った。

・このような機会(研修,キャリアコンサルティング面談)が定期的にあるとありがたい。

２日間かけて自分自身とじっくり向き合い，将来の展望を描く時間が有意義であったという声が多かったです。部署を超えて同じ年代が集まることで大きな刺激を得た人も多かったようです。

〈ネガティブな反応〉
・案内をいただいた時，および研修メンバーを確認した時は，どのような研修か不安であり，なぜ今頃研修を行わなければいけないのかという疑問もありました。
・最終的なアウトプットは「残された会社でのキャリア形成」であった一方，講義では「会社の枠を超えた将来設計」を求められる節もあり，まとまりのなさを感じました。
・自身の将来的なキャリアビジョンを考えるには，50歳という年齢ではやや遅いと思います。

　初めて開催した時は，しばらく研修を受けていない人から優先的に受講者を選出したことと，実施内容がわからないことで不安を与えてしまいました。研修内容は回を重ねながら微調整し，現在は，「社内での今後の活躍」をテーマにキャリアプランを考えてもらうようにしています。セルフ・キャリアドックの対象層拡大も検討しています。

## (5)　セルフ・キャリアドック導入と実施のポイント

①導入のポイント
A）各部門の代表が集まる人財パワーアップ委員会において，人事で考えていることと部門で感じていた問題意識が共有できたこと。各部門の共感を得たことが，導入の大きな鍵となりました。
B）経営層の理解。経営層に対する説明は，国の動きや制度の変遷を示しながら説明し，この取り組みを実施することが社員のキャリア自律につながり，企業にもメリットになることを伝えました。経営層の理解が

あったからこそ導入できました。

②実施のポイント

A) 受講者の選抜理由を明確にしたこと。

B) 研修参加にあたって，上司の理解を得ること。

C) 研修内容を上司と共有することを受講者に促し，プラン実現に向け上司の理解を得ることが大事であると伝えたこと。

D) キャリアコンサルティング面談は社外キャリアコンサルタントに委託したこと。キャリアコンサルタントの紹介を依頼する際，当社事業への親和性が高い人を条件としました。当社事業も理解してくれる社外の専門家であることが，対話促進のポイントとなりました。

E) 研修内容を受講者の反応をみながら徐々にブラッシュアップしたこと。ここ数年間の世の中のキャリアに対する価値観の変化，および社内のキャリアに対する価値観の変化を感じたこともポイントとなりました。

## (6) 取り組みの効果

①受講者に対して

A) 職場，部署を越えて社員が集まることで社内人脈が広がる。

B) 同年代の社員の経験を聞き，自身の経験をあらためて語り，互いに認めあうことで個人のモチベーションアップに繋がる。

C) 自分がこれから目指したい方向性と，自分が実現したいことにあらためてスポットを当てることで，受講者個人がセルフモチベートの源泉を明確にできる。

②組織に対して

A) 受講者個人が自身の強み・弱み，価値観をあらためて認識し，変化に対応しうる柔軟性を身につけることで組織力強化に繋がる。

B）周囲，組織から寄せられる期待と，自らが創造する役割の双方を認識することで，受講者は自律的な行動がより一層とれるようになり，組織の活性化に繋がる。

C）ミドル層がどんな想いを持って働いているか，次の施策に繋がる提言となりつつある。

D）自身のキャリアを節目ふしめで考える風土の一歩を踏み出した。結果としてエンゲージメントに繋がる。

## （7） 今後の課題と展望

今後の課題は以下3点です。

A）ミドル層の力を引き出すため継続的に研修を実施し，受講者に対するフォローを行うこと。オンラインを有効に活用したいと考えています。

B）50歳だけでなく幅広い年代の社員一人ひとりが，長期にわたりキャリアを主体的に設計し働き続けることができる仕組みを作ること。

C）社員のキャリア自律を推進するために上司を巻き込むこと。上司が部下のキャリアに関心を持つことが必須となります。


これらを解決するために，今後はキャリア研修の対象層を拡大し，40歳，50歳など節目の年齢でセルフ・キャリアドックを実施することを検討しています。

また，2019年から「キャリア月間」と題してキャリアに関する講演やワークショップを実施し，社員のキャリア自律を促す啓発活動を行っています。自己申告とタイミングを合わせることで，社員が定期的にキャリアを考えることができる仕組みです。この取り組みとセルフ・キャリアドックを連動させることで，社員一人ひとりが目の前の仕事に全力で取り組み，かつ自身のキャリアを正面から捉え責任を持って選択するキャリア自律を推進したいと考えています。

# 3

## 株式会社エスクロー・エージェント・ジャパンにおける事務局機能（概要）

西村　淳

## 企業概要

株式会社エスクロー・エージェント・ジャパン

業種　サービス業

【BPO事業】専門家・金融機関・不動産事業者向け業務受託，人材派遣等
【エスクロー事業】同事業者向け情報システム提供を含む各種支援サービス

◆　自社の特徴①　独自の専門家ネットワークを持っている
◆　自社の特徴②　従業員の専門性を生かしたサービス展開
◆　自社の特徴③　職人気質で専門性を追求する従業員が多い

## (1)　導入目的

当社でのセルフ・キャリアドック導入目的は「企業課題へのアプローチ」と「社会的潮流の対応とキャリアコンサルタントの役割」です。

### ①企業課題へのアプローチ

当社では創業から10年を経て，企業規模が急拡大し，経営と従業員とに距離が生まれており，その課題を解決する効果的な施策が必要でした。施策を検討する上で，まず以下を実施しました。

・経営理念のブレイクダウンによる，人材育成方針の成文化（図表7-6）
・サーベイ実施による，エンプロイーエンゲージメント[3]の可視化

経営理念の浸透とサーベイスコアの向上を目標として，ボードメンバーを含めた「働きがい向上プロジェクト」を組成し，①理念浸透，②コミュ

| | |
|---|---|
| **1. 自信を持とう：**<br>自分の可能性を信じて得意分野を磨き，自ら考え，自ら気づき，自ら行動し，自己の成長の機会を創ります。 | **4. スピードUPしよう：**<br>スピードとは，報告の頻度と早さのこと。<br>サービス業は，時間という価値を提供する仕事なのです。 |
| **2. チーム力を高めよう：**<br>お互いに相手の立場に立って，共に成長の喜びを分かち合う結束の強いチームを目指します。 | **5. 変化しよう：**<br>時代の変化に対応することは，常にお客さまの困っていることを見つける能力です。理解（わかる）とは，行動（かわる）を意味します。 |
| **3. 逆算的に行動しよう：**<br>夢を鮮明にし，具体的な目標の達成から逆算的に行動します。 | **6. フェアでいよう：**<br>全てにオープンマインドであり，フェアに考え行動します。<br>法令順守とは努力目標ではなく義務になります。 |

図表7-6　人材育成方針の成文化

ニケーション活性化，③人事制度見直し，3チーム構成として施策推進活動を開始しました。私は人事職として，人事制度の見直しに取り組みました。人材育成方針と人事評価を結びつけることで，従業員に人材開発の道筋を提示することができました。一方で局所的に効果測定できる施策も検討することとしました。

②社会的潮流の対応とキャリアコンサルタントの役割

　私は人事職として，キャリアコンサルタントとして，企業内で従業員のキャリア支援を行いたいと考えていました。試行錯誤の中，セルフ・キャリアドック導入説明会（厚生労働省委託事業セルフ・キャリアドック普及拡大加速化事業　主催）に参加することで，社会的潮流に対応するセルフ・キャリアドックは会社の理解が得やすく，活動実現のきっかけになると確信しました。説明会参加後も当該事業事務局と相談を重ねることによ

---

[3]　エンプロイーエンゲージメント：会社で働く人と人の繋がり合う力を数値化したもの。当社ではモチベーションクラウド（株式会社リンクアンドモチベーション）により抽出。他社・属性・経年等様々な視点で数値を比較することで，組織状態を把握できる。

り，当社の課題解決のアプローチとして，キャリアコンサルタントによる
セルフ・キャリアドック導入により，従業員がキャリア形成の視点を持つ
ことが組織の活性化に有効であると論理付けることができました。

## (2)　活動事例1（経営層への働きかけ）

　セルフ・キャリアドック実施に向けて，改めて人事課題とその解決策と
してセルフ・キャリアドックを実施する道筋を整理しました（図表7-7）。
　当時は，セルフ・キャリアドックに限らず，キャリアコンサルティン
グ，キャリア開発等の必要性が社内には浸透しておらず，施策自体が否定
的に捉えられないよう考慮しました。世代によっては「キャリア面談＝若
年層の離職促進や中高年の退職勧奨」と認識されており，キャリア等の
ワードや社会的潮流を押出して，全社員を巻き込むような大掛かりな取り
組みとしないよう心掛けました。
　そこで，人事課題の中でも特に問題視されていた早期離職のアプローチ
としてセルフ・キャリアドックを位置づけることとしました。施策の対象
人数を限定することでスモールスタートとし，あまりコストをかけずかつ
効果を見えやすくすることで，会社に受け入れやすい取り組みとしまし
た。
　経営層にはまず，中途社員の早期離職が教育・採用コストや業務負荷，

**対象：直近2年以内の中途入社者**
**（管理職を除く正社員10名）**

図表7-7　人材育成の取り組みの流れ

組織構成の面にデメリットが大きいことを伝えました。セルフ・キャリアドックで行う教育とキャリアコンサルティング面談は有効なアプローチであり，離職に繋がる要因の抽出や未然防止に効果が期待できると説明しました。

さらに，外部公的機関の支援と事務局機能を私のみが担うことで，実施にあまりコストが発生しないことも，導入の承認を得る上で効果的であったと考えています。

また，その他のアプローチとして，周囲の理解やフォローを受けられるようにするため，組織開発とキャリア形成をテーマに自身が講師となり部署内で勉強会も行いました。当社ではキャリアコンサルタントは私のみであり，人事課題の解決手段であるセルフ・キャリアドックを定義から共有することにより部員の理解が得られたことが，施策を推進する自信にも繋がったように思います。

## (3)　活動事例2（対象者への通知）

当社でのセルフ・キャリアドックの対象者は以下と定義付けました。
・中途入社で入社2年以内
・40歳以下の非管理職
要件に該当する対象者は10名です。私は全ての対象者に，採用および入社研修等で関わっており，キャラクターや現状はある程度理解できていました。事務局として，業務への適応が困難な状況にあったり，反応が薄い対象者には個別に声掛けし，セルフ・キャリアドックに参加することが自身の助けになることを伝え，ポジティブな気持ちで臨んでもらえるよう配慮しました。特に自己開示に抵抗がありそうな対象者には，前もって採用時のフィードバックを行い，自己肯定感を高めたことで，良い心構えができたように思います。

また，実施案内は全従業員向けとせず，対象者の所属部署長のみに行いました。業務時間内の実施であることから，実施の理解が得られるよう個

別に趣旨，概要を説明しました。中途社員の早期離脱には，各部署長も頭を痛めており，効果的なアプローチになり得ることを伝えることで，理解は得られたように思います。

## (4)　活動事例3（対象者のフォローアップおよび組織の改善措置）

### ①実施概要

当社で実施したセルフ・キャリアドックは以下のとおりです（図表7-8）。

図表7-8　実施の内容

| 項目 | 形態 | 内容 |
|------|------|------|
| セルフ・キャリアドック導入ガイダンス | 集合研修 | 座学形式で2時間<br>キャリアの基本知識，面談準備 |
| キャリアコンサルティング面談 | 個人面談 | CCと対面で1時間<br>自己理解，主体的な取り組み姿勢 |

CC：キャリアコンサルタントのこと

本実施では，当該事業事務局から派遣された経験豊富なキャリアコンサルタントに講師および面談を担っていただきました。初回は社外キャリアコンサルタントに依頼することで，客観性のある実施結果が得られると考え，事務局は運営に専念することとしました。

対象人数を絞っていたことで，ガイダンス内容の理解度確認等対象者への声がけやフォローが行き届き，トラブルや直前の欠席等なくセルフ・キャリアドックを実施できたと思います。

### ②実施結果

セルフ・キャリアドック実施結果の概要は以下のとおりです（図表7-9）。

実施の成果として，対象者のキャリア理解（形成）度合い，対処すべき課題等を顕在化させることができました。これには，当該事業事務局より報告いただいた「キャリアコンサルティング面談実施後アンケート集計」

| ① 課題 | ② 背景 | ③ 実施内容 | ④ 結果 |

【取り組みの効果】
従業員の自己理解が進み，キャリア形成を考えられるようになった
離職要因が一部顕在化され，その他施策も検討できるようになった

【従業員の声】
本質的な悩みを引き出してもらえたので，気持ちを前向きにできた
求められていること，日々の姿勢や自分にできることが明確になった

【経営陣の声】
セルフ・キャリアドック実施の成果を可視化できるようにすること
対象の拡大等は，定着性の向上が成果として報告できた上で検討する

図表7-9　取り組みを行った結果

図表7-10　キャリアコンサルティング面談実施後アンケート集計

| 質問 | 評価 | CCによる総括コメント |
|---|---|---|
| 総合満足度 | 満足が100% | 潜在的な思いの"整理""気づき"に関する声が多く，自己理解に繋がっている |
| CCの対応 | 良いが90% | "寄り添い""傾聴"が評価されており，上司に必要不可欠な要素であると言える |
| 面談の有益度 | 有益が90% | "キャリアの理解"が進んでおり，継続的な支援が人材育成に繋がると言える |

（図表7-10）が，客観的に従業員の状態を把握する上で，大きな助けになったと思います。

　また，当該事業事務局からの「セルフ・キャリアドック実施結果報告書」には，対象者の傾向として以下のような点が挙げられました。

・自身の成長に向けた課題認識があり，前向きに取り組む姿勢がある
・自己効力感の低下傾向がある
・今後のアプローチを模索している

日常業務に追われ立ち止まって考える余裕が無かったことが，対象者大半のキャリア形成阻害要因と考えられ，その状況に気づいたことだけでも，対象者の意識向上に繋がったと考えられます。

### ③実施以降の取り組み

対象者には，面談等の直接フォローに限らず，組織としてのセルフ・キャリアドックの継続，所属部署との連携（上司への働きかけ）をすることにしました。具体的な働きかけとして，「組織再社会化[4]」の導入を進めています。

対象者の負担として目立ったのが「周囲の期待によるプレッシャー」であり，所属部署の上司やメンバーからも同様に成果の期待が大きいことが問題として捉えることができました。

### ④組織再社会化の取り組み

人員補充に限らず，将来的な組織構成を見据えた採用を人事は行っており，受け入れ部署には，中途入社者がもたらす業務遂行面以外の効果も説明する必要がありました。

さらに，中途入社が感じる課題や必ずしも即戦力にはなり得ないことの理解を促すアプローチとして「組織再社会化」の概念を共有することとしました。そこで，組織再社会化による環境適応のプロセスにより，中途入社者が活躍できるようになることを，チェックリスト（図表7-11）により可視化させることにしました。

チェックリストを所属部署の上司に配布することで，中途入社の現状や課題の認識が容易になり，部下とのコミュニケーションツールとしても有効活用できるようになりました。中途入社者からも上司や周囲からの理解

---

[4]　組織再社会化：ある組織の一員として組織社会化され仕事を行ってきた人が，部署異動や転職などの組織移動によって別の組織に参入した際に"再び社会化される"こと（中原，2012）。

トーマツイノベーション（現：ラーニングエージェンシー）（2019）の提供する「Biz CAMPUS」研修教材を基に筆者が一部修正のうえ転載

**図表7-11　組織再社会化チェックリスト**

【組織再社会化チェックリスト】（入社2ヶ月経過時に実施、管理職・有期契約社員は除く）

| チェック欄 | | |
|---|---|---|
| 対象者 | 所属 | 役職 |
| 管理者 | | |
| 入社日 | 20　　／　　／ | |
| チェック日 | 20　　／　　／ | |

■ 入社政治知識の獲得　／8
- 各部門がどのような役割を担っているか説明していますか？
- 各職種のエキスパートにあたる社員と話す場を設けていますか？
- 配属された部門や他部門で中心的な役割を担っている社員を紹介していますか？
- 管理者がどういう人物なのかを伝える場を設けていますか？（オリエンテーション時に、管理者の今までの経歴や得意な領域について紹介する　など）
- 配属された部門の各メンバーに、入社者と積極的に関わりをかける社員がいますか？（配属された部門の各メンバーと入社者が自部門の得意分野などを一言ずつ話してもらう　など）
- 入社者に仕事を依頼するときにレポートラインを伝えていますか？
- 入社者（或いは近しい立場）同士で関係構築や情報交換をする場を設けていますか？（同じ年度やゼロキャリアで入社した社員を「同期」として交流会を開催し情報交換し合う　など）

■ 学習姿勢　／8（組織としての学習や仕事の進め方や風土に対する意識を高める。新たな組織にゼロキャリアで着任した社員が自ら再学習に向けられること）
- 入社者に対して、学習姿勢の重要性を伝えていますか？
- 入社者の育成担当者に、学習姿勢の重要性を伝えていますか？
- 入社者の育成担当者に、入社者がどのように業務に取り組んできたのか、理解を深めていますか？
- 入社者に、前職の仕事との違いを整理してもらっていますか？
- 入社者が認識している自身の傾向や目身の傾向を聞いていますか？
- 普段の業務を観察して入社者の癖や傾向を把握し、自社での考え方ややり方を伝えていますか？
- 入社者の癖や傾向がフィードバックを受ける場合、都度フィードバックを行っていますか？
- 入社者が前職との違いに戸惑わないように、自社でのやり方やその背景を伝えていますか？

■ 評価基準・役割の獲得　／8
- 人事評価とは別に、管理者が入社者に期待する役割やその背景を伝えていますか？
- 入社者に、人事評価の基準や各項目について説明していますか？
- 入社者に、評価項目を満たすような行動・成果は具体的にどのようなものか伝えていますか？
- 入社者に、自身の役割が何か考えてもらい、後日管理者とすり合わせをしていますか？
- 入社者に期待する役割が本人にとって過少や過多でないか確認していますか？
- 仕事を任せるとき、期待している水準を伝えていますか？また、仕事が完了した際に、期待している水準を満たしたフィードバックを行っていますか？
- 管理者との面談などを利用して、入社者が自身の役割・期待を理解しているか確認していますか？
- 入社してから3ヶ月後・半年後に、社員の役割・期待をどの程度実現できているのか、管理者から理解を深めるフィードバックを行っていますか？

■ スキル・知識の獲得　／8
- 入社者に求める人物像を、1年後・半年後・1ヶ月後に設けていますか？
- 入社者に、1年後・半年後・1ヶ月後の求める人物像に、それぞれに必要なスキルや知識を伝えていますか？
- 入社者に、求める人物像に対して本人が出来ていることといないところの認識を合わせていますか？
- 獲得すべきスキル・知識に合わせてロールモデルとすべき社員を、育成担当者につけていますか？（OJT、研究、課題図書　など）
- 配属された部門の業務負荷の調整が必要か、所属部門の上司に確認していますか？
- 育成担当者の業務負荷を管理者で、育成担当者を確認する機会を設けていますか？
- 育成担当者と管理者で、育成の取り組みの進捗状況を共有する機会を設計していますか？
- 管理者との面談などの場で、スキル・知識の獲得状況を確認していますか？

<その他伝達事項>

が深まったことで, プレッシャーが軽減され, 職場環境に良い影響が出た
との声も上がっています。

　実施から1年ではありますが, セルフ・キャリアドック実施および組織
再社会化の取り組みにより, 会社平均の離職率より本施策実施対象者の離
職を一定数抑制することができました。

　今回は人事課題の一部として離職率の改善に着目しましたが, 今後も企
業内キャリアコンサルタントによる組織活動としてセルフ・キャリアドッ
クを効果的に行い, 組織と従業員を活性化する期待と責任を果たしていき
たいと思います。

◀ **COLUMN** ▶

## チームによる継続的なキャリア開発支援

高橋　浩

　企業内キャリアコンサルティングというと, 主な支援はキャリアコンサ
ルティング面談(キャリアコンサルタントによる面談)だと捉える方が多
いと思います。そして, 多くのキャリアコンサルタントは, 悩みを抱えた
クライアントに対応する面談技法を学んでいます。その面談の特徴は, 「専
門家単独による個人支援であり, 問題発生後の相談室での待ちの姿勢とい
う受動的活動であり, 短期間で断続的であり, 問題解決的である」といえ
ます。これについては支援の限界があり, 以前から, 環境介入やアウト
リーチの重要性も指摘されてきました。しかし, これだけでは, 専門家単
独による個人支援の限界を突破することはできません。

　これとは正反対の支援とはどのような支援になるでしょうか。それは,
「専門家/非専門家も加わった連携による環境支援であり, 日常業務場面に
踏み込む予防的・能動的活動であり, 長期間で継続的であり, キャリア形
成や能力向上および働きがい/働きやすさの創出といった開発的なもので

ある」ということになります（図表1）。このように考えると，支援者は
キャリアコンサルタントだけでなく，人事，ラインマネージャーなどによ
るチーム支援が考えられます。エクササイズ7では，仕事上の問題を解決
するケースのチーム支援を取り上げますが，能動的なキャリア開発におい
てもチーム支援が考えられるわけです。

　当然のことながら，支援チーム内では，従業員のキャリアに関する情報
や，その従業員の開発・支援方針，支援のための役割分担が共有される必
要があります。特に，従業員の情報については，ジョブ・カードのような
キャリアに関するポートフォリオを作成・保管していくことが考えられま
す。これがあることによって，たとえ上司や人事担当者が異動をしたとし
ても，長期的な支援が容易になるといえます。

　ジョブ・カードのようなキャリア・ポートフォリオをどのように管理し
ていくかについては議論の余地があると思います。守秘義務の問題に抵触
する恐れがあるかもしれません。しかしながら，従来から企業ではキャリ
アシートや自己申告表などのキャリアに関連する個人帳票は存在してお
り，これを組織的に管理することには抵抗がないように思えます。その理

図表1　従来のキャリア相談とチームによるキャリア開発

| | 従来のキャリア相談 | チームによるキャリア開発 |
|---|---|---|
| 主体者 | 専門家（キャリアコンサルタント）単独 | 専門家／非専門家の連携（キャリアコンサルタント，人事，ラインマネージャー） |
| 対象者 | 個人支援（従業員） | 環境支援（従業員とその環境＝組織） |
| 支援場所 | 非日常空間（相談室内） | 日常業務空間（職場） |
| 活動姿勢 | 受動的（待ちの姿勢） | 能動的（アウトリーチ） |
| 活動期間 | 短期間で断続的 | 長期間で継続的 |
| 活動目的 | 問題解決，職場適応 | 予防，キャリア形成・能力開発・働きがい／働きやすさの創出 |

由は，個人的な深い悩みに関する記載がないこと，上司・人事と共有されることを従業員が了解していること，個人情報がむやみに公開されない信頼があることが前提となっているからです。

　ちなみに，ジョブ・カードの企業内での活用については，労働政策研究・研修機構が調査報告書を出していますので，詳しくはそちらを参考にしてください（図表２）。

　このように従業員の情報がチームとして守られるならば，次のようなチームによるキャリア開発支援が可能になるのではないでしょうか。

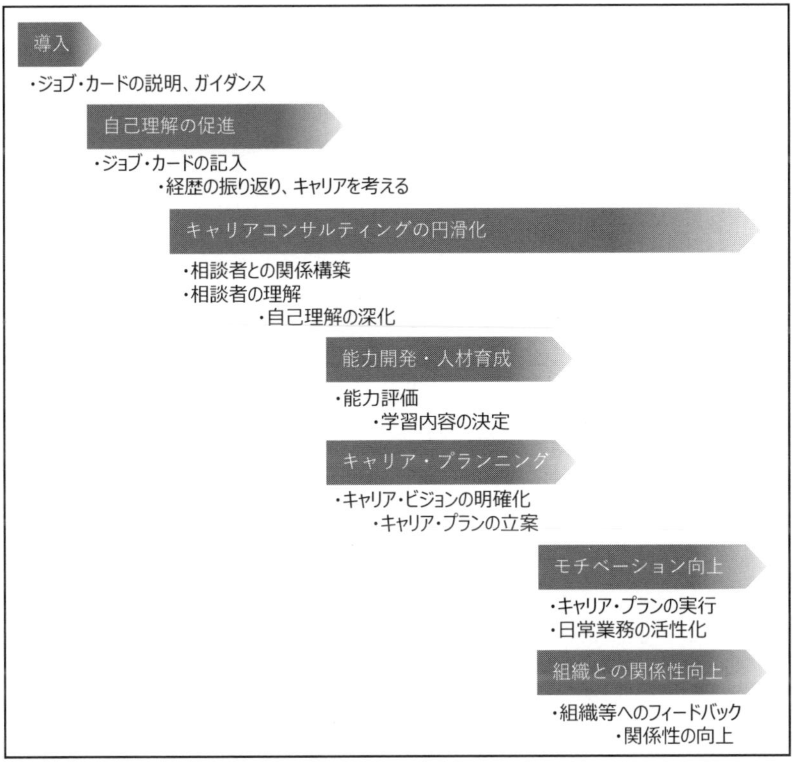

導入
・ジョブ・カードの説明、ガイダンス

自己理解の促進
・ジョブ・カードの記入
　・経歴の振り返り、キャリアを考える

キャリアコンサルティングの円滑化
・相談者との関係構築
・相談者の理解
　・自己理解の深化

能力開発・人材育成
・能力評価
　・学習内容の決定

キャリア・プランニング
・キャリア・ビジョンの明確化
　・キャリア・プランの立案

モチベーション向上
・キャリア・プランの実行
・日常業務の活性化

組織との関係性向上
・組織等へのフィードバック
・関係性の向上

図表２　企業内のキャリアコンサルティングにおけるジョブ・カード活用の位置づけ

高橋（2020）より

241

まず，①キャリアコンサルタントは，定期的な面談において従業員の自己理解を深めて，能力開発や働きがいを高める働き方の支援や課題の洗い出しを行います。②上司は，日常業務において部下の特性や課題を考慮して，モチベーションやパフォーマンスを向上するように業務のアサインや，課題・目標の設定，励ましや勇気づけなどの支援を行います。③人事は，共有された情報に基づいて，会社の人材状況を把握し，必要な人材育成を経営者や管理者と検討し，全社の制度や環境の改善を行っていきます。④チームとして，これらの支援を継続的に行い，個人の成長・発達，組織の発展・生産性向上を目指していくわけです。そして，このような「チームによる継続的なキャリア開発支援」を制度化していくこともセルフ・キャリアドックの役割の1つといえます。

# CHAPTER 8

## エクササイズ集

高橋　浩

　セルフ・キャリアドックを組織に導入・推進する支援者に求められるスキルを磨いていただくために，7つのエクササイズを紹介します。各エクササイズには，「解答例と解説」が掲載されていますが，まずはそれらを見ずに，「ねらい」と「考え方・実施方法」に沿って自力で検討してみてください。その方が皆さんの成長につながると思います。また，「解答例と解説」は唯一の正解を示しているわけではありません。あくまでも参考としていただき，自分だったらどのようにするか，どのようにするとより効果的になるのかを検討するための材料にしていただきたいと思います。

エクササイズ一覧

1．組織の情報を収集・整理する〜7Sと5CLで整理する方法

2．組織を見立てる〜システム思考で経営課題と人材課題との関連を顕在化する

3．セミナー参加者を活性化する〜ファシリテーションの8原則

4．面談においてキャリア形成の課題を点検する〜非自発的来談者の開発的面談

5．個人と環境の相互作用を顕在化する〜ループ図を面談で活用する

6．ジョブ・クラフティング〜やらされ感から脱却して働きがいを創りだす方法

7．チームで個人を支援する〜多職種連携による支援

## 組織の情報を収集・整理する
## ～7Sと5CLで整理する方法

### 1．エクササイズのねらい

　セルフ・キャリアドック導入の可能性がある企業との初期の接触では，少ない初期情報に基づいて，ある程度その企業の状況を推測して，その後，さらに必要な情報収集を進めていきます。このことが組織の見立ての準備になります。このエクササイズでは，初期情報から企業情報や関係者のニーズや関係性を整理して，さらに問題の本質にかかわる情報収集へと掘り下げる練習をします。

### 2．考え方・実施方法

　セルフ・キャリアドック導入における問題には，①導入に対する抵抗・不安・恐れという問題と，②キャリア開発・人材開発自体の問題があります。①は，セルフ・キャリアドックやキャリアコンサルティングについての理解不足や誤解，効果への疑念・不信などがあり，特に経営者や管理職者においてみられます。誤解を解く説明は必要ですが，むしろかれらが抱える経営上や業務上の問題意識を受け止め，その解決の一施策としてセルフ・キャリアドックを提案するほうが得策でしょう。②は，人材育成やキャリア開発に関するもので，まさにセルフ・キャリアドックでターゲットとする問題です。問題の現象を人と環境との相互作用ととらえ，その発生・維持をさせているメカニズムを顕在化するつもりで情報収集をする必要があります。そのメカニズムを見立てるにはある程度の経験則が働くわけですが，これを情報収集により検証して，より確かなものにしていくわけです。

　また，問題（裏返すとニーズ）は立場によりその意味が異なります。Schein（1998 稲葉・小川訳 2012）のプロセス・コンサルテーションで

は，クライエントを6分類しています（コンタクト・クライエント，中間クライエント，プライマリー・クライエント，自覚のないクライエント，究極のクライエント，ノン・クライエント）。筆者はこれをセルフ・キャリアドック用に置き換えて，以下の5分類（5CL）にしました。各立場に相当する人は誰か，各立場でどのようなニーズがあるか，という視点で情報を整理し，不足部分は収集することになります。そして，これらの人々の関係性をエコマップで整理すると，より分かりやすくなるでしょう（エコマップとは，登場人物同士の関係性を線で結びつけて整理する手法。『セルフ・キャリアドック入門』第7章を参照）。

(1)コンタクト・クライエント：導入相談のために接触してきた担当者，およびその部署の責任者。最終的にこのクライエントの利益になる支援を行わなければならない。

(2)決裁権のあるクライエント：セルフ・キャリアドックの導入可否や費用の決定権がある人。導入のためにこのクライエントの理解と承諾を得ないといけない。

(3)直接支援のクライエント：実際にキャリアコンサルティング面談やキャリア研修などの支援を受ける対象者。

(4)間接支援のクライエント：直接支援のクライエントではないが，その支援や関連活動に対して影響を受けたり，影響を与えたりする人（上司，部下，家族など）。このクライエントへ配慮したり，あるいは協力を得たりすることによって円滑に導入・推進することができる。

(5)ノン・クライエント（抵抗勢力）：セルフ・キャリアドックの導入や諸活動に対して非協力的であったり抵抗や反対をしたりする人。無視や排除をするのではなく，耳を傾けることによって，より本質的な問題を得たり，活動のヒントにしたりする。さらには推進者に引き入れることも検討する。

## 3．エクササイズ

　下記の事例を読み，Z社の状況を7S（第1章P.5）と5つのクライエント（5CL）の視点から情報を整理したうえで，さらに収集すべき情報は何かについて検討してください。なお，各クライエントのニーズや相互の関係性について，エコマップを用いて整理すると検討しやすくなります。

---

　Z社は，従業員数約200名のIT企業で，9割がエンジニアである。「AIとIoTで社会を変革する」が経営理念である。創業から8年目で軌道に乗り，ここ2〜3年の売り上げは上々である。年功賃金制ではなく，完全成果主義を導入している。また，メンター制度を導入しており，従業員の技術力は着実に向上してきた。その一方で，入社5年以内の若手従業員の離職率は悪化している。主な退職理由は人間関係であった。この対応として，昨年から上司との1on1を開始したが，職務満足サーベイや離職率にその効果は現れていない。社長はこの件については軽視しており，対応については人事部長に一任している。人事部はなんとかこの状況を打開したいのだが，人事部内でキャリア開発に詳しい者はおらず，強いていえば1年前にキャリアコンサルタントを取得したばかりの人事担当者A氏のみである。今回，A氏から，知人であるあなた（社外キャリアコンサルタント）にこの件の対応の依頼を受けた。

---

## 4．解答例と解説

　あくまで，解答の例になります。以下に示していきます。

(1)7Sによる整理と疑問点・不明点

理　念：AIとIoTで社会を変革する**→込められた社長の思いは？**

構　造：9割がエンジニア，1割がスタッフ部門。

制　度：完全成果主義，メンター制度，1on1**→これらの制度の成果と**

　　　問題は？　他にキャリアに関する取り組みや福利厚生は？

戦　略：**不明**。先端技術による利益追求は現時点では順調な様子**→長期的**

　　　　**にはどうか？**

人　材：若手社員の離職率増加**→数量的には？　ミドルやシニアの離職状**

　　　　**況や職務満足度は？**

スキル：AI，IoT などの最先端技術を保有**→能力開発の仕組みは？**

風　土：**不明→若手社員に何らかの圧力やしわ寄せがあるかもしれない。**


(2) 5 CL による整理と疑問点・不明点（図表 Ex 1 - 1）

　コンタクト・クライエントは，A 氏および人事部長。若手人材の離職

率の低減を通じて，**長期的な人材確保を求めている**ものと考えられます。

　決裁権のあるクライエントは，Z 社の場合は社長。経営理念から，最先

端技術を社会に提供することを目指していると考えられます。そして，現

在は経営状況に問題はないため，人材についての危機感はそれほど強く

持っていないようです。この点で，**人事部との温度差が見受けられます。**

　直接支援のクライエントは，入社 5 年目までの若手社員。彼らのニーズ

は**働きがいとパフォーマンスが上がる人間関係**と思われます。これは，**上**

**司およびメンターとの関係性に何らかの問題が予想されます。**ニーズにつ

いてはさらなる情報収集が必要になります。

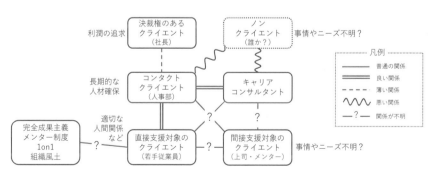

図表 Ex 1 - 1　クライエントの関係図（エコマップ）

上記から，上司やメンターが間接支援のクライエントになる可能性が強いといえます。**メンター制度や１on１がどのように行われているのか，職場の雰囲気など**についてさらなる情報収集が必要となるでしょう。上司やメンターのかかわり方に問題があるとしても，そこにテコ入れするだけで問題が解決されるとは限りません。上司やメンターにも**若手従業員へのかかわり方が悪くなってしまう事情や理由**があると考えられます。その事情・理由が明確になると上司やメンターのニーズが明確になり，ニーズを満たす支援をすることによって問題行動の減少が期待できます。

　より具体的な施策が決まると，それに不満や疑念を抱く人たちが出てくることがあります。このような人たちがノン・クライエント（抵抗勢力）になるでしょう。例えば，上司やメンターがそれに該当するかもしれません。ひょっとすると，若手従業員に対して「**良かれと思った行動**」が悪影響を及ぼしていることもあります。また，**若手従業員の問題についても気が付いていない，あるいは気づいていても対応できないでいる可能性**もあります。抵抗勢力を抑え込むのではなく，彼らが何を訴え，その**根底にどのようなニーズを持っているのか**に耳を傾けることで，新たな発見があるかもしれません。あるいは，若手従業員のニーズと抵抗勢力のニーズの根本原因は同じかもしれません（例えば，良い関係性と働きがい）。そうだとすれば，両者が同じ目的のために理解し協力し合う可能性が生まれてきます。

　また，社員に与える制度や風土の影響についてはどうでしょうか。**完全成果主義やメンター制度，１on１は若手従業員にどのような影響を与えているのでしょうか。**メリット／デメリットの両面からヒアリングする必要があります。特に，１on１は離職率低減として効いてないようです。**人事部，上司，従業員の三者から事情や認識，実行面について確認**する必要があります。

　このように，初期情報から，問題の原因や構造を大まかに推測しつつ，不明点や仮説検証に必要な情報を収集しておくと，次の段階である「組織

の見立て」につなげることが容易になります。そして，最終的には，全クライエントのニーズを満たす施策や配慮事項を総合的に検討していくことが理想となります。

## EXCERCISE 2
### 組織を見立てる
### ～システム思考で経営課題と人材課題との関連を顕在化する

### 1．エクササイズのねらい

　組織の問題を見立てる（以降，組織を見立てる）とは，支援対象の組織が抱えている問題の発生・維持のメカニズムを明らかにして，その対策の目途をつけることです（詳細は『セルフ・キャリアドック入門』第2章を参照）。これによって，①セルフ・キャリアドック導入の決定権者（経営者など）と経営課題・人事課題を共有し，②導入可否の意思決定や導入目的の設定の判断材料を提供し，さらには③人材育成方針の立案と施策の検討材料を提供することができます。したがって，組織を見立てることはセルフ・キャリアドックを導入・実施する上で不可欠な作業といえます。そこで，このエクササイズでは，架空の企業情報に基づいて組織を見立てる練習をしていきます。

### 2．考え方・実施方法

　このエクササイズでは，組織を見立てる方法として「システム思考」における「ループ図」を用います。システム思考とは，単一の問題の原因を探るのではなく，問題と関連する様々な事象との関係性を俯瞰して捉えて，本質的解決を図るアプローチです。もちろん，これが唯一の方法というわけではありませんが，システム思考の「ループ図」は，組織内の事象を円環的因果関係で顕在化し，問題が維持されるメカニズムを顕在化しうる非常に優れた手法だと思います。

エクササイズに入る前に，ループ図の作成方法を簡単な例を用いて解説します。

---

例：スキルが向上しない部下

　①重要案件がほぼ定期的に入ってきますが，②部下がスキル不足であるため，③上司は，部下に仕事を任せることができず，自分でその案件を引き受けてしまいます。④部下は業務経験を積むことができず，結局，②部下のスキルはいつまでも向上しないままになっています。

---

上記の事例をループ図で示すと図表Ex 2-1のようになります。まず，この事例のテーマ（問題）を書き出します。ここでは，「②部下のスキル不足」です。次に，その現象が「誰に，どのような反応や結果を引き起こしているか」を書いて矢印でつなげます。ここでは「③上司が重要案件を引き受ける」になります。さらに，③が④を引き起こし，②へと戻っていきます。つまり，悪循環を招いているということです。**問題がなくならないのは，このような悪循環（ループ）があるから**，と考えます。

　もちろん，反対のアプローチも可能です。②は「誰の何によって引き起

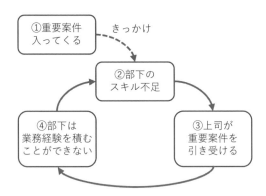

図表 Ex 2-1　スキルが向上しない部下（ループ図）

こされているか（原因）」を書き出します。実際には，結果を書いていく方法と原因を書いていく方法を適宜駆使しながら，そして論理的に矛盾や飛躍がないように書いていきます。もし，論理的につながる事象が見つからない場合は，その部分を仮定して描き，のちに情報収集によって確認すればよいです。いずれにせよループ図は仮説ですから，まずは関係者が見て納得性の高い図を描くことが重要です。さらなる情報収集や施策実施後にこの図を検証してブラッシュアップしていきます。

　このように，ループ図を描くと，問題は，部下だけにあるのではなく，上司と部下の両者で作り出していることが分かります。また，この図のどの部分にどのような施策を課すべきかについても検討しやすくなります。誰か一人の原因ではないため，対策は，部下にも上司にも施すことになるでしょう。例えば，上司は重要案件のうち部下が対応できそうな仕事を分担させ，部下に少し業務経験を積ませることができます。そうすることで本質的な問題解決がなされるわけです。

## 3．エクササイズ

　では，下記のX社の概要を読んで，「X社の従業員問題」についてループ図を描いてください。さらに，ループ図から，どのような対策が必要となるかについても読み取ってください。

---

　—X社の概要—
　事業内容：IT系ネットワーク・システムの導入・保守サービス
　経営理念（社是）：協調・協働・共創
　経営状況：やや苦しい
　経常利益（前期比）：3年前 –3.0%，2年前 –2.5%，1年前 +0.5%

　会社の状況，将来ビジョン
　積極的な新技術の導入により，5年後にはシェア40%を目指す（現

在シェア28%）。営業活動を強化したため新規のシステム導入契約件数は昨年度から伸び始めている。その一方で顧客企業からは，導入後の不具合や改善要求への対応が遅いとのクレームをいただくことが増加しており，その手間とコストも増えている。

## 従業員の入社・離職状況

昨年度当初の従業員数：450名

昨年度１年間の入職者数：50名

昨年度１年間の退職者数：10名（入社３年以内７名，中堅１名，定年２名）

## 人材育成上の課題

技術力の陳腐化が早い為，先端技術を保有した人材の増強が課題

## 人材育成・キャリア支援の施策状況

1．OJT

2．目標管理

3．能力要件表

## 従業員の声（事前の従業員満足度調査で見えてきたこと）

・自律的にキャリア形成をしろというが，業務をこなすので精いっぱいで，先端技術を習得する時間などほとんど取れない。

・自分なりに業務で成果をあげているつもりだが，上司からは十分に評価されていない。目標管理面談では，険悪な雰囲気になることもある。

・いつも目標達成や結果を出すことを求められる。もう少し，長期的に見てほしい。また，仕事のプロセスも評価してほしい。

厚生労働省（2018）から抜粋および加筆・修正

## 4．解答例と解説

〈解答例〉

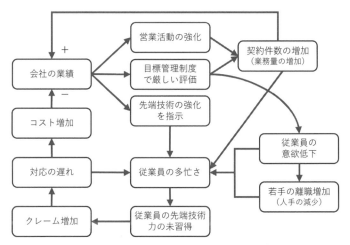

図表Ex2-2　X社の業績悪化のループ図

〈解説〉

　このループ図を見ますと，会社は業績悪化の対策として，①営業活動の強化と②目標管理の強化，③先端技術の強化を行ったことが分かります。この対策は会社の業績を向上させている部分もある一方で，コスト増加という負の側面もあり，近年の業績の伸び悩みを招いているといえます。この点は，経営者としては是正をしたい部分になります。同時に，業務量の増加，若手の離職による人手の減少，従業員の意欲低下が従業員を多忙にさせ，さらには先端技術の習得を困難にさせています。更に，これらがクレーム増加とクレーム対応の遅れを引き起こして，コスト増加を招いています。

　このように，経営課題と人材課題が関連し合っていることが見えてきました。業績低調という経営課題を解決するには，上記①〜③では対応ができない，ということも見えてきました。人材をいかに活性化するかという

人事課題の達成が重要になります。従業員の一人ひとりが，働きがい獲得と能力開発に対して積極的に取り組むようなキャリア支援と，これと並行して働きやすい環境整備，評価制度等の見直しについても検討する必要があることが明らかになるわけです。

　このことが分かれば，経営者も何のためのセルフ・キャリアドックかを理解してくれるでしょうし，実施に行われるセルフ・キャリアドックの目的，施策もおのずと定まっていくのではないでしょうか。セルフ・キャリアドックは単なるキャリアコンサルティング面談の実施なのではなく，目的に応じて必要な様々な支援を行うものですし，そのためにキャリアコンサルタントと人事，上司，経営者が連携していく必要があるわけです。

## EXCERCISE 3
### セミナー参加者を活性化する
### 〜ファシリテーションの8原則

### 1．エクササイズのねらい
　セルフ・キャリアドックに関与するキャリアコンサルタントは，キャリアコンサルティング面談に徹すればよいのではなく，セルフ・キャリアドック導入のためのガイダンスセミナーやキャリア研修などにおいてグループ・ファシリテーションを行うスキルが求められます。ファシリテータは，参加者同士が自己開示をしながら仲間関係を構築し，お互いの新たな側面を発見しつつ自己理解を深め，場合によっては参加者同士の対立を克服し，参加者同士が支え／支えられる関係に至るプロセスを促進していく役割を担います。このエクササイズでは，ファシリテータとして留意すべきポイントについて，理解を深めていただきます。

### 2．考え方・実施方法
　安部恒久（2010）は，ファシリテータのための8原則を示しています

（括弧内は筆者による補足）。

| | |
|---|---|
| 原則① | 全員に発言の機会を提供する（沈黙への許容と配慮も必要） |
| 原則② | 軽い話題から入る（話したいことを話せる状態をつくる） |
| 原則③ | 不安と期待の両方を取り上げる（参加者間に共通と差異の両方があることを理解してもらう） |
| 原則④ | プロセスをつくる（仲間関係の構築～相互支援の関係へ） |
| 原則⑤ | つなぐことを試みる（参加者間をつなぐ，セッション間をつなぐ） |
| 原則⑥ | 少数派に配慮する（多数派が少数派を受容するように介入する） |
| 原則⑦ | 体験を共有する（体験を言語・非言語で共有して各自が意味づける） |
| 原則⑧ | 終わりは終わりとして終わる（終了間際になったら，体験をまとめて日常生活への移行を準備させる） |

　研修プログラムには，セッションが順に示されており，ファシリテータはこれに沿って実施していくわけですが，その背景には上述の8原則があり，これに留意しつつ進めていきます。

　次のエクササイズでは，特にこの原則についての理解を深めるために，セミナー内での状況別での対応を考えていただきます。

## 3．エクササイズ

　以下の問題に示すセミナー中の状況において，ファシリテータが取るべき行動ついて検討してください。また，その行動は8原則のどれに該当するかについても考えましょう。

　セルフ・キャリアドックのガイダンスセミナーとして，参加者従業員の
キャリアに関する理解を深め，自身のキャリアについて考える場を設定し
ました。5人グループに分かれて，まずはグループ内で自己紹介を行いま
した。一人3分程度で氏名と所属，そしてこの研修について思うことや期
待することなどを話してもらいました。

　このセミナーのファシリテータであるあなたは，この後，どのように進
めると良いでしょうか。

　自分の価値観を吟味してもらうために，カードを用いて選んだ価値観と
それに紐づく経験について語ってもらうグループ・ワークを行っていま
す。この時，あるグループが趣味の話題で盛り上がっていることにファシ
リテータは気づきました。グループ・ワークは開始から10分経過し，残り
時間はあと5分でした。この時，あなたはファシリテータとして，どのよ
うにこのグループに関わるとよいでしょうか。

## 4．解答例と解説
### 解答例

　自己紹介は，参加者が最初に行う自己開示の場面です。初対面同士であ
れば，自己開示はしにくいものですが，自己紹介なら比較的そのハードル
は低く，その後のワークにおける自己開示の準備場面であるともいえます
（原則②）。そして，ガイダンスセミナーにおいては，まだセルフ・キャリ
アドックやキャリアコンサルティングとは何か，キャリアの意味さえ良く
わからない状態にあることが予想されます。つまり，様々な思いでこのセ
ミナーに臨んでいるわけですから，不安と期待の両方が入り混じった状態
だといえます。

　ファシリテータは，前述の原則③にあるように，その不安と期待の両方

を取り上げていく必要があります。グループ内自己紹介が終わった後，どんな気持ちの参加者がいたのか，可能ならば何名かに発表を募って全体共有をしてもらうとか（原則①⑦），自己紹介中にグループを回って不安と期待の両方を聞き取っておいて自己紹介後に全員に向けて共有していくということをする必要があります。もちろん各自の発言に対して，良い・悪いということはなく，すべて受容していきます。このファシリテータの態度が，参加者の受講態度の手本にもなっていくからです（原則④⑤⑥）。

　ガイダンスセミナーでは，キャリアについてみんな同じ気持ちでいるわけではないこと，それを受容していくこと，しかしながら共通した思い（課題）があることなどを参加者全員に認識してもらうことによって，仲間関係を構築していく第一歩を促していきます。

### 解説

　雑談に終始してしまっては，そのグループ・ワークの成果を期待することはできません。かといって，一切，雑談を禁止することも効果的ではありません。なぜなら，雑談をきっかけに，あるいは雑談を通じて，自身の価値観と経験の接点について触れる可能性があるからです。

　グループは雑談をきっかけ（バネ）として，よりメンバー（グループ）が話したい話題へと自ら進展していく可能性があります（安部，2010）。特にセミナーの初期では，原則②軽い話題から入り，参加者が話したいことを話せる状態を作り出すことが重要です。このことが，より深い話を話せる土壌を培っていきます。

　ファシリテータも興味を持って「今，どんな話をしているの？」と共感しながら加わり，タイミングをはかって「その時の判断って，どんな価値観が働いていたんだろうか？」などと，それとなくワークのテーマに意識を向けていくこともできるかもしれません（原則⑦）。

　ただし，セミナー終盤ならば，「雑談」は集中力の途切れや，飽きが生じていることを意味している可能性があります。グループ全体の雰囲気か

ら，どんな状態なのかを察知して，適宜，休憩を入れたり，改めてワーク
のねらいを伝えたりしましょう。

## EXCERCISE 4

### 面談においてキャリア形成の課題を点検する
### ～非自発的来談者の開発的面談

### 1．エクササイズのねらい

　セルフ・キャリアドックにおいて体系的・定期的に行われる面談では，
非自発的来談となる可能性が高くなります。そのため，従業員の悩みを解
決する面談（解決的面談）よりも，キャリア自律を促す面談（開発的面
談）に対応するスキルが求められます（『セルフ・キャリアドック入門』
第6章を参照）。開発的面談では，自律的なキャリア形成がどの程度でき
ているかについて点検を行い，その課題を自覚してもらうようにします。
自律的キャリア形成とは，従業員自身が，十分な自己理解・仕事理解をし
て，意欲的なキャリアビジョンを掲げることができ，ビジョン達成のため
の具体的で明確なプランを描いて，これを着実に実行できている状態で
す。このエクササイズでは，ケース検討を通じて，自律的なキャリア形成
のための点検項目を理解していただきます。

### 2．考え方・実施方法

　自律的なキャリア形成の点検項目は以下になります（詳細は『セルフ・
キャリアドック入門』第6章を参照のこと）。この項目を参考に，適宜必
要な質問を発してキャリア形成の状態を点検します。そして，キャリア形
成のどの部分に課題があるかを見立てます。

①自己理解・仕事理解（したいこと：Will，できること：Can，すべ
　きこと：Must）の自覚の程度

②Wil-Can-Must の重複具合（すべきことに情熱を注げているか，すべきことにおいて強みを発揮できているか，すべきことに必要なスキルを保有しているか，情熱を注げることにおいて強みを発揮できているか）

③キャリアビジョンの確立度（Will-Can-Must に基づいているか。具体的で明確に描けているか）

④キャリアプランの具体性と実行具合（キャリアビジョン達成のための行動計画が具体的で明確で実行可能なものか。また，それがどの程度実行できているか）

⑤キャリア形成の阻害要因（職場や家庭の事情などキャリア形成を阻害していることは何か，イキイキとできない事情はあるか，など）

## 3．エクササイズ

では，次の事例でB氏についてキャリア形成の点検を行い，B氏の課題とその支援を明らかにしてください。なお，事例は段階的に提示していきますので，これに沿って検討していきましょう。

B氏，25歳・男性，独身，職業：SE

　人事に言われて来談しただけであり，特に相談することはないという。人事の指示で，1週間前のキャリア開発研修にて作成した「キャリアビジョン・シート」を持参してきた。

キャリアビジョン・シートに記入されたB氏のキャリアビジョン

　顧客のニーズをくみ取るコミュニケーション能力を向上し，そのニーズに迅速に対応できるように常に最新のネットワーク・システムの知識を習得（ネットワークスペシャリストの資格取得）して，5年後にはチーム・リーダーになりたい。

上記をビジョンとして掲げた理由は，評価面談で言われた上司の期待に応えるためであるという。そう淡々と語るＢ氏からは，キャリアビジョンに対する熱意が感じられなかった。また，資格取得の対策本は購入したものの，勉強は手つかずの状態だという。

### 見立て1

　シートに書かれているビジョンは具体的で明確ではありますが，意欲が感じられず，アクションも取られていません。このことから，ビジョンはMust に偏っていて Will とのつながりが薄いことが考えられます。Ｂ氏が Will を自覚していない可能性も考えられます。また，Must で求められるCan は明確ではあるものの，その Can を習得する行動が伴っていません。そこには何か行動の阻害要因があるかもしれません。次に，上司との評価面談の様子について尋ねてみました。

### 上司との評価面談の様子

　上司からは，SE としてのスキルが不十分で，「同期入社と比較して劣っている」とはっきりと言われてしまった。また，顧客からのクレーム対応では，顧客ニーズをしっかりと把握できず，二度手間，三度手間が生じていることも指摘された。

　その指摘はもっともで，コミュニケーションは苦手なためだ，とＢ氏はいう。加えて，入社時に思っていた仕事のイメージとは違うということも漏らしていた。

### 見立て2

　専門的スキルの不足に加えてコミュニケーションの苦手意識も明確になってきました。また，当初思い描いた仕事と現状にギャップがあるようです。Ｂ氏が自分自身に向き合いはじめたので，Will を自覚するよい機会かもしれません。そこで，入社動機と仕事に対する思いについて尋ねてみ

ました。

---

X社に入社した理由

　もともと高校時代からパソコンの組み立てや，プログラミングが好きだった。父親の反対はあったものの，大学は工学部情報処理学科に入学。学科内で行われたプログラミングコンテストでは準優勝をとり，自分が評価されてとてもうれしく，学生時代の一番の思い出であった。そのためプログラミング関係の仕事に就きたいという思いでX社に入社した。

---

現在の仕事に対しての思い

　就職して「なんとなく違う」という感覚を持ちながら，目前の仕事をこなすことで精一杯で今までやってきた。一人前になるためにはもっと勉強する必要はあると思うが，忙しさと疲れで日々の仕事で精一杯。

　対人関係にはいまだに苦手意識がある。中学生時代にいじめにあってからは，友人関係も薄く，パソコンで奇抜なゲームアプリを作り，「いいね」をもらうのがうれしかった。

---

**見立て3**

　パソコン組み立てやプログラミングは親の反対を押し切るほど好き（Will）であり，賞を取るくらいの実力（Can）があることが分かりました。一方，対人関係の苦手意識は中学時代のいじめ経験からきていることが考えられます。得意分野で他者からの承認を得ることによって自尊感情を獲得してきた可能性も見えてきました。単独で好きな分野の成果をあげていくこと，それによって周囲からの承認を得ることが，B氏にとってなじんだ適応方法であることが考えられます。しかし，得意分野となるはずの勉強は進んでいません。そこで，勉強に関する事情について尋ねてみま

した。

資格取得の勉強について

　仕事の疲労で帰宅後は勉強に取り組む気力が起きない。土日も，実家の八百屋の手伝いなどで時間が取られてしまう。

　ネットワークスペシャリストの資格は，先輩方も取得しているし会社としても取得を推奨しているから必要だと思うのだが，実を言うと，心から取得したいという気持ちがわかない。

**見立て4**

　資格試験の勉強の阻害要因は，疲労と実家の手伝いであることが判明しました。時間の使い方を工夫する必要があるようです。また，学習動機が上司の期待に沿うというだけで，Will と結び付いていないようです。

## 4．解答例と解説

(1)　見立ての整理

　①自己理解・仕事理解：Must と Can は自覚しているが，Will は「IT の分野」という大雑把な理解しかなく，その根底にある**根本的な Will には気づいていません**。

　② Will-Can-Must の重複具合：Must-Can は重複するものの，**Must-Will との結びつきが弱い**と言えます。

　③キャリアビジョンの確立度：Will との結びつきが弱いビジョンにとどまっています。結果，ビジョンによってキャリア形成が動機づけられていません。

　④キャリアプランの具体性と実行具合：⑤の**阻害要因**によりあまり実行されていない。**対人関係能力の向上については未着手**のままです。

　⑤キャリア形成の阻害要因：**仕事と実家の手伝いによって疲労**している。また，**時間的な余裕がありません**。

(2)　B氏のキャリア課題とその支援

　a.「プログラミング」の根底にある Will の明確化。例えば,「自己表現」,「創造力の発揮」などが Will として考えられます。個人面談によってこの洞察を促します。

　b.　Will と資格取得を関連付けたキャリアビジョンの再設定。例えば,「資格取得はさらなる自己表現が可能になる」ことを自覚できれば,それは動機づけを伴ったキャリアビジョンとなります。

　c.　勉強時間確保と勉強方法の工夫による資格取得。家業との調整,本業の進め方の見直しなどによって阻害要因を除去し,キャリアプランの再計画と実行促進を支援します。

　d.　対人関係能力の向上。ただし,a〜c と同時並行では B 氏の負担が大きいため,これは次のテーマとします。

## EXCERCISE 5
### 個人と環境の相互作用を顕在化する
### 〜ループ図を面談で活用する

### 1. エクササイズのねらい

　個人の問題は,その個人とそれ以外のすべてのもの(=環境)との相互作用によって生じるとコミュニティ心理学では捉えます。したがって,企業における個人の問題は,その個人が一人で作り出すのではなく,個人とその個人をとりまく人々や組織・職場によって作られたと考えることができます。組織を見立てる際にも使用したループ図を個人の問題に活用すると,個人と環境との相互作用を顕在化することができ,その後の対応について多様な角度から検討しやすくなります。そこで,このエクササイズでは個人の問題をループ図で表現することを学んでいきます。

## 2．考え方・実施方法

　すでにエクササイズ2「組織を見立てる」で説明したように，問題や事象を円環的因果関係で示すのがループ図です。個人の問題が周囲とどのような相互作用の中で発生・維持しているかをループ図によって顕在化していきます。組織を見立てる場合と異なる点は，個人の内面についても取り上げる所です。つまり，何らかの出来事に対して個人が抱いた感情，思考についても因果関係のループ図に含めて作成します。さらに，個人が環境にどのように働きかけたのか（言動）も含めます。これによって，個人と環境の相互作用が表現されるわけです。反対に，クライエントの内面だけ，あるいは環境だけを取り上げてしまうと相互作用が見えなくなってしまうので注意してください。

　ループ図に表したことによって，クライエント自身がなぜ悩んでいたのかに気づくことができますし，また，環境のどの部分がその悩みに関連していたのかも顕在化されます。その結果，クライエント個人への介入策だけでなく，環境への介入策についても明らかになるわけです。

## 3．エクササイズ

　では，次のケースについて，①ループ図を描いたうえで，②考えうる介入策を複数挙げください。なお，介入策は，キャリアコンサルタント自身ができるかどうかは脇において，とにかく思いつく介入策をたくさん挙げるようにしてください。

---

　C氏，31歳，男性。

　自社に設置されたキャリア相談室に意気消沈の面持ちで来談。転職を考えていると切り出した。よく話を聞いてみると次のようなことが分かった。

　半年前，希望をしていたわけでもないのに，営業部門から開発部門へ異動となった。C氏は入社当初は，希望していた営業部門に配属さ

---

れ意気揚々と仕事をしていた。業績も中の上であり，顧客の喜ぶ顔を見るために頑張っていたという。しかし，開発にはそれほど興味はなく，また，初めての仕事であるため，何から手を付けてよいかわからないとのこと。先輩に教えてもらおうとしたが，期限に迫られて忙しいようで煙たがられる。時には，「そんなこともわからないのか！」「お前が遅れるとこっちにしわ寄せがくるんだ！」などとなじられることもあり，じっくりと教えてもらうことができなくなっている。時折，営業時代が懐かしくなり，いったい自分は何をしているのか途方に暮れることもある。とはいえ気をとり直して仕事に取り掛かるのだが，やはり分からないことだらけで仕事はスローペースでしか進まないという。

## 4．解答例と解説

(1)　ループ図

図表 Ex 5-1 を参照。

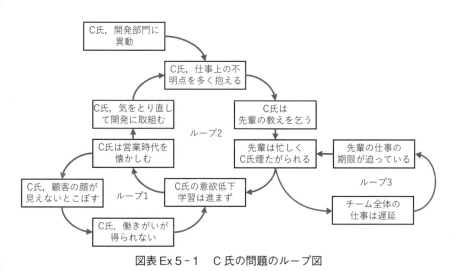

図表 Ex 5-1　C 氏の問題のループ図

(2) 介入策

　４つの支援側面（詳細は『セルフ・キャリアドック入門』第７章を参照）に沿って介入策を整理してみました。

### 〈個人直接支援〉

①ジョブ・クラフティングの実施。ループ１ではＣ氏の働きがいである「顧客の喜び」を実感できないでいます。そこで，Ｃ氏の情熱を注ぎ，強みを発揮させる工夫を一緒に検討します（先輩もＣ氏のアウトプットを受け取る顧客だと捉えたらどうか？　自分の情熱は何であり，それを今の仕事のどの部分に注ぐことができるだろうか？　自分の強みを発揮するとしたらどの部分でできるだろうか？）。
　※ジョブ・クラフティングについてはエクササイズ６を参照。
②早急に開発業務に必要な知識・能力を習得。ループ２において，Ｃ氏は周囲から教えてもらおうとするのみで，それ以外の学習行動を示していません。書籍で独学，研修の受講などを検討する必要があります。
③営業部門への復帰または転職を検討。あらゆる介入策をとってうまくいかない場合は，最終的に異動・転職を検討します。

### 〈個人間接支援〉

　ループ３におけるチームの仕事状況が，ループ２におけるＣ氏の学習に悪影響を及ぼしています。そこで，
④Ｃ氏と最も親しい先輩に週１回でよいので指導・育成する時間を割いてもらい，これを上司にも依頼します。
⑤上司にチーム全体の役割分担の再検討を依頼。Ｃ氏を早期に戦力化することが，結果的にチーム全体の生産性向上につながることを助言します。

### 〈環境直接支援〉

　さらに，④⑤に加えて，

⑥チームメンバー全体で相互支援と生産性向上についての話し合いを持つ。各メンバーの困りごと，援助できることを話し合い，効率化を図る会議を月1回実施するように提案します。

### 〈環境間接支援〉

⑦評価制度を個人の業績だけでなく，チーム貢献度や相互支援行動も含めた評価方法に変更するよう上司や人事に提案します。

　以上，クライエントだけにとどまらず，上司や職場，制度も対象とする介入策の例をあげました。他にも可能な策はあるかもしれません。ブレーンストーミングのように，まずは数を多く挙げて，その後，優先順位や実現方法を検討するのが大切です。そうしないと，結果的に実施可能で効果的な介入策であっても案として挙がらなくなります。この点に注意してください。

## EXERCISE 6
## ジョブ・クラフティング
## ～やらされ感から脱却して働きがいを創りだす方法

### 1．エクササイズのねらい

　ジョブ・クラフティングとは，従業員が自ら積極的に担当する仕事をデザインすることによって，やらされ感から脱却して，生産性の向上や仕事のやりがいや動機づけを高めようとする行動のことです（Wrzesniewski, & Dutton, 2001）。ジョブ・クラフティングを行うとワーク・エンゲージメントが向上することが研究で示されています。また，エンゲージメントの向上は企業の生産性向上に寄与するという点で近年注目されています。したがって，個人と組織のWin-Win関係を構築するうえで，ジョブ・クラフティングは大変期待される手段といえます。このエクササイズでは

ジョブ・クラフティングの基本的な理解をしていただきます。

## 2．考え方・実施方法

　ジョブ・クラフティングでは，まず，従業員が持っている「情熱」，「強み」，仕事を通して獲得したい「価値」の3つの個人特性を現在のタスクと関連づけて，タスクの「量の増減」，「追加・削除」，「実施方法の工夫」を検討します（タスク・クラフティング）。次に，タスクに関連づけた個人特性が十分に引き出せるように，タスク遂行上で関わる人間関係の質・量の変更を検討します（関係性クラフティング）。最後に，仕事の意味をより意義深いものへと拡大表現をしていきます（意味クラフティング）。これによって，ワーク・エンゲージメントを向上させていきます。

## 3．エクササイズ

　次のケースとそのあとの問いに沿って，ジョブ・クラフティングを疑似体験してみましょう。

人物紹介：D氏，40歳・女性。人材紹介会社のリクルーター。入社10年目で仕事はだいぶこなせるようになっているが，クライアント企業への人材紹介者数で業績が決定される今の仕事にやや疑問を感じている。単に人材を右から左に動かす単調な仕事のようだ，と不満をこぼしている。もともと，今の会社に入ったのは，働く女性を応援したいという思いからだったという。

現在のタスク：①求人の職務内容の確認と修正（2割），②採用決定者のフォロー（1割），③人材の調達・ヘッドハント（4割），④応募者との面談（2割），⑤応募書類の確認（1割）
情熱：知らないことを学ぶこと（向学心）
価値：女性活躍への貢献

強み：フリーライターの経験（8年）

問1　D氏がより情熱を注ぎ，より価値を得られ，より強みを発揮できるようなタスクはどれでしょうか。情熱・価値・強みとタスク①～⑤の親和性をマッピングして表現しましょう。そして，どのタスクを増減するか，新規追加・削除するかについても検討してみましょう。

問2　上記のタスクはどのような工夫をするとより情熱を注ぎ，より価値が得られ，より強みを発揮できるようになるでしょうか。タスクの進め方，関係者とのやり取りについてアイディアを出してください。

問3　上記のタスクを1～3にグルーピングし，各グループがどのような役割や意味をもつ仕事といえるかを検討してください。現在，D氏は「人材を右から左に動かす仕事」と表現していますが，D氏にとってより意味・意義を感じられる表現にしてみましょう。

## 4．解答例と解説

(1)　問1～問2の解答例（図表Ex6-1）

　D氏は女性活躍を支援すること（価値）が本来の望みでした。その仕事は現在の職務にはありませんが，ないのであれば新たに作ればよいわけです。ライター経験（強み）を生かして活躍する女性を紹介する冊子をつくり，採用決定者に配付し，活躍上重要なことは何なのかを伝えるタスクは現職においても実行できます。その分，タスク③の時間を4割から3割へ減らしました。

　また，女性活躍支援を考えると，タスク③④は将来活躍する人材と出会える可能性があり，人を知るという意味で向学心（情熱）を傾けることができそうです。タスク③では，ヘッドハントで優秀な女性と出会うことと，またそこから芋づる式に新たな素敵な人と出会うことを繰り返してい

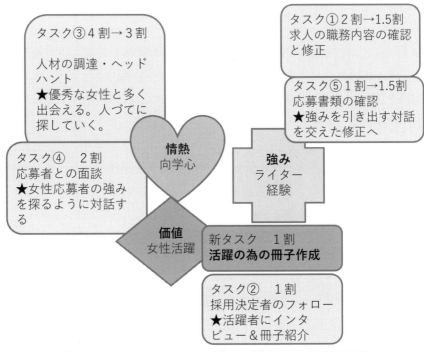

図表 Ex 6-1　ジョブ・クラフティング（問 1 ～問 2 の結果）

くことができそうです（タスクの工夫）。また，タスク④では応募者の強みなどを引き出す対話を心がけていくことができそうです（関係性の工夫）。

　タスク①⑤はルーティンワークではありますが，ライター経験（強み）を活かすことはできます。タスク⑤は応募書類をより魅力的にする工夫を施すことで，女性活躍を少しは後押しすることもできるかもしれません（タスクの工夫）。タスク⑤を1.5割に増加しました。

(2)　解答例 3

　図表 Ex 6-1 をグルーピングしてみると，図表 Ex 6-2 になりました。中央のグループは，「女性活躍を陰で支える仕掛け人」と命名しました（どのような名前を付けるかは自由です）。この仕事においても，女性活躍

270

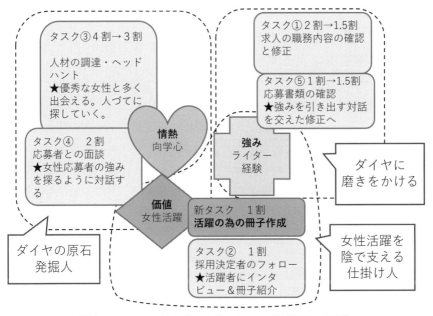

図表Ex 6-2　ジョブ・クラフティング（問3の結果）

を支えていくことができるのだという実感がわいてくるような命名です。

　左のグループには「ダイヤの原石発掘人」と命名しました。「人材を右から左」と表現していましたが，それが意味のあるものにするには，素晴らしい人材の発掘の場であるととらえ直しました。

　そして，右のグループはルーティンワークだと思っていたのですが，いざ名前を付けてみると「ダイヤに磨きをかける」と命名することになりました。原石をより良く見せる仕事であると改めて見直すことができたわけです。どうでしょうか。素敵な仕事に変身したのではないでしょうか。

　このように，自分の特性とタスクの関係を見直し，仕事の仕方や人との関係性を工夫して，仕事の意味を拡大するジョブ・クラフティングは，現状の仕事に「働きがい」を生みだすことができます。そして，このことが個人のパフォーマンスを向上していくことにもつながっていきます。

## EXCERCISE 7

### チームで個人を支援する
### 〜多職種連携による支援

## 1．エクササイズのねらい

　組織内では，人間関係やメンタルヘルスの問題がキャリアの問題として現れることが往々にしてあります。その結果，キャリアコンサルタントは複合的な問題への対応を迫られることになります。複合的問題に対応するには，キャリアコンサルタントだけでは困難であり，必要な専門家／非専門家と連携し，チームで支援することが重要です。このエクササイズでは，チーム支援についての概要を理解してもらうことをねらいにしています。

## 2．考え方・実施方法

　複合的問題に対応する際に，キャリアコンサルタントの守備範囲を超えるので，リファーをすることが考えられます。しかし，安易にリファーするのではなく，まずはクライエントがどのような状態にあるのか，なぜこのような状況に陥っているのか，そして，クライエントのニーズは何かを把握する必要があります。なぜなら，キャリアコンサルタントは，自身で直接処置することが困難であっても，見立てを他の専門家と共有することによって，間接的に処置することができるからです。また，複合的問題では，リファーして終わりとならず，キャリア以外の専門家／非専門家と連携して介入する必要が出てきます（多職種連携）。生物‐心理‐社会モデルやエコマップ，ループ図を用いて見立てを行い，４つの支援側面を活用して幅広い介入策を検討し，介入方針や手順や役割分担を明確にして，チームで支援する必要があります。

## 3．エクササイズ

次の事例に対してチームで支援するにはどうすればよいでしょうか？
①この事例をどのように見立てるか，②チームでどのような介入方針を立てるか，③誰をチーム・メンバーにするか，④どのような手順で介入をしていくか，について検討してください。

---

E氏：40歳，女性，独身，一般事務職

社内キャリアコンサルタントのところに，仕事のことで困っている従業員E氏が訪れた。事情を尋ねると，E氏は「仕事の呑み込みが悪くて，残業しないと期限に間に合わず，ミスをするたび上司からは小言を言われて，心身ともに疲れてしまった」とうつむいて話す。E氏は2か月前に中途採用で入社したが，この状況は入社後すぐに始まり現在まで続いている。しかし，ようやく採用された会社なので，「仕事は続けていきたい」という。

睡眠や食欲などについては，「床につくと疲れからすぐに眠れるが，十分な睡眠時間は取れていない。食欲はふつうだが，毎朝，何とか身体を起こして出社している。休日は疲れて遊びに出かける気が起きない」という。

また，5人いる同僚との人間関係は，特に悪いわけではないが，親しい同僚はいない。年下ばかりで周りが私に遠慮している。仕事について指導するのは上司だけだという。

E氏は，大学卒業後10年間は大手企業で事務職に従事し，その後結婚して専業主婦をしていたが，今年この会社に再就職した。前職でも仕事覚えは良いとは言えなかったが，同期入社の仲間に支えられて何とかやってきたという。

---

## 4．解答例・解説

(1) 見立て

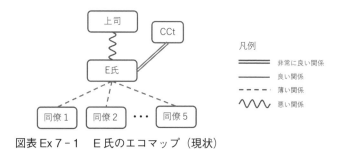

図表 Ex 7 - 1 E 氏のエコマップ（現状）

●生物 - 心理 - 社会モデル

　生物：疲労が蓄積。睡眠不足。食欲はある。現状が続くとうつ病などになるリスクあり。

　心理：上司からの小言により気持ちは落ち込み状態で，仕事への気力は低下している。ストレスをうまく発散できていない。また，以前から仕事覚えが悪く，ミスが多いことから，何らかの発達障害あるいは病気が懸念される。

　社会：上司から文句を言われ，同僚との人間関係も希薄であり，味方になってくれるものが職場にいない（エコマップ：図表 Ex 7 - 1 ）。

●問題のメカニズム

　職場への不適合および従来からの仕事覚えの悪さによって，職務遂行に遅れが生じ残業やミスも生じている。上司から指導を受けるが仕事はうまくいかない。これに加えて，上司からは文句を言われており，結果として E 氏は心身ともに疲弊している。この疲弊によってさらに職務遂行に支障をきたすという悪循環が起きている。しかしながら，E 氏は何とか現職を続けていきたいと願っている。（これをループ図で描いても良い）

　チーム支援では，チームで共通する介入方針を立てる必要があります。本来は，専門家同士の見立てをすり合わせた後に，方針を立てます。必要なメンバーを収集し，作戦会議を立て，役割分担を決定して介入します。

その後も，適宜，進捗と状況の確認，介入策の見直しを行っていきます。

(2)　介入方針

　介入方針：E氏と職場全体のかかわり方を見直してE氏の継続的な労働を可能にする。E氏の生物的・心理的な問題が認められる場合は，専門家によるケアを行う。また，発達障害がみられる場合はその特性に応じた働き方，働かせ方を検討し，職場の協力を得る。

(3)　支援チームのメンバー

　メンタルヘルス不調等の可能性を考慮すると産業医は必須。産業医にはメンタルヘルス不調や発達障害の可能性について診断をしてもらうほか，必要に応じて専門家や主治医を紹介してもらう。発達障害が認められる場合は，障害特性を明らかにできる専門家（精神科医，臨床心理士／公認心理師，障害者職業センターなどのいずれか）が必要。また，日常業務での支援には上司の力が不可欠であり，E氏へのかかわり方などの職場環境の改善を依頼する。キャリアコンサルタントは継続的に心理的な支えになると同時に，E氏の業務遂行の相談に対応する。また，上司や産業医と連携するために，人事担当者に仲立ちとして動いてもらう。以上から，キャリアコンサルタント，人事担当者，産業医，上司，必要に応じ主治医や発達障害の専門家がメンバーとなる。

(4)　介入手順

　まずはキーパーソンとなる人事担当者に連絡を取り，産業医につなげ，メンタルヘルス不調や発達障害等の確認を行う。必要に応じて専門家につなげてもらう。発達障害や精神科という言葉にE氏が二の足を踏むこともありえるので，時間をかけて説明し納得を得てもらう。何らかの発達障害が認められる場合は，本人または専門家からその障害特性を入手する。発達障害が認められない場合は，キャリアコンサルタントがE氏の得意

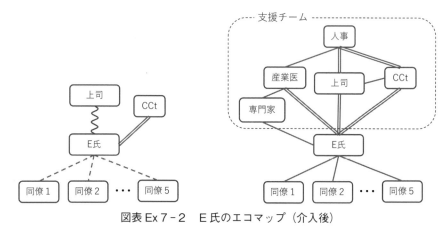

図表Ex7-2　E氏のエコマップ（介入後）

／不得意を確認する。これらを基に，E氏の職場での働き方の工夫，必要な職場からの支援を洗い出す。また，キャリアコンサルタントは，人事担当者経由で上司と接触し，E氏の事情を伝えて職場改善の依頼をする。上司の了解を得て，職場への説明と協力体制の打ち合わせを行い，改善を実施してもらう。その後，E氏と職場の状況を確認し，必要に応じてフォローを行う。

　これらの介入を実施するにあたり，キャリアコンサルタントは，E氏へのインフォームド・コンセントを行い，本人の了解を得たり，心理的サポートや職務遂行のための相談に応じたりする（図表Ex7-2）。

　以上のようにして，キャリアコンサルタントだけでは対応が難しい問題であっても，多職種連携をとることによって，クライエント本人の回復や行動変容に加えて，職場自体が支援的な環境へと変化させることができます。これによって人と環境が適合して，クライエントは継続的に働くことが可能になるわけです。なお，多職種連携では，クライエント情報をチーム内で共有するわけですが，チームで守秘義務を遵守するようにします（集団守秘義務）。

# 引用・参考文献

## CHAPTER 1

キャリアコンサルティング協議会（2016）．キャリアコンサルタント倫理綱領

五百井 清右衛門（1998）．キチンとした「ものの見方」のできる人・できない人――
　　ビジネスマン，OL，学生の諸君に―― 泉文堂

厚生労働省（2017）．「セルフ・キャリアドック導入」の方針と展開

Lewis, J. A., Lewis, M. D., Daniels, J. A., & D'Andrea, M. J. (2002). *Community Coun-
　　seling: Empowerment Strategies for a Diverse Society* (3rd ed). Pacific Grove,
　　CA: Brooks Cole.（レウィス，J. A.・レウィス，M. D.・ダニエルズ，J. A.・アン
　　ドレア，M. J.　井上 孝代（監訳）伊藤 武彦・石原 静子（訳）（2006）．コミュニ
　　ティ・カウンセリング――福祉・教育・医療のための新しいパラダイム―― ブ
　　レーン出版）

Peters, T. J. & Waterman, R. H. (1982). *In search of excellence*. HarperCollins.
　　（ピーターズ，T. J.・ウォーターマン，R. H.　大前 研一（訳）（2003）．エクセレ
　　ント・カンパニー　英治出版）

高橋 浩・増井 一（2019）．セルフ・キャリアドック入門――キャリアコンサルティン
　　グで個と組織を元気にする方法―― 金子書房


## CHAPTER 2

浅川 正健（2019）．企業内キャリアコンサルティング入門　ダイヤモンド社

エドガー・H・シャイン・尾川 丈一・石川 大雅（著）松本 美央・小沼 勢矢（訳）
　　（2017）．シャイン博士が語る組織開発と人的資源管理の進め方――プロセス・コ
　　ンサルテーション技法の用い方―― 白桃書房

Gratton, L., & Scott, A. (2016). *The 100-Year Life*. England: Bloomsbury Informa-
　　tion.（グラットン，L.・スコット，A.　池村 千秋（訳）（2016）．LIFE SHIFT（ラ
　　イフ・シフト）　東洋経済新報社）

早川 徹（2020a）．企業におけるキャリア形成支援の基本　仁平 幸子（共著）　国家資
　　格キャリアコンサルタント更新講習（技能）【CCA】企業における「キャリア形
　　成支援プロセスマネジメント」実践講座 テキスト資料（6月）　キャリアカウン
　　セリング協会

早川 徹（2020b）．本講座の概要　仁平 幸子（共著）　国家資格キャリアコンサルタン
　　ト更新講習（技能）【CCA】企業における「キャリア形成支援プロセスマネジメ
　　ント」実践講座 テキスト資料（6月）　キャリアカウンセリング協会

早川 徹（2020c）．導入プロセス　仁平 幸子（共著）　国家資格キャリアコンサルタン
　　ト更新講習（技能）【CCA】企業における「キャリア形成支援プロセスマネジメ

ント」実践講座 テキスト資料（6月） キャリアカウンセリング協会

早川 徹（2020d）．導入プロセス 仁平 幸子（共著） 国家資格キャリアコンサルタント更新講習（技能）【CCA】企業における「キャリア形成支援プロセスマネジメント」実践講座 投影資料（10月） キャリアカウンセリング協会

早川 徹（2020e）．勧奨ストラテジー 仁平 幸子（共著） 実践コース「企業領域におけるキャリア支援実践プログラム」（企業外 CC 向け） 実践コーステキスト資料（2月） ACCN（オールキャリアコンサルタントネットワーク）

日比野 創・日比野 省三（2004）．ブレイクスルー思考のすすめ 丸善ライブラリー365 丸善

ジョン・P・コッター（著）DIAMONDハーバード・ビジネス・レビュー編集部・黒田 由貴子・有賀 裕子（訳）（2012）．第2版 リーダーシップ論——人と組織を動かす能力—— ダイヤモンド社

小林 剛（2020）．テレワークの「落とし穴」とその対策 大空出版

Kotter, J., & Rathgeber, H. (2006). *Our Iceberg is Melting: Changing and Succeeding Under Any Conditions.* New York: St. Matin's Press.（ジョン・P・コッター ホルガー・ラスゲバー 藤原 和博（訳）（2007）．カモメになったペンギン ダイヤモンド社）

厚生労働省（2017）．「セルフ・キャリアドック」導入の方針と展開

Nadler, G., & Hibino, S. (1989). *Breakthrough Thinking: Why We Must Change the Way We Solve Problems, and the Seven Principles to Achieve This.* Prima Lifestyles.（ジェラルド・ナドラー 日比野 省三 佐々木 元（訳）（1991）．ブレイクスルー思考——ニュー・パラダイムを創造する7原則—— ダイヤモンド社）

中原 淳（2017）．フィードバック入門 PHP研究所

中原 淳（2020）．「データと対話」で職場を変える技術——サーベイ・フィードバック入門 これからの組織開発の教科書—— PHP研究所

中村 和彦（2015）．入門 組織開発——活き活きと働ける職場をつくる—— 光文社

労務行政研究所（編）（2016）．これからのキャリア開発支援——企業の育成力を高める制度設計の実務—— 労務行政

Rumelt, R. (2011). *Good Strategy Bad Strategy: The Difference and Why It Matters.* New York: Crown Business.（リチャード・P・ルメルト 村井 章子（訳）（2012）．良い戦略，悪い戦略 日本経済新聞出版社）

Schein, E. H. (2016). *Humble Consulting: How to Provide Real Help Faster.* Oakland: Berrett-Koehler Publishers.（エドガー・H・シャイン 金井 壽宏（監訳）野津 智子（訳）（2017）．謙虚なコンサルティング——クライアントにとって「本当の支援」とは何か—— 英治出版）

下村 英雄（2020）．社会正義のキャリア支援——個人の支援から個を取り巻く社会に広がる支援へ—— 図書文化社

田坂 広志（2019）．能力を磨く AI 時代に活躍する人材「3 つの能力」 日本実業出版社

CHAPTER 3
中央職業能力開発協会．「CADS キャリア開発シート Ver.3.0」別冊スキルマップ
厚生労働省（2017a）．「セルフ・キャリアドック」導入の方針と展開
厚生労働省（2017b）．平成29年度 労働者等のキャリア形成における課題に応じたキャ
　　リアコンサルティング技法の開発に関する調査・研究事業
厚生労働省（2018a）．セルフ・キャリアドック導入支援事業研修資料
厚生労働省（2018b）．セルフ・キャリアドック導入支援事業ガイダンスセミナー資料
厚生労働省（2020a）．セルフ・キャリアドック導入支援事業研修資料
厚生労働省（2020b）．セルフ・キャリアドック導入支援事業ガイダンスセミナー資料

CHAPTER 4
厚生労働省（2020）．キャリアコンサルティング実施のために必要な能力体系（2020年
　　4 月）
仁平 幸子（2019）．運用　早川 徹（共著）「企業領域におけるキャリア支援実践プロ
　　グラム」（企業外 CC 向け）テキスト資料　ACCN（オールキャリアコンサルタン
　　トネットワーク）
仁平 幸子（2020a）．運用プロセス　早川 徹（共著）　国家資格キャリアコンサルタン
　　ト更新講習（技能）【CCA】企業における「キャリア形成支援プロセスマネジメ
　　ント」実践講座 テキスト資料　キャリアカウンセリング協会
仁平 幸子（2020b）．セルフ・キャリアドック活用基礎講座 テキスト資料　キャリ
　　ア・デザイニングセンター
高橋 浩・増井 一（2019）．セルフ・キャリアドック入門──キャリアコンサルティン
　　グで個と組織を元気にする方法── 金子書房

CHAPTER 5
ジョブ・カード制度推進会議（2015）．新ジョブ・カード制度推進基本計画　厚生労働
　　省 Retrieved from https://www.mhlw.go.jp/bunya/nouryoku/job_card01/dl/ki-
　　honkeikaku.pdf（2021年 2 月 3 日）
厚生労働省．ジョブ・カード講習について Retrieved from https://job-card.mhlw.
　　go.jp/download.html（2021年 2 月 3 日）
厚生労働省．ジョブ・カード総合サイト Retrieved from https://jobcard.mhlw.go.jp/
　　index.html（2021年 2 月 3 日）
厚生労働省．キャリア形成サポートセンター Retrieved from https://carisapo.mhlw.
　　go.jp/（2021年 2 月 3 日）
労働政策研究・研修機構（2020）．ジョブ・カードを活用したキャリアコンサルティン

グ——企業領域におけるキャリア・プランニングツールとしての機能を中心とし
て——資料シリーズ No. 226 Retrieved from https://www.jil.go.jp/institute/
siryo/2020/226.html（2021年2月3日）

## CHAPTER 6

厚生労働省（2017）．「セルフ・キャリアドック導入」の方針と展開
厚生労働省（2018）．セルフ・キャリアドック導入支援事業研修資料
厚生労働省（2019a）．セルフ・キャリアドック導入支援事業企業向けセミナー資料
厚生労働省（2019b）．セルフ・キャリアドック導入支援事業 導入キャリアコンサルタ
ント研修資料
厚生労働省（2021）．令和2年度「能力開発基本調査」（令和3年6月28日公表）

## COLUMN

吉田 創（2020）．技能更新講習「実践：セルフ・キャリアドックのレポーティング」
講習資料. Unpublished manuscript. 有限会社Cマインド.

## CHAPTER 7

中原 淳（2012）．経営学習論——人材育成を科学する—— 東京大学出版会
トーマツイノベーション（2019）．Biz CAMPUS 研修教材 人材開発エキスパートコー
ス アラムナイ トーマツイノベーション（現：ラーニングエージェンシー）

## COLUMN

高橋 浩（2020）．「ジョブ・カードを用いたキャリアコンサルティング」の企業におけ
る活用 日本労働政策研究・研修機構（編）ジョブ・カードを活用したキャリア
コンサルティング—企業領域におけるキャリア・プランニングツールとしての機
能を中心として— JILPT 資料シリーズ No.226, 14-41.

## CHAPTER 8

Schein, E. H. (1998). *Process Consultation Revisited: Building the Helping Relation-
ship*. Reading, MA: Addison-Wesley.（シャイン, E. H. 稲葉 元吉・尾川 丈一
（訳）（2012）．プロセス・コンサルテーション——援助関係を築くこと—— 白桃
書房）
厚生労働省（2018）．セルフ・キャリアドック普及拡大加速化事業研修資料
阿部 恒久（2010）．グループ・アプローチ入門——心理臨床化のためのグループ促進
法—— 誠信書房
Wrzesniewski, A., & Dutton, J. E. (2001). Crafting a Job: Revisioning Employees as
Active Crafters of Their Work. *Academy of Management Review, 26*（2），179-
201.

## A P P E N D I X
## 付 録

1. 参考図書

2. 厚生労働省
   「企業・学校等においてキャリア形成支援に取り組みたい方へ」

3. 自己研鑽の場

# 1．参考図書

　セルフ・キャリアドックや企業内キャリアコンサルティング，そのほかキャリアコンサルタントの活動において有益な学びが得られる図書を紹介します。

◎浅川　正健（2019）．企業内キャリアコンサルティング入門——個人の気づきを促し、組織を変える——　ダイヤモンド社
◎枝廣　淳子・小田　理一郎（2007）．なぜあの人の解決策はいつもうまくいくのか？——小さな力で大きく動かす！システム思考の上手な使い方——　東洋経済新報社
◎厚生労働省　ジョブ・カード講習について　Retrieved from　https://www.mhlw.go.jp/seisakunitsuite/bunya/koyou_roudou/jinzaikaihatsu/jobcard_system/jobcard_koshu/index.html
◎キャリアカウンセリングを考える会（編）大庭　さよ・河田　美智子・田中　勝男・中村　恵・藤田　真也・道谷　里英・渡辺三枝子（著）（2020）．「キャリアコンサルタント新能力要件」を読み解く　ナカニシヤ出版
◎道谷　里英（2018）．キャリアを支えるカウンセリング——組織内カウンセリングの理論と実践——　ナカニシヤ出版
◎諸富　祥彦・小澤　康司・大野　萌子（2020）．実践　職場で使えるカウンセリング——予防、解決からキャリア、コーチングまで——　誠信書房
◎中原　淳（2020）．サーベイ・フィードバック入門——「データと対話」で職場を変える技術　これからの組織開発の教科書——　PHP研究所
◎中村　和彦（2015）．入門　組織開発——活き活きと働ける職場をつくる——　光文社
◎二村　英幸（2015）．改訂増補版　個と組織を生かすキャリア発達の心理学——自律支援の人材マネジメント論——　金子書房
◎高橋　浩・増井　一（2019）．セルフ・キャリアドック入門——キャリアコンサルティングで個と組織を元気にする方法——　金子書房
◎田中　研之輔・浅井　公一・宮内　正臣（2020）．ビジトレ——今日から始めるミドルシニアのキャリア開発——　金子書房
◎渡辺　三枝子（編著）大庭　さよ・岡田　昌毅・黒川　雅之・佐野　光宏・中村　恵・平田　史昭・藤原　美智子・堀越　弘（著）（2005）．オーガニゼーショナル・カウンセリング序説——組織と個人のためのカウンセラーをめざして——　ナカニシヤ出版
◎渡部　昌平（編著）高橋　浩・新目　真紀・三好　真・松尾　智晶（著）（2018）．グループ・キャリア・カウンセリング——効果的なキャリア教育・キャリア研修に向けて——　金子書房

## 2．厚生労働省
## 「企業・学校等においてキャリア形成支援に取り組みたい方へ」

　企業領域におけるキャリア形成支援について情報を提供しているページです。このサイトからセルフ・キャリアドックに関する情報にアクセスできます。

ホームページ URL

https://www.mhlw.go.jp/stf/seisakunitsuite/bunya/koyou_roudou/jinzaikaihatsu/kigyou_gakkou.html

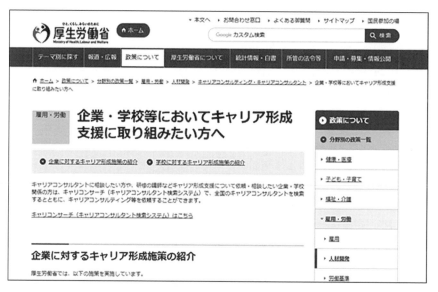

主な内容

○セルフ・キャリアドック導入促進
- ・キャリア形成サポートセンター公式サイト（リンク）（セルフ・キャリアドックの導入促進を支援しています）
- ・セルフ・キャリアドックで会社を元気にしましょう！（リーフレット／パンフレット）（PDF）
- ・「セルフ・キャリアドック」導入の方針と展開（PDF）
- ・セルフ・キャリアドック導入支援事業　最終報告書（PDF）
- ・セルフ・キャリアドック普及拡大加速化事業好事例集（PDF）

○「グッドキャリア企業アワード」の実施
　・グッドキャリア企業アワードについて（リンク）
　・グッドキャリア企業アワード好事例集はこちら（平成28年度〜）（リンク）
　・キャリア支援企業表彰好事例集はこちら（平成24年度〜27年度）（リンク）

○キャリア健診
　・キャリア健診マニュアル（PDF）


# 3．自己研鑽の場

　セルフ・キャリアドックを効果的に推進したい方や学びを深めたい方，企業内で
キャリアコンサルタントとして活躍したい方に有効と思われる講座などを紹介します。

1．キャリアコンサルタント更新講習（技能講習）（有限会社Ｃマインド）
　「実践：セルフ・キャリアドックの面談スキル」　※国家資格保持者以外も参加可能
　　▶ホームページ：http://c-mind.jp/
　　▶問い合わせ先：有限会社Ｃマインド info@c-mind.jp

2．キャリアコンサルタント更新講習（技能講習）（有限会社Ｃマインド）
　「実践：セルフ・キャリアドックのレポーティング」※国家資格保持者以外も参加可能
　　▶ホームページ：http://c-mind.jp/
　　▶問い合わせ先：有限会社Ｃマインド info@c-mind.jp

3．キャリアコンサルタント更新講習（技能講習）
　「セルフ・キャリアドック」とキャリアコンサルティング
　（一般財団法人雇用開発センター／HRCC）
　　▶ホームページ：https://www.earc.or.jp/EAR20T01/
　　▶問い合わせ先：一般財団法人雇用開発センター更新講習事務局 kouhou@earc.or.jp

4．キャリアコンサルタント更新講習（技能講習）
　セルフ・キャリアドック制度【実践演習】
　（特定非営利活動法人日本キャリア開発協会）
　　▶ホームページ：https://www.j-cda.jp/seminar/consultant/seminar_review_
　　　kc15.php

▶問い合わせ先：上記ホームページ内を参照

## 5．キャリアコンサルタント更新講習（技能講習）<br>企業内キャリアカウンセラー養成講座（株式会社日本マンパワー）

▶ホームページ：https://www.nipponmanpower.co.jp/cc/update_course/<br>#course_13<br>（基礎編）：https://www.nipponmanpower.co.jp/cc/update_course/<br>#course_14<br>▶問い合わせ先：株式会社日本マンパワーCDA事務局　TEL：03-5294-5030<br>（10：30〜16：30　月・木曜日・祝日を除く）

## 6．組織開発ファシリテータ養成講座（株式会社日本マンパワー）

▶ホームページ：https://www.nipponmanpower.co.jp/cp/training/seminar/infor<br>mation/executive-college/<br>▶問い合わせ先：上記ホームページ内を参照

## 7．キャリア・プロフェッショナル養成講座<br>（筑波大学 エクステンションプログラム）　　　　　　　　※受講条件あり

▶ホームページ：http://extension.sec.tsukuba.ac.jp/lecture<br>（講座一覧から当該講座を参照）<br>▶問い合わせ先：ep-sanren@un.tsukuba.ac.jp

## 8．キャリアコンサルタント更新講習（技能講習）<br>【CCA】企業における「キャリア形成支援プロセスマネジメント」実践講座<br>（特定非営利活動法人キャリアカウンセリング協会）

▶ホームページ：https://www.career-npo.org/learning/lineup/career_process.<br>html<br>▶問い合わせ先：下記ホームページ内を参照<br>https://www.career-npo.org/

# おわりに
## ～セルフ・キャリアドックの更なる普及・発展を目指して～

　本書は，セルフ・キャリアドック普及のため，様々な会社や職場でその活動に取り組むキャリアコンサルタントが，自らが実践したことや経験を通して学んだこと，そのために作成した資料などを紹介しています。しかし，会社を取り巻く環境，社員の年齢構成，人材に関する課題，教育研修の取り組み状況などは会社ごとに異なります。セルフ・キャリアドックを導入，実施するときにご活用いただく際は，自社およびクライアント企業の現状を十分把握し，その会社により適合するものを選択してください。また，皆さんがセルフ・キャリアドックを運営するなかで，キャリアコンサルティングの状況を踏まえて，より良いものに進化させていただくことを期待します。

　私はこれまで，多くの会社で担当部署のご協力をいただきながら，セルフ・キャリアドックの導入を支援しました。支援先の会社は大きく2つに分類することができます。1つは，人事部や人材開発部にキャリアコンサルタント資格を取得した社員，あるいはキャリアコンサルティングの有用性を理解する社員がいる会社です。多くの会社で，人材育成における課題を明確に認識し，キャリア形成を支援する取り組みを行っていました。もう1つは，キャリアコンサルタントがいない会社，キャリアコンサルティングについて理解している社員がいない会社です。そこでは，「経営理念やビジョンが社員に浸透していない」，「人材育成ビジョンや方針が明確になっていない」，「新入社員研修などを実施しているが，体系的な教育研修は実施していない」，「キャリア形成を支援する取り組みを行っていない」などの状況がありました。そのような会社を支援するとき，まず人事担当部署と密接にコミュニケーションをとることで現状を把握し，経営層や人

事部門の責任者も認識している人材に関する課題，例えば，「優秀な人材を採用できない」，「若手社員が辞めていく」，「管理職となる人材を育成できない」，「中高年社員のモチベーションが低下している」，「上司と部下のコミュニケーションが不足している」という課題に，キャリアコンサルティングが寄与するものであることを様々な観点から説明します。そして，個々の社員とのキャリアコンサルティング面談の結果を，それらの課題の解決につながるものだと経営層や人事部門の責任者に認知していただける報告をするよう取り組みました。

　職業能力開発促進法でキャリアコンサルティングの機会の確保が経営者に求められました。その後，キャリアコンサルタントの資格取得を社員に奨励する会社が増えていること，人事部や人材開発部で勤務する社員が積極的に資格を取得していることなどで，キャリアコンサルタントが在職する会社が増加しているのを実感します。キャリアコンサルタントだけでなく，キャリアを考える必要性，キャリア自律の大切さを理解する社員が増加すること，キャリアコンサルティング面談を実施できる社内キャリアコンサルタントが増えていくことが，セルフ・キャリアドックの普及を大きく後押ししてくれるものと思います。セルフ・キャリアドックが多くの会社で導入される素地は，着実に整備され充実してきていますが，資格を取得したばかりで面談の経験がない，あるいは少ない社内キャリアコンサルタントが多いという現状があります。セルフ・キャリアドックを導入した当初は，経験豊富な社外キャリアコンサルタントを活用する必要があります。しかし，会社を取り巻く経営環境や事業内容，組織や業務内容を熟知し，それぞれの仕事におけるやりがいや楽しさ，厳しさや辛さまでをも理解している社内キャリアコンサルタントが面談を行えるようなることが，セルフ・キャリアドックの質を高めていくものと思います。ロールプレイではなく，実践の場で生の相談経験を積むことが，キャリアコンサルタントの面談力を向上させます。キャリアコンサルタント資格を取得したばか

りの社内キャリアコンサルタントが相談経験を積むために，新入社員や入社2〜3年の若手社員の面談といった，比較的若年層の社員との面談から始めることも効果的です。そして，豊富なキャリアコンサルティング経験を持つキャリアコンサルタントによる指導や，相互学習の場としてのキャリアコンサルタント全員が参加するキャリアカンファレンスなどを行うことで，キャリアコンサルタントの実践力を向上させていくものと思います。

　2021年6月に厚生労働省キャリア形成支援室から「働く環境の変化に対応できるキャリアコンサルタントに関する報告書」が発表されました。そのなかに，セルフ・キャリアドックの推進に関しての記述が多くあります。キャリアコンサルティングの更なる普及のためには，産業界・企業に対する働きかけと労働者に対する働きかけを継続することが必要です。一方，質の高いキャリアコンサルティングを行うためには，企業・教育機関・需給調整機関・地域のキャリア支援機関など，キャリアコンサルタントが活動する領域における高い専門性を持つことが必要となります。
　企業領域を専門領域と定めたキャリアコンサルタントには，質の高いキャリアコンサルティングを通じて，キャリアプランの再設計，新たな学び・学び直しに関する動機づけ等に繋がる適切な助言・指導を行うことが期待されています。また，人材育成施策の改善に向けた提案や組織課題の解決など，企業の人事諸制度の運用や組織の活性化に向けた取り組みなどを経営層や人事部門に提案できることも期待されています。
　セルフ・キャリアドックでは，幅ひろい職位や年齢層の社員に対してキャリアコンサルティングを行うなかで，キャリアコンサルタントだけではフォローできない相談もあります。人事部門を始めとする社内の関係部署や面談者の上司との連携，社員を様々な分野でサポートする専門家との連携などが必要となります。そのため，人事管理や組織開発などの組織運営に関する知見を持ち社内のネットワークを構築していくことや，メンタ

ルヘルスやファイナンシャルなどに関する知識を学び，他分野の専門機関へのリファーや専門家と連携できる社内・社外のネットワークを構築していくことが大切です。セルフ・キャリアドックの更なる普及と発展のため，キャリアコンサルタントの一人ひとりがこれらに真摯に取り組んでいくことが求められています。

　本書は，編著者を除き計10名にご執筆を賜りました。本書の趣旨にご賛同いただき快く筆を執ってくださり，加筆修正の依頼にも真摯にご対応くださった執筆者の皆さまに，編著者を代表して感謝申し上げます。

　また，本書の刊行にあたっては下村英雄先生にご推薦のお言葉を賜りました。この場をお借りして厚く御礼を申し上げます。

　最後になりましたが，本書が読者の力となり，組織のなかで働く個々人が元気で働き，組織もまた活性化し，活力あふれた組織になることを祈念します。セルフ・キャリアドックの実践を通してともに学び，ともに成長していきましょう。

2021年8月吉日
一般社団法人キャリアコンサルティング振興協会　増井　一

## 執筆者紹介

**天野富夫**（あまの・とみお）　第1章・コラム（第4章）

officeエーエム代表。国家資格キャリアコンサルタント，国家資格2級ファイナンシャルプランニング技能士。

1956年生まれ。大学卒業後，食品商社を経て富士ゼロックス株式会社（現 富士フイルムビジネスイノベーション株式会社）入社。大手企業を中心とした法人営業に従事した後，会社選抜により早稲田大学ビジネススクールで「マーケティング」「人事・組織」の理論と事例を学ぶ。復職後，営業教育，人材開発部門で，営業スキルアップ研修，リーダー育成研修，組織風土変革活動プログラムを担当。2013年よりに人事部にて，キャリア相談事務局長及びシニア社員（役職離任，定年再雇用）の活躍推進に向けた制度設計・運用（研修を含む）を担当。2018年7月に退職後，同年8月にofficeエーエムを設立し代表に就任。研修講師，キャリアカウンセラーとして活動中。

**渡部　篤**（わたなべ・あつし）　第1章・コラム（第4章）

富士フイルムビジネスイノベーション株式会社に勤務。国家資格キャリアコンサルタント，産業カウンセラー。

1961年生まれ。大学卒業後，富士ゼロックス株式会社（現 富士フイルムビジネスイノベーション株式会社）入社。大手企業を中心とした法人営業，新規事業開発，新規サービスのマーケティングに従事した後，2008年より自社の営業プロセス改革において人材育成を担当。主に営業マネジメント教育分野で，データを活用したマネジメントや自律的営業パーソンの育成に従事。2017年より，営業・人事・組織変革コンサルタントとして大手顧客に対して営業プロセス改革や人材育成のコンサルティングプログラムを提供，現職にて活動中。また，2009年より，ダブルジョブ制度を活用した自社内のキャリア相談員としても活動中。

**鹿島邦裕**（かしま・くにひろ）　第1章・コラム（第4章）

国家資格キャリアコンサルタント。

1959年生まれ。大学卒業後，富士ゼロックス株式会社（現 富士フイルムビジネスイノベーション株式会社）入社。大手民間企業，官公庁を中心とした法人営業，特にシステム商品を扱うソリューション営業に従事。この間，営業グループ長，部門長として販売会社出向も経験，大手企業担当の営業やソリューション営業の育成を図る。2005年10月に出向を解き，大手民間企業グループ担当の主管営業グループ長や営業支援グループ長に従事する傍ら，2015年1月よりダブルジョブ制度にて富士ゼロックスキャリア相談室で主に営業系，システムエンジニア系の若手から中高年のキャリア相談にあたる。2019年1月定年退職，再雇用にてテレセールスを経験後，同年11月に退職。2019年12月より一般社団法人日本産業カウンセラー協会キャリコンサルタント養成事業部部長として現在に至る。

**戸田裕子**（とだ・ひろこ）　第1章・コラム（第4章）

国家資格キャリアコンサルタント，2級キャリアコンサルティング技能士，米国CTI認定プロフェショナルコーチ，Gallup社認定ストレングスコーチ。

1958年生まれ。大学卒業後富士ゼロックス株式会社（現　富士フイルムビジネスイノベーション株式会社）入社。企画・人材開発・教育・役員秘書に従事した後，2013年から営業職向けの教育カリキュラムの立案と実施を担当。また2005年よりダブルジョブ制度を活用し，現場状況を理解した社内のキャリア相談員として活動。新卒・若手・女性・管理職・シニア等さまざまな層を対象とし，結婚・出産・育児・介護等の経験を踏まえ，企業内のキャリア構築について支援。2018年6月に退職後，同年7月より研修講師，キャリアカウンセラー，ストレグスコーチとして活動中。


**早川　徹**（はやかわ・とおる）　第2章

Ｎキャリアプロデュース代表。国家資格キャリアコンサルタント，経営品質協議会認定セルフアセッサー。

大学卒業後IT企業に入社し，システムエンジニアとして20数年にわたり多種多様な分野（自動車，電機，機械，製薬，大学など）の研究開発支援システムの構築プロジェクトをマネージし，その後は人材開発部門の責任者として約12年間，SEの職能定義やキャリアパスなどの制度設計，さらに新入社員教育，階層別教育，キャリア研修など，人材育成企画・運用に従事。定年退職後キャリアコンサルタントとして独立。総合人材サービス会社と業務委託契約を結び，求職者支援や企業の特定社員に対するキャリア形成支援を実施。2018年～2019年，厚生労働省委託事業セルフ・キャリドック普及拡大加速化事業おける導入キャリアコンサルタントとして企業への普及活動に従事。現在は国家資格キャリアコンサルタント資格更新講座の講師を軸に企業領域のキャリア形成普及に努めている。


**仁平幸子**（にへい・さちこ）　第4章

オリーブキャリア代表。国家資格キャリアコンサルタント，1級キャリアコンサルティング技能士，CCA認定スーパーバイザー。

福祉関連会社の人事総務部門にて従業員のキャリア形成支援を経験。その後，キャリアコンサルタント資格を取得し，個人事業オリーブキャリアとして独立。2016年～2017年，厚生労働省委託事業セルフ・キャリアドック導入支援事業で導入キャリアコンサルタント，2018年，厚生労働省委託事業セルフ・キャリアドック普及拡大加速化事業で担当キャリアコンサルタントとして従事。現在，企業領域を中心に【共に成長を楽しもう！】を軸として，従業員のキャリア形成支援と組織の活性化に向けた環境・仕組みづくりを支援。同時に，企業領域のキャリアコンサルタントの育成にも力を注ぐ。CCA国家資格キャリアコンサルタント更新講習（技能講習）「企業におけるキャリア形成支援プロセスマネジメント実践講座」プログラム開発・講師。

長谷川能扶子（はせがわ・のぶこ）　第5章・コラム（第6章）

有限会社Ｃマインド代表取締役。国家資格キャリアコンサルタント。1級キャリアコンサルティング技能士。シニア産業カウンセラー。CCA/産業カウンセラー協会認定スーパーバイザー。上智大学理工学部卒業後，IT業界へ。管理職を担う中，「どうしたら人がもっと生き生きと自分らしく働けるのか？」の答えを求め，産業カウンセリングと出会う。2003年，キャリア支援を軸とした有限会社Ｃマインド（c-mind.jp）を起業。より専門性を高めるため，米国Walden Universityにて学び，2020年，心理学修士を取得。

専門領域は，ジョブ・カードを活用した在職者支援および女性のキャリア形成支援。キャリアコンサルタントのスーパービジョンやトレーニングにも力を入れ，「実践：セルフ・キャリアドックの面談スキル」他，多くの厚生労働省指定技能更新講習に登壇している。


中野愛子（なかの・あいこ）　第7章

国家資格キャリアコンサルタント。2級キャリアコンサルティング技能士。Points of You® 認定Practitioner/トレーナー。

2000年，株式会社インテージ（旧：社会調査研究所）に入社後，アナリスト，企画営業，マネジメント等を経験。現在は人事部にて勤務。キャリア相談への対応，キャリア形成に関する研修・施策のプランニングを行うと同時に，メンタルヘルス・マネジメント検定Ⅰ種（マスターコース）合格に至る学びを活かし，体調不良者の復職支援，労務対応，および，メンタルヘルスケアに関する研修・コンテンツ製作支援なども行う。


北澤由香（きたざわ・ゆか）　第7章

国家資格キャリアコンサルタント。

大学卒業後，株式会社荏原製作所に入社，営業部門，建設部門を経て，現在は水ing株式会社（途中，会社再編により社名変更）採用・研修部に所属。現職では，階層別研修の企画・運営，キャリア形成支援施策の企画・運営，キャリア相談対応などを行う。


西村　淳（にしむら・じゅん）　第7章

国家資格キャリアコンサルタント。秘書実務士。両立支援コーディネーター。2015年公益財団法人日本生産性本部キャリアコンサルタント養成講座修了。同講座アドバイザーを務める。

キャリアコンサルタントとして，高校生や大学生の就職指導，就労支援を行う。

教育，人材派遣，不動産および金融業において人事職として，キャリア教育ならびに企業内普及活動を行う。本取り組みは，厚生労働省セルフ・キャリアドック普及拡大加速化事業の好事例として，2020年に公開された。

現在は，自動車系列商社の経営管理部で，人材開発等業務に従事。

編著者紹介

高橋　浩（たかはし・ひろし）　第8章・コラム（第7章）
ユースキャリア研究所代表，特定非営利活動法人日本キャリア開発協会理事，大学講師（法政大学，目白大学など）。博士（心理学），公認心理師，キャリアコンサルタント。
1987年，弘前大学教育学部を卒業後，NEC グループの半導体設計会社に入社し半導体設計，品質管理，経営企画，キャリア相談に従事。2001年，CDA（キャリア・デベロップメント・アドバイザー）を取得し，2012年，キャリアカウンセラーおよびキャリア心理学の研究者として独立。2016年〜2017年，厚生労働省委託事業セルフ・キャリアドック導入支援事業推進委員会委員，2018年〜2019年，厚生労働省委託事業セルフ・キャリアドック普及拡大加速化事業アドバイザー，2020年〜2021年，キャリア形成サポートセンター事業セルフ・キャリアドック導入支援アドバイザーを務める。主な著書として，『セルフ・キャリアドック入門』（共著，金子書房，2019），『グループ・キャリア・カウンセリング』（共著，金子書房，2018），『新時代のキャリアコンサルティング』（共著，労働政策研究・研修機構，2016）など。


増井　一（ますい・はじめ）　第3章・第6章
一般社団法人キャリアコンサルティング振興協会常務理事，宇都宮大学就職・キャリア支援センター非常勤講師。2級キャリアコンサルティング技能士，1級ファイナンシャル・プランニング技能士，eMC メンタルヘルスカウンセラー。
1979年，立命館大学法学部を卒業後，森下製薬株式会社に入社後，外資系製薬会社との数度のM&A を経験。MR・労働組合専従・総務部を経て，人事部に23年間在籍。味の素製薬株式会社でキャリア形成支援施策を導入拡充し，キャリア相談に従事。2016年に定年退職後，人事アドバイザー・研修講師・キャリアコンサルタントとして独立。2016年〜2017年，厚生労働省委託事業セルフ・キャリアドック導入支援事業推進委員会委員，2018年〜2019年，厚生労働省委託事業セルフ・キャリアドック普及拡大加速化事業アドバイザー，2020年〜2021年，キャリア形成サポートセンター事業セルフ・キャリアドック導入支援アドバイザーを務める。主な著書として，『セルフ・キャリアドック入門』（共著，金子書房，2019）。

## セルフ・キャリアドック実践

組織での効果的なキャリア支援に向けて

2021年11月30日　初版第1刷発行　　　　　　　　　　　　　　　　　［検印省略］

| 編著者 | 高橋　浩 |
| | 増井　一 |
| 発行者 | 金子紀子 |
| 発行所 | 株式会社 金子書房 |

〒112-0012 東京都文京区大塚 3-3-7
TEL 03-3941-0111(代)／FAX 03-3941-0163
振替 00180-9-103376
URL　https://www.kanekoshobo.co.jp

印刷／藤原印刷株式会社
製本／一色製本株式会社

# セルフ・キャリアドック入門
──キャリアコンサルティングで個と組織を元気にする方法──

高橋 浩・増井 一 著

セルフ・キャリアドックの導入からフォローアップまで，ゼロから具体的かつ丁寧に解説。理論や考えについて，その背景やそれらを裏付ける調査も含めた充実の内容に加え，12本のコラムを掲載。
セルフ・キャリアドック導入推進事業の元メンバーによる，セルフ・キャリアドックの決定版。

▼目 次

本体定価2,500円＋税　A5判　312ページ